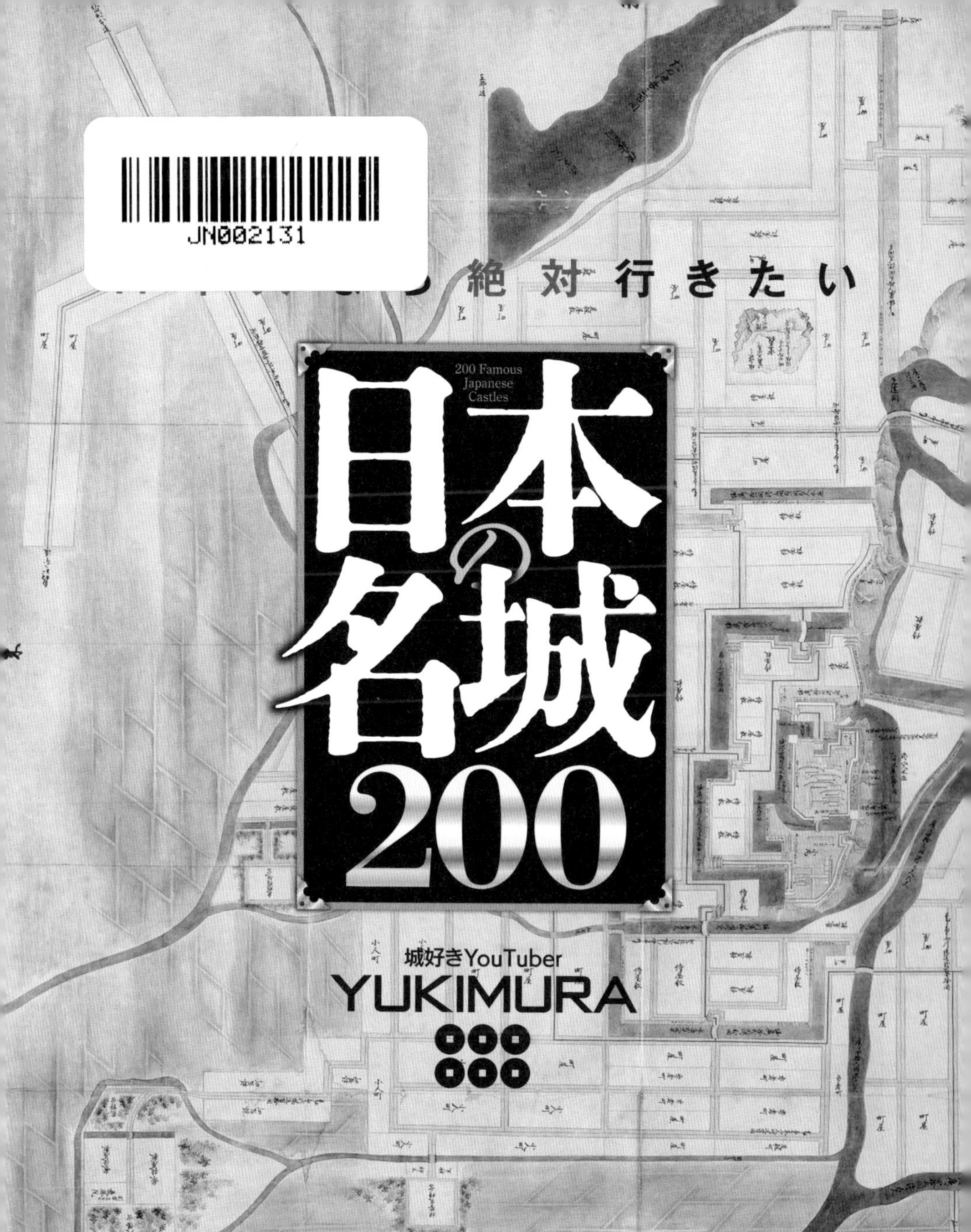

絶対行きたい

日本の名城200

200 Famous Japanese Castles

城好きYouTuber
YUKIMURA

宝島社

日本人なら絶対行きたい日本の名城200 …… 目次

城好きYUKIMURA 47都道府県200名城MAP ―― 4
YUKIMURA式 最強天守ランキング ―― 6
城めぐりを10倍楽しくするためのYUKIMURA流用語解説 ―― 8

第一章 山城 44城の歩き方

岐阜城(岐阜) ―― 14
小谷城(滋賀) ―― 18
一乗谷城(福井) ―― 22
備中松山城(岡山) ―― 23
七尾城(石川)/八王子城(東京) ―― 24
春日山城(新潟)/観音寺城(滋賀) ―― 25
竹田城(兵庫)/中城城(沖縄) ―― 26
横手城(秋田)/多賀城(宮城) ―― 27
唐沢山城(栃木)/笠間城(茨城)/石垣山城(神奈川) ―― 28
名胡桃城(群馬)/金山城(群馬)/要害山城(山梨) ―― 29
鮫ヶ尾城(新潟)/増山城(富山)/松倉城(富山) ―― 30
鳥越城(石川)/末森城(石川)/山中城(静岡) ―― 31
高天神城(静岡)/大給城(愛知)/郡上八幡城(岐阜) ―― 32
苗木城(岐阜)/岩村城(岐阜)/美濃金山城(岐阜) ―― 33
千早城(大阪)/高取城(奈良)/洲本城(兵庫) ―― 34
鬼ノ城(岡山)/郡山城(広島)/鳥取城(鳥取) ―― 35
羽衣石城(鳥取)/月山富田城(島根) ―― 36
津和野城(島根)/岩国城(山口)/大森城(愛媛) ―― 37
佐伯城(大分)/岡城(大分)/佐土原城(宮崎) ―― 38

第二章 平山城 90城の歩き方

弘前城(青森) ―― 40
仙台城(宮城) ―― 44
会津若松城(福島) ―― 46
金沢城(石川) ―― 50
掛川城(静岡) ―― 52
岡崎城(愛知) ―― 56
松阪城(三重) ―― 60
伊賀上野城(三重) ―― 62
彦根城(滋賀) ―― 64
安土城(滋賀) ―― 68
和歌山城(和歌山) ―― 72
明石城(兵庫) ―― 74
姫路城(兵庫) ―― 76
岡山城(岡山) ―― 78
小田原城(神奈川) ―― 82
犬山城(愛知) ―― 83
高知城(高知) ―― 84
名護屋城(佐賀) ―― 85
熊本城(熊本) ―― 86
松前城(北海道)/盛岡城(岩手)/久保田城(秋田) ―― 87
上山城(山形)/白石城(宮城)/白河小峰城(福島) ―― 88
二本松城(福島)/水戸城(茨城)/佐倉城(千葉) ―― 89
本佐倉城(千葉)/滝山城(東京)/鉢形城(埼玉) ―― 90
岩槻城(埼玉)/箕輪城(群馬)/新府城(山梨) ―― 91
甲府城(山梨)/小諸城(長野)/高遠城(長野) ―― 92
村上城(新潟)/大聖寺城(石川)/丸岡城(福井) ―― 93

越前大野城（福井）／二俣城（静岡）／興国寺城（静岡）……94
浜松城（静岡）／横須賀城（静岡）／沼津城（静岡）……95
小牧山城（愛知）／西尾城（愛知）／高山城（岐阜）……96
小倉山城（岐阜）／亀山城（三重）／田丸城（三重）……97
赤木城（三重）／伏見城（京都）／福知山城（京都）……98
園部城（京都）／亀山城（京都）／多聞山城（奈良）……99
大和郡山城（奈良）／新宮城（和歌山）／出石城（兵庫）……100
篠山城（兵庫）／津山城（岡山）／沼城（岡山）……101
福山城（広島）／米子城（鳥取）／鹿野城（鳥取）……102
浜田城（島根）／萩城（山口）／徳島城（徳島）……103
丸亀城（香川）／宇和島城（愛媛）／大洲城（愛媛）……104
湯築城（愛媛）／松山城（愛媛）／福岡城（福岡）……105
秋月城（福岡）／久留米城（福岡）／唐津城（佐賀）……106
平戸城（長崎）／原城（長崎）／日出城（大分）……107
杵築城（大分）／宇土城（熊本）／人吉城（熊本）……108
高鍋城（宮崎）／延岡城（宮崎）／飫肥城（宮崎）……109
鶴丸城（鹿児島）／首里城（沖縄）……110

第三章 平城 55城の歩き方
松本城（長野）……112
上田城（長野）……116
松代城（長野）……120
駿府城（静岡）……122
長篠城（愛知）……124
五稜郭（北海道）……128
名古屋城（愛知）……129
大阪城（大阪）……130
根城（青森）／浪岡城（青森）／鶴ケ岡城（山形）……131
米沢城（山形）／松山城（山形）／新庄城（山形）……132
山形城（山形）／足利氏館（栃木）／土浦城（茨城）……133
逆井城（茨城）／江戸城（東京）／忍城（埼玉）……134
川越城（埼玉）／高崎城（群馬）／武田氏館（山梨）……135
新発田城（新潟）／高田城（新潟）／高岡城（富山）……136
小松城（石川）／福井城（福井）／清洲城（愛知）……137
田原城（愛知）／吉田城（愛知）／刈谷城（愛知）……138
大垣城（岐阜）／加納城（岐阜）／神戸城（三重）……139
桑名城（三重）／津城（三重）／長浜城（滋賀）……140
水口城（滋賀）／聚楽第（京都）／田辺城（京都）……141
二条城（京都）／淀城（京都）／高槻城（大阪）……142
岸和田城（大阪）／尼崎城（兵庫）／広島城（広島）……143
三原城（広島）／柳川城（福岡）／小倉城（福岡）……144
佐賀城（佐賀）／金石城（長崎）／島原城（長崎）……145
大分府内城（大分）／八代城（熊本）……146

第四章 水城・海城 11城の歩き方
松江城（島根）……148
高松城（香川）……150
今治城（愛媛）……152
膳所城（滋賀）／中津城（大分）……154
高島城（長野）／小浜城（福井）／赤穂城（兵庫）……155
玖島（大村）城（長崎）／福江（石田）城（長崎）／臼杵城（大分）……156

索引……157

※『日本100名城®』『続日本100名城®』は、公益財団法人日本城郭協会が選定したものです。

城好きYUKIMURA

47都道府県200名城MAP

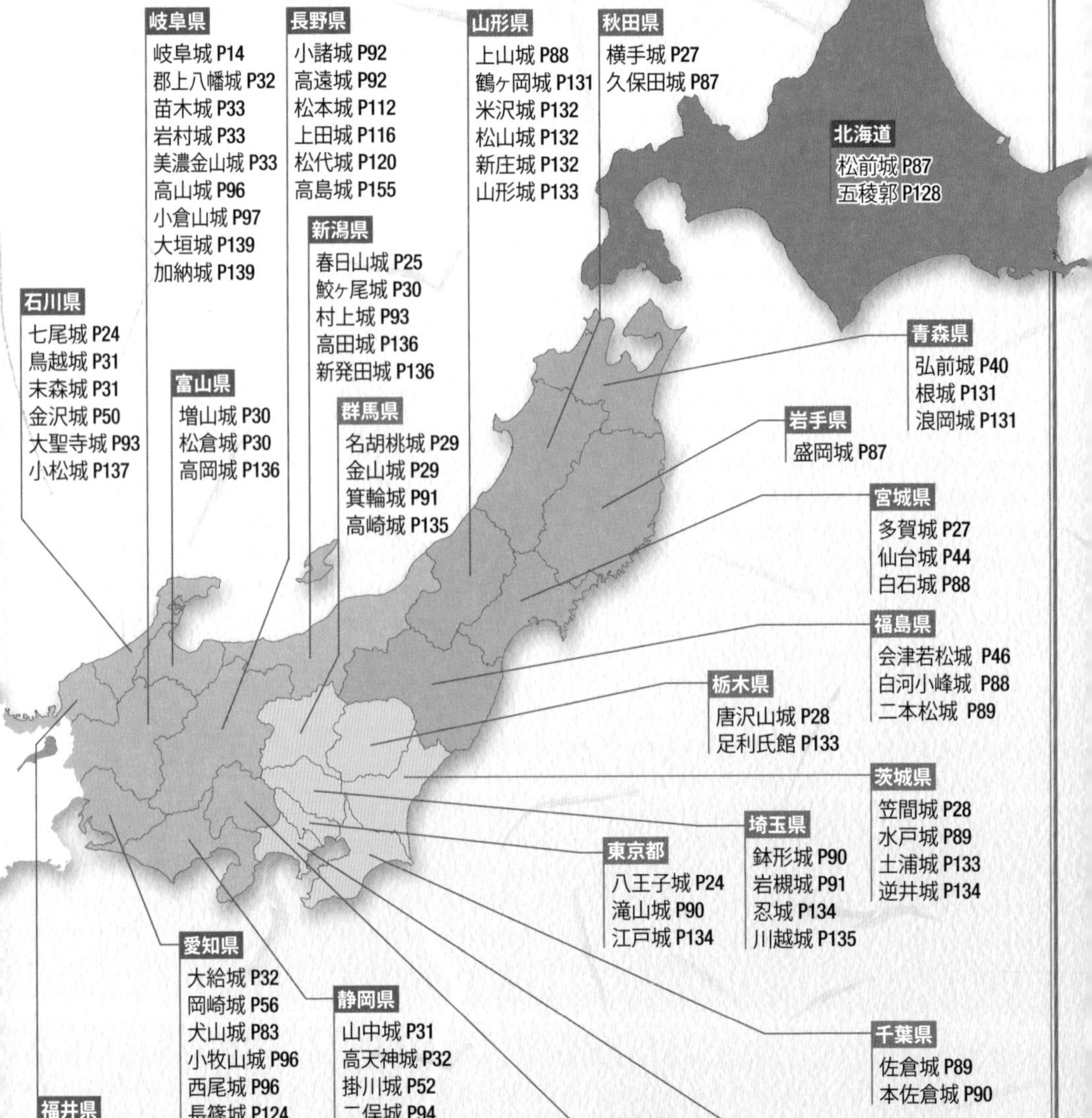

北海道
松前城 P87
五稜郭 P128

青森県
弘前城 P40
根城 P131
浪岡城 P131

岩手県
盛岡城 P87

秋田県
横手城 P27
久保田城 P87

山形県
上山城 P88
鶴ヶ岡城 P131
米沢城 P132
松山城 P132
新庄城 P132
山形城 P133

宮城県
多賀城 P27
仙台城 P44
白石城 P88

福島県
会津若松城 P46
白河小峰城 P88
二本松城 P89

栃木県
唐沢山城 P28
足利氏館 P133

茨城県
笠間城 P28
水戸城 P89
土浦城 P133
逆井城 P134

埼玉県
鉢形城 P90
岩槻城 P91
忍城 P134
川越城 P135

東京都
八王子城 P24
滝山城 P90
江戸城 P134

千葉県
佐倉城 P89
本佐倉城 P90

神奈川県
石垣山城 P28
小田原城 P82

山梨県
要害山城 P29
新府城 P91
甲府城 P92
武田氏館 P135

群馬県
名胡桃城 P29
金山城 P29
箕輪城 P91
高崎城 P135

新潟県
春日山城 P25
鮫ヶ尾城 P30
村上城 P93
高田城 P136
新発田城 P136

長野県
小諸城 P92
高遠城 P92
松本城 P112
上田城 P116
松代城 P120
高島城 P155

静岡県
山中城 P31
高天神城 P32
掛川城 P52
二俣城 P94
興国寺城 P94
浜松城 P95
横須賀城 P95
沼津城 P95
駿府城 P122

愛知県
大給城 P32
岡崎城 P56
犬山城 P83
小牧山城 P96
西尾城 P96
長篠城 P124
名古屋城 P129
清洲城 P137
田原城 P138
吉田城 P138
刈谷城 P138

岐阜県
岐阜城 P14
郡上八幡城 P32
苗木城 P33
岩村城 P33
美濃金山城 P33
高山城 P96
小倉山城 P97
大垣城 P139
加納城 P139

富山県
増山城 P30
松倉城 P30
高岡城 P136

石川県
七尾城 P24
鳥越城 P31
末森城 P31
金沢城 P50
大聖寺城 P93
小松城 P137

福井県
一乗谷城 P22
丸岡城 P93
福井城 P137
小浜城 P155
越前大野城 P94

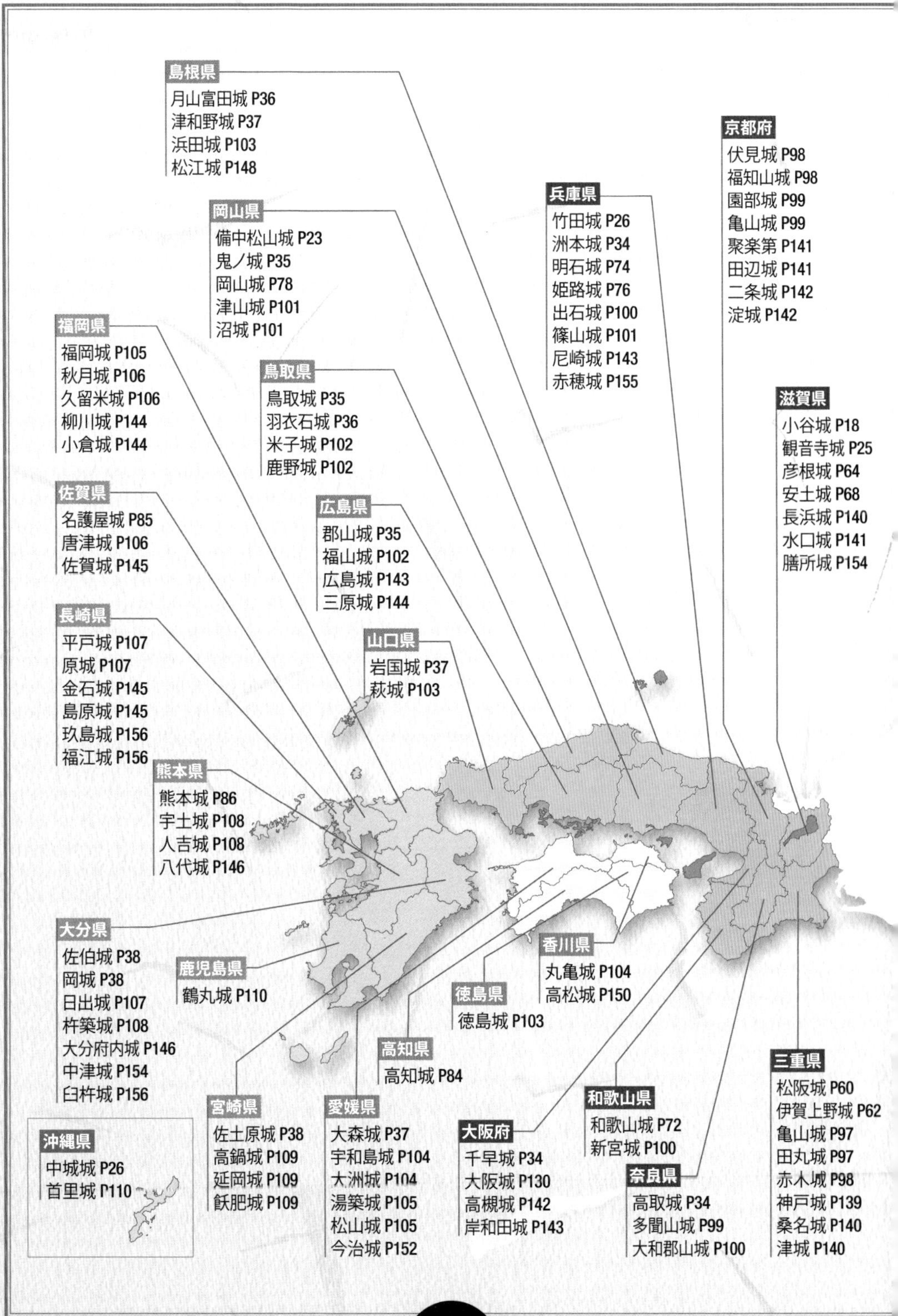
島根県
月山富田城 P36
津和野城 P37
浜田城 P103
松江城 P148
岡山県
備中松山城 P23
鬼ノ城 P35
岡山城 P78
津山城 P101
沼城 P101
福岡県
福岡城 P105
秋月城 P106
久留米城 P106
柳川城 P144
小倉城 P144
鳥取県
鳥取城 P35
羽衣石城 P36
米子城 P102
鹿野城 P102
佐賀県
名護屋城 P85
唐津城 P106
佐賀城 P145
広島県
郡山城 P35
福山城 P102
広島城 P143
三原城 P144
長崎県
平戸城 P107
原城 P107
金石城 P145
島原城 P145
玖島城 P156
福江城 P156
山口県
岩国城 P37
萩城 P103
熊本県
熊本城 P86
宇土城 P108
人吉城 P108
八代城 P146
兵庫県
竹田城 P26
洲本城 P34
明石城 P74
姫路城 P76
出石城 P100
篠山城 P101
尼崎城 P143
赤穂城 P155
京都府
伏見城 P98
福知山城 P98
園部城 P99
亀山城 P99
聚楽第 P141
田辺城 P141
二条城 P142
淀城 P142
滋賀県
小谷城 P18
観音寺城 P25
彦根城 P64
安土城 P68
長浜城 P140
水口城 P141
膳所城 P154
大分県
佐伯城 P38
岡城 P38
日出城 P107
杵築城 P108
大分府内城 P146
中津城 P154
臼杵城 P156
鹿児島県
鶴丸城 P110
香川県
丸亀城 P104
高松城 P150
徳島県
徳島城 P103
高知県
高知城 P84
沖縄県
中城城 P26
首里城 P110
宮崎県
佐土原城 P38
高鍋城 P109
延岡城 P109
飫肥城 P109
愛媛県
大森城 P37
宇和島城 P104
大洲城 P104
湯築城 P105
松山城 P105
今治城 P152
大阪府
千早城 P34
大阪城 P130
高槻城 P142
岸和田城 P143
和歌山県
和歌山城 P72
新宮城 P100
奈良県
高取城 P34
多聞山城 P99
大和郡山城 P100
三重県
松阪城 P60
伊賀上野城 P62
亀山城 P97
田丸城 P97
赤木城 P98
神戸城 P139
桑名城 P140
津城 P140

最強天守 YUKIMURA式 ランキング

16世紀終わり頃、織田信長の安土城に始まった近代城郭の象徴「天守」──。400年以上の歴史を経て、今に遺る天守すべてを、YUKIMURAが勝手な採点方法によりランキング。

YUKIMURA流採点基準

現存度：創建時または江戸時代の再建時に近い構造で遺っているほど点数は高い。
天守型：天守防衛に必要不可欠な天守形式も、堅城を測る上で大きく点数に影響。
装飾美：戦意を削ぐ豪華装飾もまた堅城さの一つ。破風等の飾りの多さが加点に影響。
防設備：いかに攻め手を食い止める設備があるか。高石垣や狭間・石落等の多さが点数に影響。
兵詰力：兵が詰められなければ意味がない！　床面積、階数の多さが点数に影響。
5項目を各100点、計500点満点で採点。

順位	城名称	ポイント	現在の天守	城名称
1	姫路城 (P76)		連立式 望楼型 5重6階地下1階	日本を代表する国宝・世界遺産城。現存天守の中で一番大きい天守。江戸時代以降、修復を繰り返し今に遺る。江戸城などの代わりとして、映画・TVドラマの撮影にも使われる。
2	松本城 (P112)		複合連結式 層塔型 5重6階	日本でも有数の美しさを誇る城。現存天守であり「国宝五城」の一つでもある。珍しい連結複合天守が雪景色に染まった姿は圧巻。
3	松山城 (P105)		連立式 層塔型 3重3階地下1階	現存天守の一つであり、「日本三大平山城」や「日本三大連立式平山城」。ペリー来航の幕末に落成した、江戸時代最後の完全な城郭建築。

順位	城名称	ポイント	現在の天守		城名称
4	熊本城 (P86)	344	連結式 望楼型	3重6階地下1階	築城名手・加藤清正によって築かれた城。清正流石垣が特徴。
5	大阪城 (P130)	333	独立式 望楼型	5重8階	言わずと知れた豊臣秀吉の城
6	高知城 (P84)	320	独立式 望楼型	4重6階	土佐藩初代藩主・山内一豊《かつとよ》の城。
7	彦根城 (P64)	315	複合式 望楼型	3重3階地下1階	天守は国宝。ゆるキャラ「ひこにゃん」でも有名な城
8	名古屋城 (P129)	312	連結式 層塔型	5重5階地下1階	家康が天下普請によって築城させた城。
9	松江城 (P148)	310	複合式 望楼型	4重5階地下1階	築城当時のままの姿を遺している貴重な天守。
10	和歌山城 (P72)	294	連立式 層塔型	3重3階	「日本三大連立平山城」の一つ。

順位	城名称	ポイント	現在の天守
11	広島城 (P143)	292	複合連結式 望楼型
12	犬山城 (P83)	290	複合式 望楼型
13	大洲城 (P104)	288	複合連結式 層塔型
14	小倉城 (P144)	286	連結式 望楼型
15	岡山城 (P78)	285	複合式 望楼型

順位	城名称	ポイント	現在の天守
16	掛川城 (P52)	284	複合式 望楼型
17	岩国城 (P37)	279	複合式 望楼型
18	福知山城 (P98)	273	複合連結式 望楼型
19	備中松山城 (P23)	268	複合式 望楼型
20	今治城 (P152)	262	複合式 望楼型

城域全体を味わう 城郭編

順位	城名称	コメント
1	江戸城 (P134)	徳川家康が開いた江戸幕府の威厳を随所に感じる巨大な城
2	和歌山城 (P72)	広大な城郭がしっかり残る。連立式の天守は必見!
3	姫路城 (P76)	世界遺産でもある近世城郭の頂点を隅々まで堪能しよう
4	小田原城 (P82)	総堀跡を確かめて、巨大な城郭のスケールを体感
5	駿府城 (P122)	「大御所」となった家康晩年の居城を散策
6	首里城 (P110)	栄華を誇った琉球王国最大の城郭
7	松江城 (P148)	堀から国宝に指定された天守までの見応えがすごい!
8	名護屋城 (P85)	秀吉が晩年に築いた巨大要塞
9	会津若松城 (P46)	蘆名、伊達、蒲生、上杉による進化過程をチェック
10	明石城 (P74)	幕府の命で築かれた圧巻の城郭

一度は行ってみたい 観光編

順位	城名称	コメント
1	松本城 (P112)	四季折々の景色を楽しみながら城下町を散策
2	姫路城 (P76)	雄大な現存天守を前にのんびりしたい
3	弘前城 (P40)	公園内には2600本の桜！桜の季節はぜひ
4	熊本城 (P86)	壮大な復興天守をぜひ観よう!
5	大阪城 (P130)	天守と高石垣が圧巻
6	二条城 (P142)	御殿と庭園をセットで楽しみたい
7	五稜郭 (P128)	タワーからの眺めが最高
8	松山城 (P105)	〝恋人の聖地〟二之丸をチェック
9	名古屋城 (P129)	本丸復元御殿に金の鯱は見ておこう
10	金沢城 (P50)	壮大な櫓群と巨大庭園「兼六園」は見逃せない

番外編 ざんねんな建物

順位	城名称	コメント
1	岩国城 (P37)	「天守構造図」を基にした4重6階の天守が再建されたが、錦帯橋から見えることを優先したため、天守台が遺る本来の位置から50㍍南側にずらして建ててしまった……ざんねん!
2	伊賀上野城 (P62)	2重2階の天守が建てられたが、上野城の初代天守は3重、二代目は5重5階。つまり、どちらの天守とも異なるため、「伊賀文化産業城」と呼ばれている……ざんねん!
3	大阪城 (P130)	1931(昭和6)年に建てられた現在の天守は、豊臣時代に建てられたものでも、徳川時代に建てられたものでもなく、〝三代目天守〟と呼ばれている……ざんねん!
4	岐阜城 (P14)	3層4階の模擬天守は当初の設計とは大きく異なり、岐阜市は「歴史的には正しくない姿(信長時代の天守の形態には諸説あり、正確な姿だとはいえない)」としている……ざんねん!
5	今治城 (P152)	〝築城の名手〟藤堂高虎が5重の層塔型大守を完成させたにもかかわらず、天守の位置も考慮せず、望楼型の天守を1980(昭和55)年に再建してしまった……ざんねん!

戦国武将 合戦の舞台編

順位	城名称	コメント
1	月山富田城 (P36)	第一次月山富田城の戦いでは、大内軍4万5000を尼子晴久軍1万5000が撃退。第二次月山富田城の戦いでは、毛利元就軍3万5000に包囲され、ついに落城した。
2	上田城 (P116)	知将・真田昌幸が、鳥居元忠、大久保忠世らが率いる徳川軍7000を撃退。1600(慶長5)年の関ヶ原の戦いでも、徳川秀忠軍3万8000を上田城に釘付けにし、落城しなかった。
3	高天神城 (P32)	徳川家康が今川氏から攻略。武田信玄が2万で包囲するも落城せず、信玄の子・勝頼が1574(天正2)年に開城させた。さらにそれを、家康が5000の兵で取り囲んで陥落させた。
4	長篠城 (P124)	徳川家康が武田氏から攻略。武田勝頼が1万5000の兵で包囲したが、籠城兵500の激しい抵抗によって落とせぬまま、援軍に駆けつけた織田・徳川連合軍に敗れた。
5	高遠城 (P92)	武田信玄の5男・仁科盛信が3000の兵で籠城。織田信長の嫡子・信忠率いる5万の兵との壮絶な戦いの末に落城したが、織田方も信長の従兄弟・信家を含む死者300以上を出した。

城めぐりを10倍楽しくするための YUKIMURA流 用語解説

「お城」とは、天守だけでなく、城郭全体を表した言葉です。お城全体の構造と歴史を知っておくことで、実際の城めぐりが何倍も楽しくなるはず。お城に関する用語を簡潔に、YUKIMURA 流に解説します。

縄張り　～城全体の設計～

城の防御力を最大に発揮させるため、「曲輪《くるわ》(郭《くるわ》)」と呼ばれる城郭内の区画配置を考え、天守、櫓《やぐら》、門の位置や形式など、城全体を設計することを「縄張り」といいます。

それぞれの曲輪は、土塁や堀などで仕切られ、各曲輪は「本丸」「二の丸」「西曲輪」「外曲輪」「隠居丸」など、城によって様々に名付けられています。原則として、天守や城主の館がある「本丸」が城の最終防衛曲輪で、本丸を守るように他の曲輪が配置されています。その縄張り全体が「城」であり、天守だけを「城」と呼ぶのではありません。縄張りには主に、4つの形式があります。

輪郭式《りんかく》

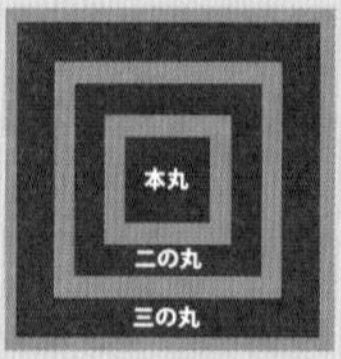

本丸を取り囲むように、二の丸、三の丸が順に広がる縄張り。平城に多く見られる形式で、安土桃山時代後半から造られはじめました。防御はどの方向に対しても厳重ですが、広大な築城面積が必要となります。主な城に「駿府城」「山形城」「二条城」があります。

連郭式《れんかく》

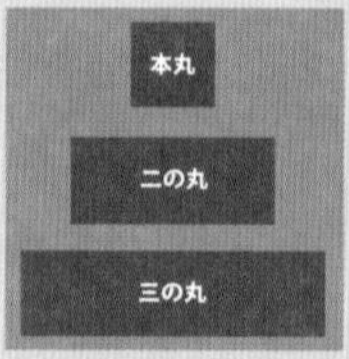

本丸、二の丸、三の丸を直線状に並べた縄張り。三の丸方面からの攻撃に対する防衛は強いですが、二の丸が接していない面の本丸が露出しているのが弱点です。平山城に多い形で、主な城に「水戸城」「盛岡城」「島原城」があります。

梯郭式《ていかく》

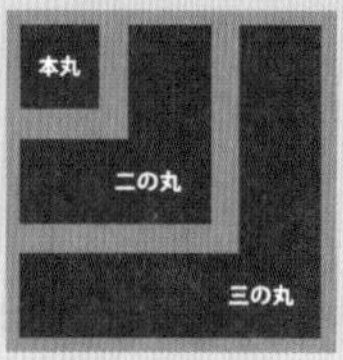

本丸の二方、または三方を、二の丸、三の丸が取り囲む縄張り。本丸の曲輪が配置されていない箇所を、山河や絶壁といった天然の要害がある場合に適しています。平山城や山城に多く、主な城に「岡山城」「大分府内城」「弘前城」があります。

渦郭式《かかく》

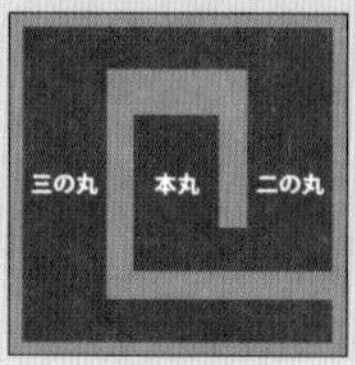

本丸を中心に、渦巻き状に二の丸、三の松を配置させる縄張り。輪郭式と似ていますが、迂回しなくては本丸に到達できない構造が特徴です。平山城に多く、主な城として「丸亀城」「姫路城」があります。

この他、円郭式、階郭式、複合式などがありますが、主に上記4つから派生したものです。また、軍学者や研究者によって認識が違うため、異なった分類をしているケースも多々あります。

規模が大きい城は、城下町一帯を含め、堀や土塁で外周を囲い込む「惣(総)構え」と呼ばれる巨大な城郭を導入していました。「小田原城」「大阪城」「江戸城」は、惣構えの代表的な城です。

天守 ～望楼型と層塔型～

天守は、最重要防衛施設として本丸や天守曲輪に建てられた、城の象徴となっている建造物です。天守の構造は建てられた時期によって、望楼型《ぼうろうがた》と層塔型《そうとうがた》に分かれます。

望楼型

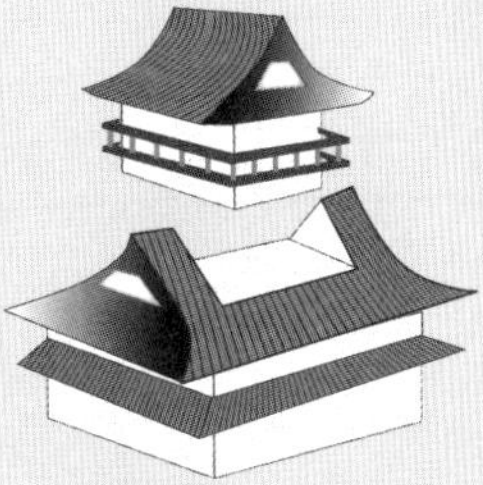

戦国時代から江戸時代初期に造られた天守構造。入母屋造《いりもやづくり》の重箱《じゅうばこ》櫓《やぐら》に、「望楼」と呼ばれる物見櫓を載せた構造なので、２つの違う建造物を重ねたように見えます。「犬山城」や「岡山城」が代表例です。

織田信長が築いた安土城は、八角形の大きな望楼を載せていました。望楼型は丈夫な造りではありますが、構造が複雑なため、建造に莫大な費用と時間が必要でした。現存天守の中で望楼型は、「丸岡城」「犬山城」「彦根城」「姫路城」「松江城」「高知城」の６天守となります。

層塔型

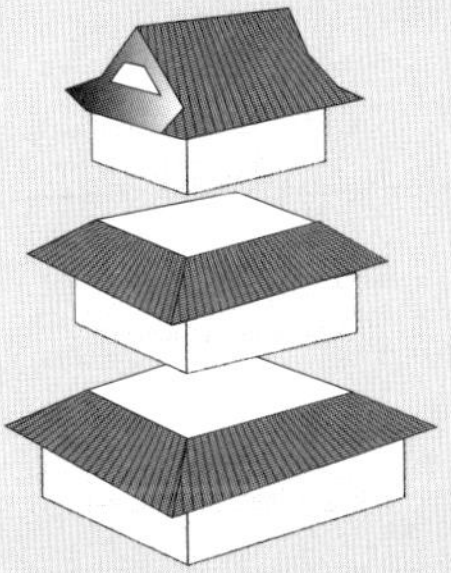

〝築城名人〟藤堂高虎《とうどうたかとら》が考案し、江戸時代以降に主流となった天守構造。第１層から同じ形の建物を規則的に小さくしながら積み上げていく構造なので、バランスの良い整った印象になっています。構造が単純なため、望楼型に比べて大幅に工期が短縮でき、建築コストが抑えられたため、全国的に層塔型天守が主流となっていきました。現存天守の中で層塔型は、「弘前城」「松本城」「備中松山城」「丸亀城」「松山城」「宇和島城」の６天守となります。

天守 ～様々な装飾～

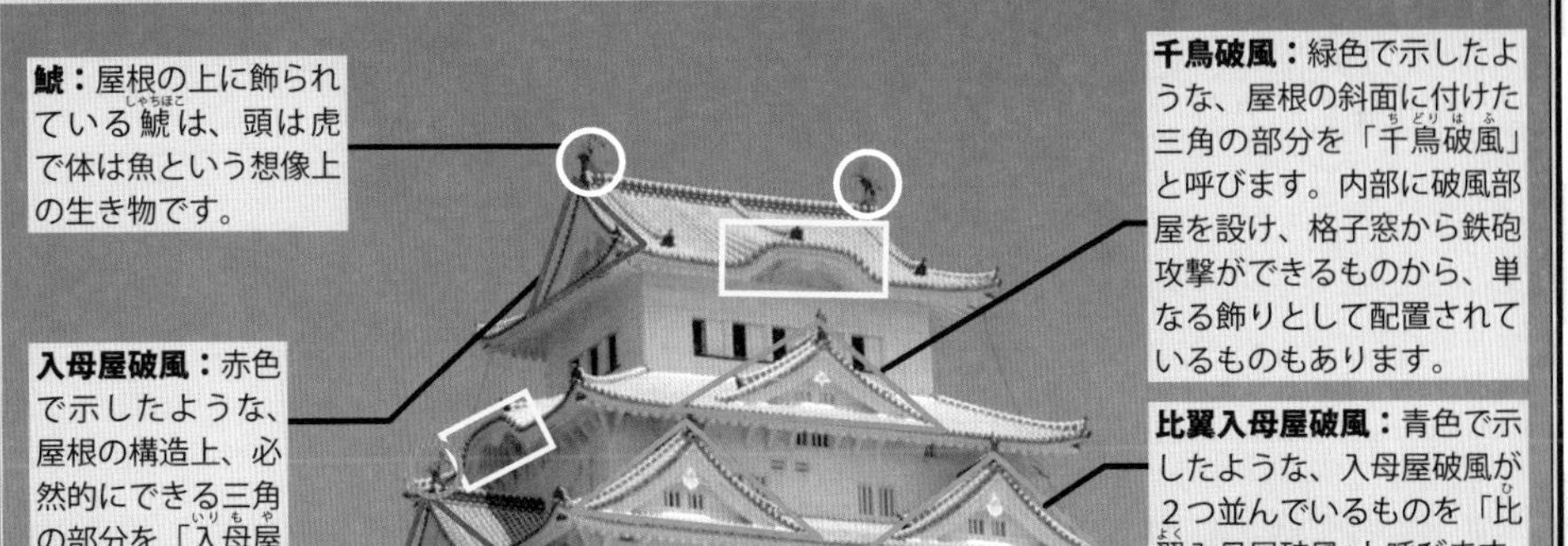
鯱：屋根の上に飾られている鯱《しゃちほこ》は、頭は虎で体は魚という想像上の生き物です。
入母屋破風：赤色で示したような、屋根の構造上、必然的にできる三角の部分を「入母屋《いりもや》破風」と呼びます。
懸魚：ピンク色で示したような破風に施された装飾を「懸魚《げぎょ》」と呼びます。
千鳥破風：緑色で示したような、屋根の斜面に付けた三角の部分を「千鳥破風《ちどりはふ》」と呼びます。内部に破風部屋を設け、格子窓から鉄砲攻撃ができるものから、単なる飾りとして配置されているものもあります。
比翼入母屋破風：青色で示したような、入母屋破風が２つ並んでいるものを「比《ひ》翼《よく》入母屋破風」と呼びます。
唐破風：黄色部分のように屋根の途中が湾曲しているものを「唐《から》破風」（軒唐破風）と呼びます。

天守と櫓　～4つの形式～

天守の平面構成は、以下の4パターンに大別されています。

独立式

天守が単独で建っている構成です。大阪城は当初、複合式もしくは連結式でしたが、徳川時代に独立式で再建され、現在に至っています。

複合式

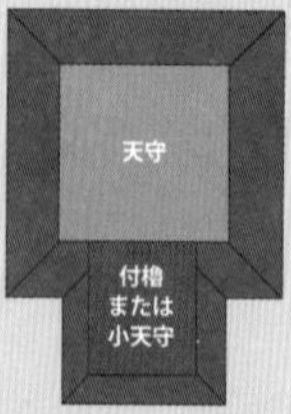

天守に付櫓が直接接続されている構成です。敵への攻撃範囲を広げる目的があり、付櫓に天守入口を持たせることも可能です。

連結式

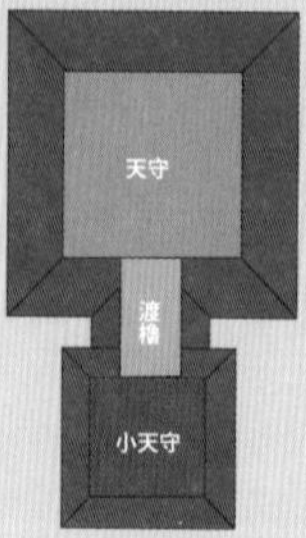

天守と子天守、あるいは櫓が、多聞櫓や渡り廊下で繋がれている構成です。複合式よりもさらに防衛を強化した天守群となります。
熊本城は天守と子天守を渡櫓で結んだ連結式です。

連立式

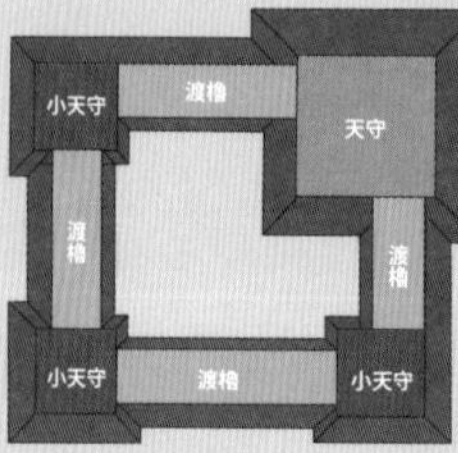

天守から渡り廊下や多聞櫓を介して、小天守や櫓に渡した構成です。複合式よりもさらに防衛を強化した天守群となります。

この他、複合式と連結式を組み合わせた「複合連結式」や、天守に櫓や小天守2基以上を個別の多聞櫓や橋によって連結した「複連結式」もあります。

櫓　～進化した物見櫓～

戦国時代中期までの櫓《やぐら》は「井桜《せいろう》」(物見櫓)と呼ばれ、防衛や物見のために建てられた簡易的な施設が主流でした。それが鉄砲伝来後、防弾・防火を考慮した土壁の恒久的な建築に代わり、現在見られる櫓(矢《や》倉《ぐら》)のような防衛施設として進化しました。武器弾薬や食糧保管などの用途もあります。二重の櫓が主流ですが、三重櫓がいくつも建てられている大きな城もあります。

▲二重の隅櫓と一重の長屋が繋(つな)がっている福岡城の「多聞櫓」

◀江戸城本丸の東南隅に建つ唯一の三重櫓「富士見櫓」

◀明石城本丸の南西隅に建つ「坤櫓櫓」。天守の代用をしていた

曲輪の隅に配置される櫓を「隅櫓」と言います。一重の櫓は「平櫓」と呼ばれ、長屋状に繋がった平櫓を「長屋」または「多聞《たもん》櫓」と呼びます。

二重、三重櫓の間を繋ぐ「渡《わたり》櫓」、門の上に造られた「櫓門」の他、「太鼓櫓」「月見櫓」「巽《たつみ》櫓」など、櫓には役割や方向などによって様々な名称が付けられています。

弘前城や丸亀城の「御三階《ごさんかい》櫓」や、明石城の「坤《ひつじさる》櫓」は、焼失などの理由で天守の再建が困難となり、事実上の天守に位置づけられていました。

石垣　～敵の侵入を阻む防御壁～

敵の侵入を阻むための石垣の積み上げ技術は、戦国時代から江戸時代にかけて急速に発達しました。

◆石垣の加工方法は、以下の３つに大別されます。

…野《の》面《づら》積《づ》み…

ほぼ加工されていない自然石を積み上げる、一番古い積み上げ方。工期は短くて済みますが、石のサイズがバラバラで隙間ができてしまい、敵兵が登ることも可能だったため、、やがて石の隙間に「間詰石《まづめいし》」と呼ばれる小石を詰めて、登りにくくするようになりました。野面積み石垣の代表的な城に、「竹田城」「松阪城」があります。

…打《うち》込《こ》み接《は》ぎ…

野面積みの弱点「登られやすい」を克服するために、関ヶ原の戦い前後から多く登場します。石の面を平らに加工し、石同士の隙間を少なくする石垣です。加工に時間はかかりますが、野面積みより高さが出せ、急勾配にすることも可能となりました。打込み接ぎの代表的な城に「姫路城」「熊本城」があります。

…切《きり》込《こ》み接《は》ぎ…

打込み接ぎの進化版として、四角形に整形した石垣を密着させて積み上げる方法で、石同士の隙間はほぼなく、見た目もすっきりと美しい仕上がりとなります。隙間がないために排水溝が設けられていました。江戸時代初期頃から造られ始めた積み方です。切込み接ぎの代表的な城に「江戸城」「駿府城」などがあります。

◆石垣には、主に2種の積み上げパターンがあります。

…布《ぬの》積《づ》み…

石材の横目地を通す積み方。「整層積み」とも呼ばれます。見た目は良いのですが、強度に問題がある積み方になります。

…乱《らん》積《づ》み…

「乱層積み」とも呼ばれます。大きさの違う石を様々な方向に積み上げていくので、崩れにくい積み方になります。

布積と乱積みを、野面積み、打込み接ぎ、切込み接ぎと組み合わせた６通りが、石垣の主な種類となります。

◆その他の積み方

算《さん》木《ぎ》積《づ》み

石垣の隅の部分の角石を、長短交互に重ねて強度を増す積み方。

谷《たに》積《づ》み

切込み接ぎをより強度にした技法。平石の角を立てるように組み上げ、「落積み」とも呼ばれます。

亀甲《きっこう》積《づ》み

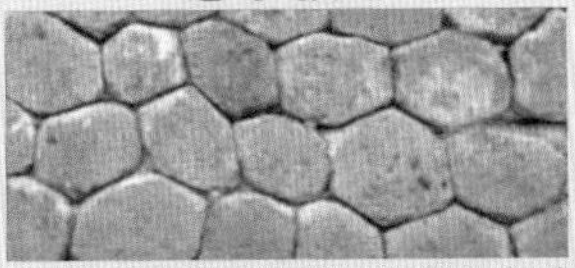

六角形に切り出した石を積み上げる技法。亀の甲羅に似ているためにこの名があります。

防御構造 ～枡形・虎口・狭間～

城は攻め込んでくる敵兵に対して、簡単に城内に入らせないように、様々な防衛設備を有していました。主な設備を解説します。

土塁

城や曲輪の周囲に土を盛り上げて固めた、高さ2～3メートルほどの堤防状の壁です。

堀切

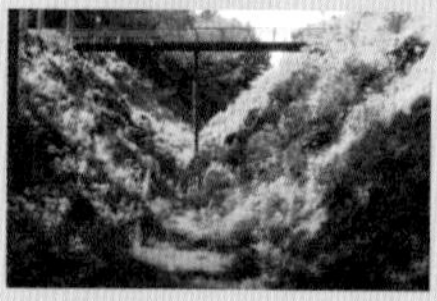

山城や平山城に見られる、尾根を仕切るように造られた堀。有事の際は堀切に架かる橋を壊すことで、敵の侵入を防いでいました。

枡形《ますがた》

門の内側や外側に四角形の空間を設け、二方向または三方向から迎撃する防衛構造です。

馬出《うまだし》

主に虎口の外側に設けられた、素早い出撃と退却を想定した空間。

狭間《さま》

土塀に設けられた、矢や鉄砲を放つための穴。「矢狭《やざ》間《ま》」と呼ばれる長方形の狭間は、少し高い位置に空けられています。三角形や円形の「鉄砲狭間」は、低めに空けられていました。

堀

寺や古墳の周囲に彫られた溝がルーツです。戦国時代以降は、掘った土を土塁の盛り土に使用したので、セットで造られることが多くなりました。大きな城では幅80㍍の堀もありました。水の張られた「水堀」と、張られていない「空堀」があります。

虎口《こぐち》

城郭や、城郭を構成する曲輪の出入口のこと。最も重要な部分なので、虎の牙にたとえて「虎口」と呼んだという説もあります。直線的に出入りができる構造を「平《ひら》虎口」(上写真)、土塁や石垣を築いて直進できないようにした構造を「食違《くいちがい》虎口」(下写真)と呼びます。

土塀

土塁や石垣を張り出すように造られた側面攻撃用の防衛構造。攻め込む敵の側面から、弓や鉄砲を浴びせる。

横《よこ》矢《や》掛《がか》り

土塁や石垣を張り出すように造られた側面攻撃用の防衛構造。攻め込む敵の側面から、弓や鉄砲を浴びせる。

簡単な説明でしたが、お城にまつわる基本的な知識、わかっていただけたでしょうか。お城の構造や歴史を知ってから訪ねてみると、興味の持ち方がまったく変わってきます。
また、ぜひともお勧めしたいのは、自分がお城を攻める側か、守る側かを決めてからお城めぐりに出かけること。攻める側であれば「この先に守備兵がいたら怖いな」とか「今、目線が下がったな」……とか、「少しでも躊躇したら守備兵に撃たれる」と思うと、その城の防衛力を体感することができ、お城めぐりが何倍も楽しくなると思います。

第一章 山城《やまじろ》 44城の歩き方

44/200

南北朝時代から戦国時代初期に、主流として築かれた城です。平野部から300メートルほどの山に多く築かれ、山の地形をそのまま使用し、天然の要害を活用した「軍事的側面を最優先」とした城で、攻め込みにくい構造が特徴です。籠城するには便利でしたが、物資の運搬や水の確保が厳しい側面もあります。
主な山城に、岐阜城、竹田城（写真）、安土城があります。

岐阜

岐《ぎ》阜《ふ》城《じょう》

天下統一の本拠地となった金華山に建つ山城

日本100名城 No.39

【別名】稲葉山城【城郭構造】連郭式山城【築城】1201（建仁元）年【廃城】1601（慶長6）年【築城主】二階堂行政【主な城主】稲葉氏、斎藤氏、織田氏【現在の天守】再建天守。望楼型　3重4階【主な遺構】曲輪・石垣・土塁・堀・門【指定文化財】国史跡【所在地】岐阜県岐阜市金華山天守閣18【アクセス】JR東海道本線「岐阜」駅よりバス15分

天下布武を志す信長の拠点

かつて「稲葉山」と呼ばれた金華山の山頂に初めて砦を築いたのは、鎌倉幕府の執事・二階堂行政と伝えられている。「稲葉山城」と称したこの山城は、戦国時代に斎藤道三の居城となり、城下とともに整備された。

１５６７（永禄10）年、実父である道三を討ち取った義龍の子・龍興から稲葉山城を奪取した織田信長は、改修して居城とし、付近一帯を平定。１５７２（元亀3）年、「岐阜城」に改名した。山頂の城郭、山麓の居館、その間を結ぶ登城路、山中に多数配された砦など、山全体が天然の要害となっているこの山城を拠点とし、天下統一を目指したのである。

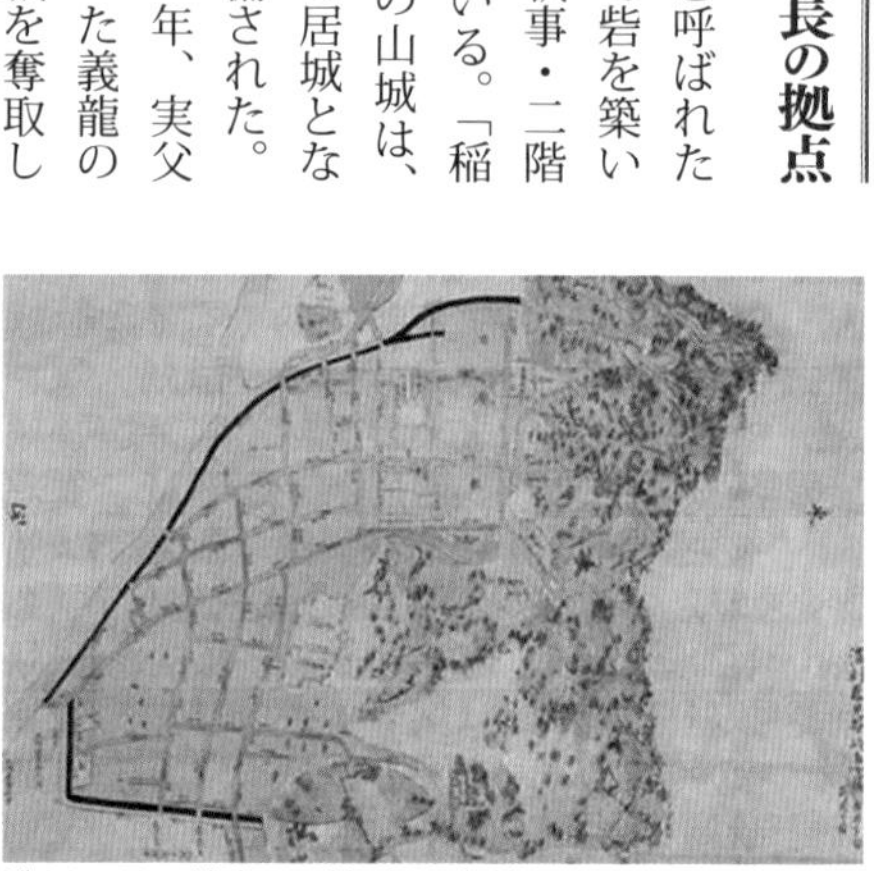

濃州厚見郡岐阜図（名古屋市蓬左文庫蔵）

「天下布武」の印章を用いたのも、岐阜城に居城を移してからとされる。自由な商いを促す、「楽市楽座」を本格的に導入したのも岐阜城下である。

信長の居城は、１５５２（天文21）年から、那古野城に2年、清須城に6年、小牧山城に7年、岐阜城に9年。安土城に移って7年後に謀反に遭い本能寺の変で没したため、一番長く拠点を置いたのがこの岐阜城であった。

1576（天正4）年、信長は安土城に居城を移し、家督を継がせた信忠に岐阜城を譲った。信忠が本能寺の変で倒れた後、信長の3男・信孝、池田氏、豊臣氏、信長の孫・秀信と城主が代わり、1601（慶長6）年には、徳川家康の命により廃城が決まる。天守・櫓・石垣などは城下の加納城へ移築された。

1910（明治43）年、日本初の観光目的での3重3階の天守が再建されたが、1943（昭和18）年に戦災によって焼失。現在の3重4階の天守は、1956（昭和31）年に鉄筋コンクリート造で再建されたもので、山麓部分は「岐阜公園」として整備されている。

2011（平成23）年には、山麓から山上までの金華山一帯、209ヘクタールの城跡が、「岐阜城跡」として国の史跡に指定された。

籠城に向かない城

標高320メートル以上の金華山山頂にそびえる岐阜城は、「難攻不落の城」のように思われる。だが、斎藤氏が入城して以降、実に7回にもわたって開城、または落城しているのだ。この数字は、この城が籠城戦に向かないことを示している。湧き水が乏しく、井戸が機能していない。曲輪（郭）が小さく、多くの兵が詰めることができないため、多勢に包囲されてしまうと、「降伏するか、打って出るか」しかなかったのである。

そんな岐阜城を、なぜ信長は居城としたのだろうか。

岐阜城に籠城することを想定しなかった。領地拡大を行う過程での一時的な居城だった。政治的・軍事的に利便性のある場所だった——などがその理由であろう。

また、当時としては珍しい南蛮様式の華麗な御殿を山麓に建てるなど、自らの威厳を示す政治的な施設だと捉えていたのかもしれない。

城郭は、山頂に天守、その周辺が本丸、本丸東側に東曲輪、本丸南側の一段下がったところに二の丸、さらにその南側に三の丸が配置されている。本丸、二の丸、三の丸などの主要な曲輪を一直線に並べる「連郭式」の山城である。山城や平山城に多い配置だが、本丸の三方が外部と接しており、防御力は低い。さらに、現在の地図に重ねて駐車場などと比較することで、それぞれの曲輪が小さく、狭いことが確認できるだろう。

その一方、金華山全体を見てみると、北側に長良川、西側に城下町が広がっている。当時の尾張街道（岐阜街道）の終点は、「御鮨所」と呼ばれる宿場町だった。つまり、長良川より北には大きな道がなかったため、南側に防衛を集中させることができたのである。

水手道からの本丸入口に配された巨石

二の丸跡に復元された鉄砲狭間のある城壁

天守に向かう4ルート

尾張街道側から岐阜城を攻める場合、登山ルートは大きく4つある。

街道終点から一番近く、山の南西側からのルートが、「大手道」とされる「七曲り登山道」。三の丸へと続く緩やかな登山道で、信長や秀吉など多くの武将がこの道を使い登城していた。

そのすぐ北側には、同じく三の丸に繋がる「百曲り登山道」がある。その名の通り、クネクネと曲がる登り道だ。

さらにその北側のルートは、一番距離の短い「馬の背登山道」。石垣や平坦地等の遺構が多数見られることから、二の丸に出る近道として使われていたようだが、「危険なため通行注意」の看板があるほど、健脚向けの厳しい岩道である。

一番北側に位置するのは、「水手道(めい想の小径)」。「小径」、すなわち「狭い道」だが、かつては長良川沿いからの「登城路」だったと考えられている。現在は道の一部が付け替えられ、尾張街道からのルートとなっている。山の斜面を削って造られている道は、人とすれ違う際に肩が触れるくらいの狭さ。岩を削ったままのような路面も多く、岩の凹凸や木の根によって滑りにくくはなっているが、ほとんどがガードレールやロープがないので、十分に注意したい。

馬の背登山道と分岐する丸山(「伊奈波神社旧跡」)を過ぎると岩階段が多くなり、息が上がってくるが、戦国時代の人々は軽く走るほどの速さで行き来していた。

非常口でもあった水手道に遺る裏門跡

1600メートルほど歩くと、視界が開ける最初のビューポイントがある。さらに、岩だらけの厳しい道を200メートルほど進めば「裏門跡」に到着。山の斜面を利用した頑丈な裏門である。本丸北側に直接繋がるこの水手道は「搦《からめ》手《て》道」でもあった。有事の際、城主らが城から脱出するための、いわば「非常口」である。

この門跡から、巨大な岩盤を見ながら、石階段や左右にクネクネと曲がった道を進んだ先に、本丸が現れる。

高低差を利用した曲輪

本丸には、望楼型3重4階の模擬天守が建つ。城内は資料展示室だ。日本全国でも有数の高さを誇るこの天守の最上階からは、濃尾の大平野、木曾御岳山、乗鞍岳までを望む。かつて、信長も見晴らしたであろう雄大な大パノラマを、存分に楽しむことができるのだ。

本丸から二の丸に向かって20メートルほど階段を下りた先に、戦国時代の「井戸跡」がある。岩盤をくり抜いて雨水を溜め、非常時の貯水施設として利用していたと考えられている。

二の丸跡には、急斜面を登って来る敵兵を狙う鉄砲狭間のある城壁が再現されている。二の丸から三の丸方向へは、さらに勾配のある構造となっており、実際に歩いてみるとそれぞれの曲輪の小ささや、多くの兵が詰める際の窮屈さが体感できるだろう。

三の丸内には、売店・食堂・展望台があり、さらに下ったところには、山麓駅までを4分で結ぶ「ぎふ金華山ロープウェー」が整備されている。

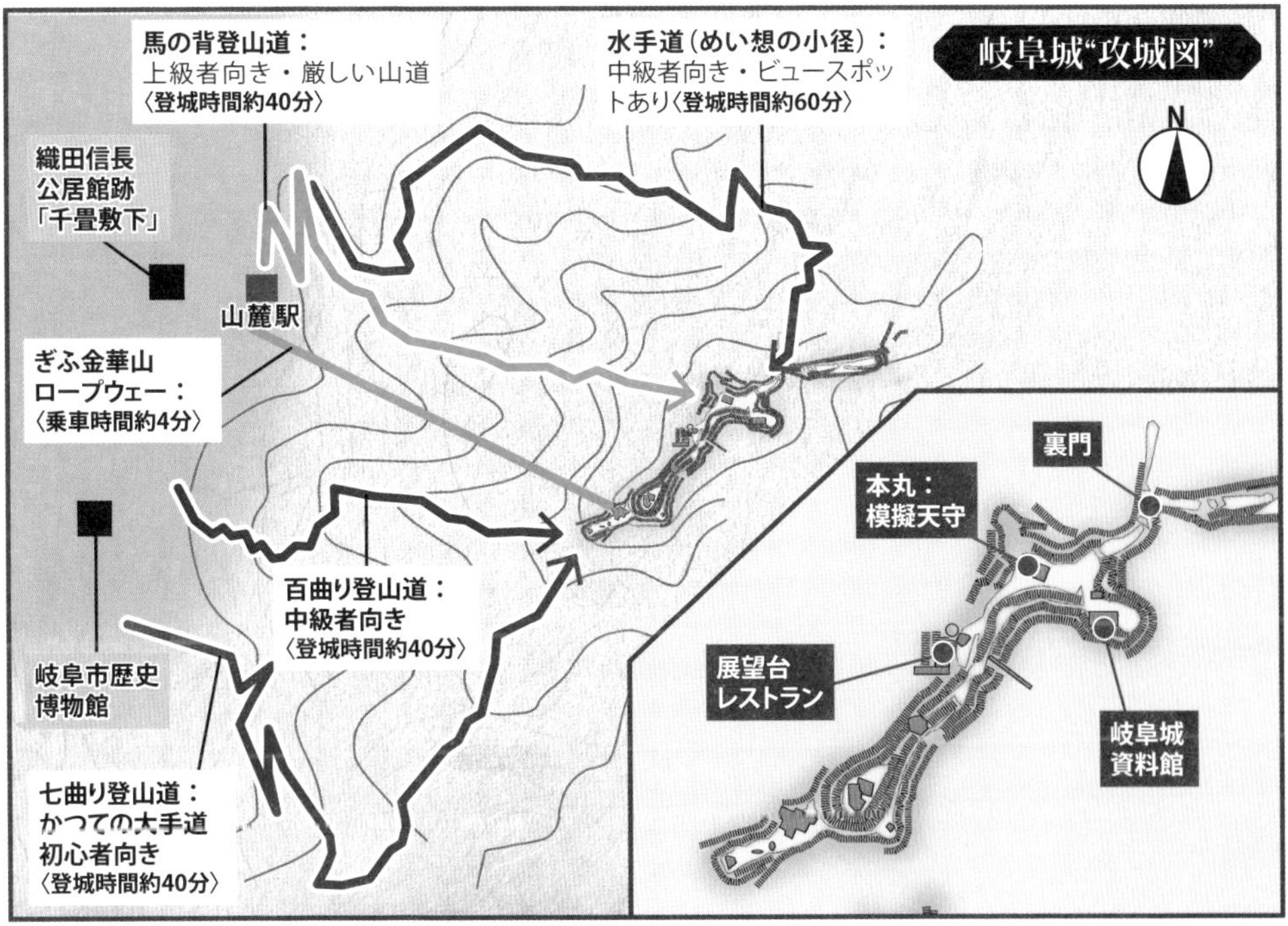

千畳敷遺跡

岐阜公園・山麓駅の南側には、古墳時代の遺跡も発掘された「千畳敷遺跡」がある。斎藤道三はここに居館を建設し、信長はそれを改修して平時の御殿を建設した。岐阜市教育委員会は10年の歳月をかけて発掘調査を行い、巨石を配した虎口跡、石垣、庭園跡、さらに「金箔瓦」を使用した建物の存在を確認している。ポルトガルの宣教師ルイス・フロイス（1532〜1597）がその豪華さを日記に残した御殿の様子が明らかになりつつあるのだ。金華山西麓の谷の地形を生かしつつ、信長好みの南蛮様式を採り入れた、豪華な造りの御殿だったのだろう。

一方、庭園跡の園池遺構では、池の構造や立地などに京都の東山殿（現・銀閣寺）と似ている点があることがわかっており、伝統や威厳を重んじた信長の一面がうかがえる。

華麗な御殿が建っていた「千畳敷遺跡」

山麓信長居館イメージ図

滋賀

小谷城《おだにじょう》

先駆的な石垣築城を導入した名山城

日本100名城 No.49

【別名】なし【城郭構造】梯郭式山城【築城】1523（大永3）年頃【廃城】1575（天正3）年【築城主】浅井亮政【主な城主】浅井氏【現在の天守】なし【主な遺構】曲輪・石垣・土塁・堀・堀切・礎石・虎口【指定文化財】国史跡【所在地】滋賀県長浜市小谷郡上町139（小谷城戦国歴史資料館）【アクセス】JR北陸本線「河毛」駅より徒歩約30分

戦国時代屈指の堅城

北近江の戦国大名・浅井《あざい》亮《すけ》政《まさ》（長政の祖父）が、琵琶湖を一望する小谷山に築城した。まだ石垣技術が発達していない時代、標高495メートルの険しい形状の山頂部に大石垣を築くなど、先駆的な築城の取り組みが行われ、戦国時代屈指の堅城として知られた。現在は春日山城、七尾城、観音寺城、月山《がっさん》富《と》田《だ》城と並んで、「日本五大山城」に数えられる。

小谷城は、亮政・久政・長政と続いた浅井家3代の城であり、織田信長との小谷城の戦いに敗れた3代・長政は、1573（天正元）9月1日、この城で自刃した。この時、長政の妻であり、敵将となった信長の妹である「お市の方」は、長政との間にもうけた「浅井3姉妹」、茶々・初・江とともに小谷城を脱出している。この後、長女の茶々は豊臣秀吉の側室となって秀頼を出産して「淀殿」と呼ばれ、次女・初は若狭小浜藩主・京極隆次の正室となった。そして3女

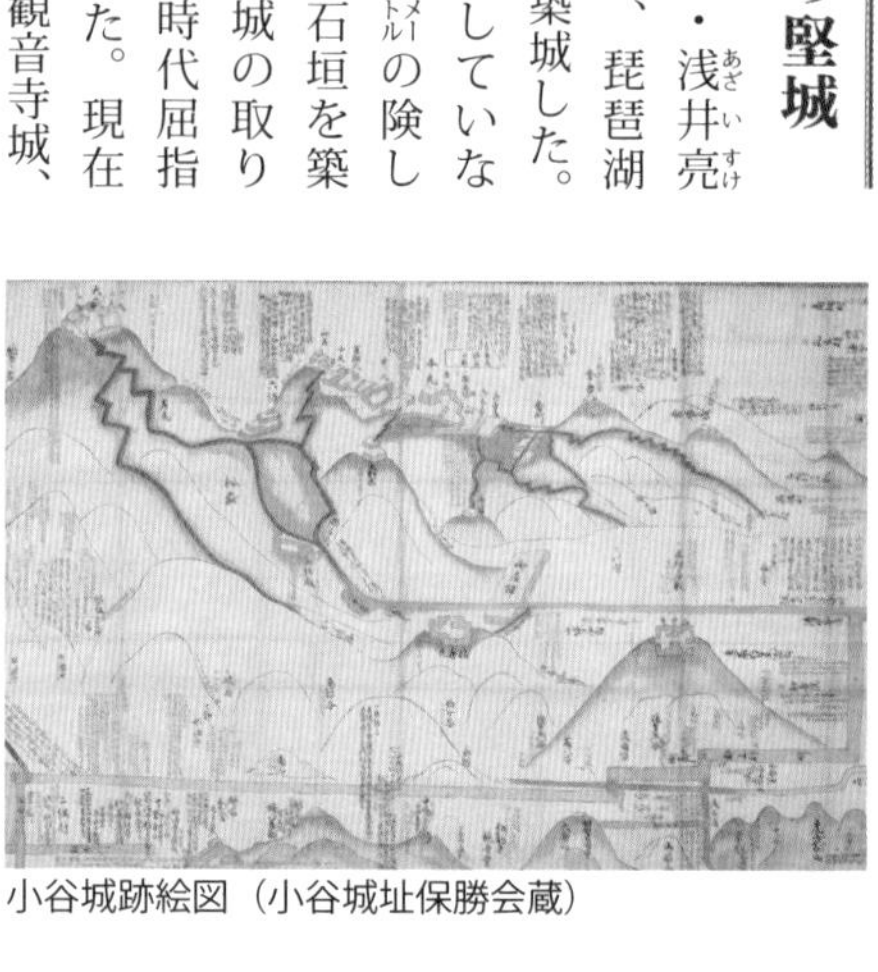

小谷城跡絵図（小谷城址保勝会蔵）

の江は、秀吉の甥・秀勝との婚姻を経て徳川幕府第2代将軍・秀忠の正室となり、3代将軍・家光を産んでいる。そう考えると、築城から50年足らずで廃城となった小谷城は、〝時代を動かした城〟であったといえるかもしれない。

　小谷山から続く尾根筋を利用した南北に長い城郭の中心部には、2層の天守があったとされる本丸、大堀切で仕切られた北側に中丸《なかのまる》、続いて京極丸、小丸《こまる》、そして主要曲輪（郭）の一番北側に山王丸。本丸から南側には大広間、段刻みに桜馬場、御馬屋、御茶屋が並び、その南に番所、さらにその西に金吾丸を配する梯郭式山城で、最北端の山王丸から最南端の金吾丸までの距離は約1㌔に達する巨城であった。

「戦国ガイドステーション」にそびえる浅井家巨大兜のモニュメント

　山王丸から谷筋へ下った尾根伝いには、小谷城が築かれた当初の本丸だったとされる大嶽《おおづく》城があり、その南に配された福寿丸、山崎丸という砦は、主に北方・西方を監視していたと思われる。小谷山に切り込むような山麓「清水谷」には浅井家の屋敷や武家屋敷が建ち、平時はそこで生活し、有事に城に詰めるという仕組みになっていた。

　城主は、亮政から受け継いだ久政、そして最後の当主・長政と、浅井氏が3代にわたって務めた。3代当主・長政は、同盟を結んだ織田信長の妹・お市を正室に迎え、茶々、初、江の〝浅井3姉妹〟をもうけた。しかし、１５７０（元亀元）年に信長が盟約を破り、浅井家の盟友である越前の朝倉家に攻撃を仕掛けたため、朝倉家の救援に回った長政は信長と敵対。同年の姉川の戦いで織田・徳川連合軍に敗れ、１５７３（天正元）年の小谷城の戦いで信長の大軍に城を包囲され、豊臣（羽柴）秀吉らに攻められて落城し、戦国大名としての浅井氏は滅亡した。戦後、浅井氏の旧領を与えられた秀吉が、１５７５（天正3）年に長浜城を新たに築城したことで、小谷城は廃城となった。

主要曲輪の最先端にある御茶屋跡。「茶屋」という名の軍事施設である

　現在、天守などの建造物は残されていないが、各曲輪には石垣や土塁、大堀切などの遺構が見られ、山王丸付近には野面積みの大石垣の一部が現存。本丸や大広間からは、居住地として使われていたことを示す遺物も見つかっている。１９３７（昭和12）年に国の史跡に指定された。

上段からの矢と石で防衛

　本丸までの登城ルートは、小谷城戦国歴史資料館の脇から進む「追手道《おうてみち》ルート」、城最南端の出丸を経由する「出丸ルート」、金吾丸付近の駐車場から主要曲輪に向かう「最短ルート」、清水谷方面の屋敷跡をめぐり、山王丸跡から本丸

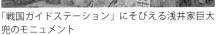

に進む「清水谷ルート」の4つに分けられる。

歴史資料館東側にある小谷城登山道の「追手道」を20分ほど歩くと「金吾丸」跡に到着する。金吾丸は1525（大永5）年に六角軍が小谷城を攻めた際、浅井氏の援軍にきた越前の朝倉宗滴《そうてき》が布陣した場所と伝えられている。現在は雑木林だが、当時は兵が詰める防衛曲輪として機能していたのだろう。番所跡を越えて少し進むと、赤い色の幟が目印の「虎御前山《とらごぜんやま》展望所」が見える。長浜市街と琵琶湖を望む展望所で、信長が小谷城攻めの際に最前線基地を築いた虎御前山が手前に見える。

ここから本丸に向かうと、左手に御茶屋跡の看板が現れる。小谷城主要曲輪の最先端に位置する軍事施設があった場所で、攻め登ってきた敵兵に対して、上段の曲輪から矢や石を落として防衛する構造となっていた。その先の左手には「馬洗池」と呼ばれる20畳程度の人工池がある。文字どおり馬を洗う場所だったのだろう。さらにその先には、土塁で囲まれた馬屋があった御馬屋跡が広がっている。

首が晒されたという首据石

小谷城最大の曲輪・大広間跡

山頂に築かれた大石垣

大広間跡を奥まで進むと、前方に本丸石垣跡が見える。当時は高さ4㍍の石垣が築かれていたという。滑るためか、緑のマットが敷かれた石階段を登っていくと、いよいよ本丸である。

本丸は2段構造で、上段には2層天守と鐘をつく櫓があった。北側は大堀切になっており、簡単には登ってこられないことが確認できる。当時、こちらの面も石垣だったかどうかは不明だが、それらしき石の形跡が見られないため、大広間側に立つ人の目につく面にのみ石垣を築いていた可能性もある。

本丸を右側に見ながら北に進むと、大堀切跡が現れる。曲輪と曲輪を分断するように、山を削って敵の進行を食い止める防衛構造「堀切」の中でも、特に規模の大きいものを「大堀切」と呼ぶ。向かって右手が本丸、左手が中丸で、その間に高さ4㍍ほどの溝が造られている。これだけ急な斜面を攻め上ることは困難だ。小谷城が攻め込みにくい城だったことが実感できる。

そのまま北へ進み、狭い虎口の先の石段を登ると、中丸跡に到着する。本丸の北側を守る3段構造の曲輪で、段が石垣で造られていた痕跡が残っている。最上段の奥は刀洗池跡。当時はここに水が張られていたのだろう。

しばらく北に進むと、見えてくるのが京極丸。大広間に次ぐ広い曲輪で、浅井氏がこの地を支配する前、京極氏が治めていた頃に京極屋敷が

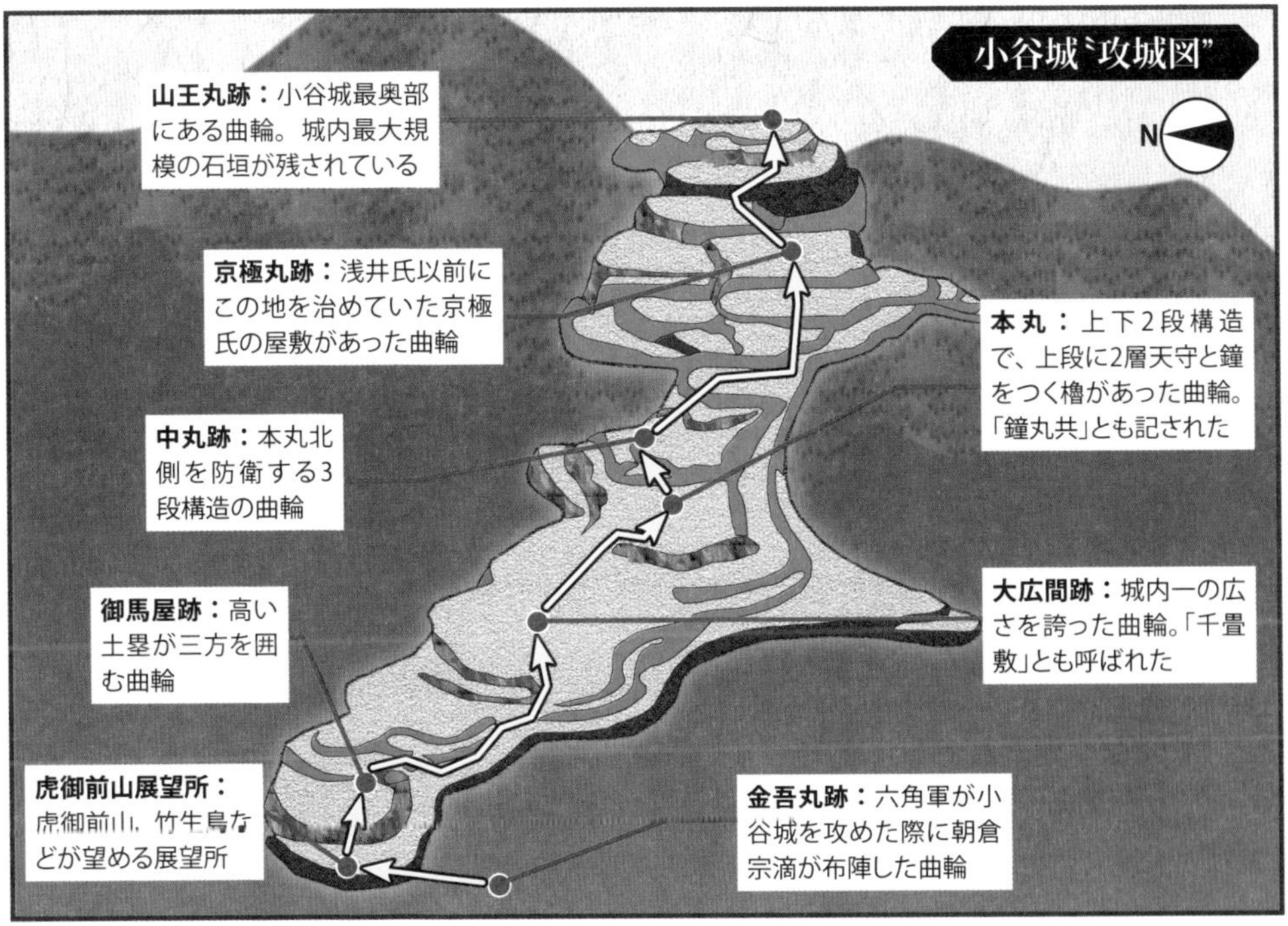
小谷城"攻城図"
N
山王丸跡：小谷城最奥部にある曲輪。城内最大規模の石垣が残されている
京極丸跡：浅井氏以前にこの地を治めていた京極氏の屋敷があった曲輪
本丸：上下2段構造で、上段に2層天守と鐘をつく櫓があった曲輪。「鐘丸共」とも記された
中丸跡：本丸北側を防衛する3段構造の曲輪
大広間跡：城内一の広さを誇った曲輪。「千畳敷」とも呼ばれた
御馬屋跡：高い土塁が三方を囲む曲輪
虎御前山展望所：虎御前山、竹生島などが望める展望所
金吾丸跡：六角軍が小谷城を攻めた際に朝倉宗滴が布陣した曲輪

あったことから命名された。小谷城の戦いでは秀吉軍約3000の兵が西の急斜面を登り、京極丸の占拠に成功した。それが早期決着の最大の要因だったといわれている。

さらに奥に進むと現れるのが、小丸跡だ。浅井長政の屋敷があった場所で、秀吉に攻め込まれた長政はここで自害している。

最後に、山王丸へ向かう。小谷城が日本五大山城に数えられる大きな要素の一つが、山王丸に築かれた大石垣である。崩れやすい野面積みで築かれていたため、当時のまま残る石は限られるが、その大きさを実際に見ると、相当の難工事だったことが想像できるだろう。この先が主要曲輪の一番北側に位置する山王丸跡で、当時は小谷神社が祀られていた。ここまでが追手道ルートで、所要時間はおよそ1時間20分である。

小谷城編
大堀切跡
右手が「本丸」左手が「中丸」
高さ4mほどの溝が確認できる
本丸と中丸を分断する4ｍに及ぶ大堀切

小谷城編
大石垣跡
日本五大山城認定の大きな要素
石垣技術が発達していない頃に大石垣を築いていた
標高495mの山頂に築かれた大石垣跡

福井

城山の尾根に連なる朝倉氏の本城

一乗谷城《いちじょうだにじょう》

日本100名城 No.37

【別名】一乗谷朝倉氏遺跡【城郭構造】連郭式山城【築城】15世紀後半【廃城】1575（天正3）年【築城主】朝倉氏【主な城主】朝倉氏【現在の天守】なし【主な遺構】石垣・土塁【指定文化財】国特別史跡【所在地】福井県福井市城戸ノ内町【アクセス】JR越美線「一乗谷」駅より徒歩約30分

上洛を拒んだ朝倉義景

「応仁の乱」最中の1471（文明3）年、越前守護・斯波義敏の重臣であった朝倉孝景（敏景）が自ら守護職につき、本拠を黒丸城からこの城に移した。築城は15世紀前半、遅くとも後半のことだと考えられている。

標高約473メートルの城山に築かれた一乗谷城は、全長約1・5キロ、幅約200メートルの城域に約600メートル×約200メートルの主郭部分があり、堀切で区切られた「千畳敷」と呼ばれる本丸、その東側に一の丸、二の丸、三の丸が配された連郭式。山麓には朝倉氏居館が築かれていた。孝景以降、氏景、貞景、孝景、義景と続いた越前朝倉氏が最も栄えたのは5代・義景の時代で、1567（永禄10）年には、2年前に暗殺された室町幕府第13代将軍・足利義輝の弟・義秋（後の義昭）が一乗谷を訪れ、義景に幕府復興への協力を要請。義景は大いに歓待したが、義秋の求める上洛には応じることなく、1568（永禄11）年に義秋は織田信長を頼って京へ上り、15代将軍・義昭となった。これが信長の天下統一に向けた大きな足掛かりとなり、越前朝倉氏滅亡への第一歩となった。この後、義景は、盟友・浅井長政、本願寺、雑賀衆、延暦寺など信長と対立する諸勢力と結んで〝信長包囲網〟の構築を図ったが、1573（天正元）年、信長軍に一乗谷を攻め落とされて自刃。一乗谷城は「北の京」と呼ばれた城下町とともに灰燼《かいじん》に帰した。

岡山

備中松山城《びっちゅうまつやまじょう》

天守が現存する全国唯一の山城

日本城郭協会 日本100名城 No.68

【別名】松山城、高梁城【城郭構造】連郭式山城【築城】1240（仁治元）年【廃城】1874（明治7）年【築城主】秋庭重信【主な城主】三村氏、水谷氏、板倉氏【現在の天守】現存天守。複合式望楼型　2重2階【主な遺構】天守・櫓・塀・石垣・土塁【指定文化財】重要文化財【所在地】岡山県高梁市内山下1【アクセス】JR伯備線「備中高梁」駅よりバス約10分・徒歩約50分

創建は鎌倉時代

後鳥羽上皇が北条義時と戦った承久の乱で功を立て、備中国有漢郷《うかんごう》（岡山県高梁市《たかはしし》）の地頭となった秋庭重信が、大松山、小松山、天神丸山、前山という4つの峰からなる臥牛《がぎゅう》山《ざん》の大松山に築城した。秋庭氏5代の後、元弘年間（1331～1334）の城主・高橋宗康が小松山まで城域を広げて本丸を移したという。標高約430メートルの小松山に築かれた本丸の規模は約30メートル×約60メートル、二の丸は約40メートル×約50メートル、厩曲輪は約50メートル×約15メートル、三の丸は約40メートル×約30メートルで、その周囲は総石垣で守られている。

重要文化財に指定されている天守、二重櫓、三の平櫓《さんのひらやぐら》東土塀《ひがしどべい》はいずれも、備中松山藩2代藩主・水谷勝宗が1683（天和3）年に完成させたもの。山城として全国で唯一現存している天守の高さは約11メートルで、現存12天守の中で最も低い。外観は3重だが、実際には2階建ての「三重櫓」である。水谷氏の後、藩主は浅野氏、安藤氏、石川氏と交代し、1744（延享元）年に入封した板倉氏が8代続き、明治維新を迎えた。

高取城、岩村城と並ぶ「日本三大山城」と呼ばれる松山城は、〝天空の城〟としても知られており、9月下旬から4月初旬の早朝には、松山城から直線距離で約1・1キロ離れた「雲海に浮かぶ備中松山城を望む展望台」から、幻想的な山城の姿を眺めることができる。

石川

七尾城《ななおじょう》

畠山氏が築き上げた〝能登の府〟

日本100名城 No.34

七つの尾根に広がる巨大山城

1408（応永15）年に能登守護となった畠山氏により、15世紀に築かれたとされる。その後、拡張や増強を行いながら、畠山氏が領国支配の本拠地とした。「日本五大山城」の一つに数えられる。

七尾湾を一望する松尾山を中心とした山中で、枝分かれする尾根に多くの砦を配置した巨大な山城は、堅固な守りを誇り、古くから難攻不落の山城として知られた。

1577（天正5）年、上杉謙信が1年間を費やしてようやく落城させたが、疫病の流行と内応者の出現がなければ不可能だったともいわれている。1582（天正10）年には前田利家が入城し、石垣の増強などを行うも、平地の小丸山城を居城としたために、七尾城は廃城となった。

遺構として残されている大規模な石垣は、自然石を使用する野面積みが多く、高さは最高でも4ﾒｰﾄﾙ程度で、天正期の築城技術を知る貴重な史料となっている。山の斜面を生かした縄張りはとても複雑で堅固。尾根沿いに延びる各曲輪は、連携できるように迷路のような連絡路で繋がっており、山頂部には重臣などの侍屋敷が置かれ、本丸から見下ろす位置に家臣団の家が置かれたと考えられている。

【別名】松尾城【城郭構造】山城【築城】正長年間（1428〜1429）【廃城】1582（天正10）年【築城主】能登畠山氏【主な城主】畠山氏・上杉氏【現在の天守】なし【主な遺構】石垣・堀切・土塁【指定文化財】国史跡【所在地】石川県七尾市古府町・古屋敷町ほか【アクセス】JR七尾線「七尾」駅よりバス約13分・徒歩約1分

東京

八王子城《はちおうじじょう》

北条氏滅亡の契機となった山城

日本100名城 No.22

発掘された「御主殿跡」

甲斐の武田信玄と対立していた北条氏康の次男・氏照《うじてる》は、豊臣秀吉との戦を想定し、本拠地であった多摩川の河岸段丘上の平山城・滝山城から、守りに適した山城に拠点を移す計画を進めた。この時に築かれた八王子城は、北の滝山川と南の城山川に挟まれた深《ふか》沢山《ざわやま》の山頂に本丸がある天然の要害に位置し、麓には御主殿がある居館地区と、城下町がある根小屋《ねごや》地区から成る巨大な山城で、北条氏が築いた山城の中では最大規模を誇っていた。

平山城や平城への転換期であった当時、山城の築城は時代に逆行するものだったが、鉄壁な守りは山城ならではのもの。しかし、1590（天正18）年、秀吉による小田原攻めでは、前田利家と上杉景勝《かげかつ》の別動隊が関東各地で北条氏の支城を攻撃し、前田隊に攻められた八王子城はわずか1日の攻防で落城してしまう。この時、城主・氏照は主な兵とともに小田原にいたが、八王子城を攻めたのは3万5000の大軍だった。築城からわずか10年足らずで廃城となったが、江戸時代は幕府の直轄地、明治期は国有林であったため、御主殿周辺の居館地区には遺構が多く残っている。

【別名】なし【城郭構造】山城【築城】1584（天正12）年頃【廃城】1590（天正18）年【築城主】北条氏照【主な城主】北条氏【現在の天守】なし【主な遺構】曲輪・石垣・堀切・土塁・御主殿跡【指定文化財】国史跡【所在地】東京都八王子市元八王子町3丁目・西寺方町・下恩方町【アクセス】JR中央線「高尾」駅よりバス約5分・徒歩約20分

新潟

"軍神"上杉謙信の山城

春日山城《かすがやまじょう》

日本100名城 No.32

全国屈指の防御力

起源は、南北朝時代に越後守護の上杉氏が築いた砦だったと伝わる。本格的な築城は戦国時代、上杉謙信の父である長尾為景《ためかげ》が入城してからで、家督は兄の晴景《はるかげ》、弟の景虎《かげとら》へと引き継がれ、その間に改修が繰り返されて、全国屈指の防御を誇る山城となった。

日本海や高田平野を一望できる標高180メートルの山頂には、本丸にあたる御実城《おみじょう》を構え、周囲には大小200以上の曲輪や家臣の屋敷を築いて、山全体が一つの城となっていた。屋敷や空堀が展開する裾野には、総延長1・2キロの水堀で惣構えが築かれている。複雑な地形を巧みに利用した春日山城は、「全山要害」といわれ、難攻不落な天下の名城として知られた。

関東管領・上杉氏を継いだ景虎は「上杉謙信」と名を改め、鉄壁の守りを固めた春日山場を居城とし、戦に明け暮れる時代を生き抜いた。続いて上杉家を継いだ景勝《かげかつ》も春日山城を居城としたが、豊臣秀吉によって会津へ移封されると、堀秀治《ひではる》が入城する。

関ヶ原の戦いの後、堀秀治は利便性を求めて福島城を築き始め、子・忠俊《ただとし》の代に完成。拠点を移し、春日山城は役目を終えた。

【別名】鉢ヶ峰城【城郭構造】山城【築城】正平年間(1346~1370)【廃城】1607(慶長12)年【築城主】上杉氏【主な城主】長尾為景、上杉謙信【現在の天守】なし【主な遺構】堀切・土塁・大井戸【指定文化財】国史跡【所在地】新潟県上越市中屋敷【アクセス】えちごトキめき鉄道「春日山」駅からバス約10分・徒歩約15分

滋賀

日本最大規模の石垣造山城

観音寺城《かんのんじじょう》

日本100名城 No.52

北畠氏への迎撃拠点

観音寺城は、南北朝時代に近江守護であった六角氏頼《ろっかくうじより》が、北畠顕家《あきいえ》の軍を迎え撃つために整備したとされる。応仁の乱では3度にわたって敵を撃退しており、古くから堅城として知られた。最盛期には、琵琶湖の南東にある標高433メートルの繖山《きぬがさやま》山頂に本丸が置かれ、一帯には広範囲に郭や砦が配置された。周囲の峰々にも支城を構えた山城は、戦国時代を通じて最大規模の巨城で、「日本五大山城」の一つに数えられる。城の名は、繖山にあった観音正寺《かんのんしょうじ》に由来する。

観音寺城の最大の特徴は、石垣を多用した防御機能の高さにある。戦国時代末期に一般的となった石垣を多用する築城を、織田信長の安土城よりも先に実現していたのだ。

現在も、本丸、平井丸、池田丸などの曲輪は石垣が現存し、本丸には食違《くいちがい》虎口《こぐち》が残る。六角氏は、室町幕府の弱体化に乗じて城の改修を行った。1568(永禄11)年、足利義昭を奉じて上洛する信長の協力を断ったために織田軍の猛攻を受け、支城の箕作城《みつくりじょう》と和田山城が落とされると、城主の六《ろっ》角義賢《かくよしかた》と義治《よしける》父子は観音寺城を捨てて逃亡し、その後に廃城となった。城内最大の石が用いられている伝平井丸虎口は、城観光の名所となっている。

【別名】佐々木城【城郭構造】山城【築城】1335(建武2)年頃【廃城】1568(永禄11)年【築城主】六角氏頼【主な城主】六角氏【現在の天守】なし【主な遺構】曲輪・石垣【指定文化財】国史跡【所在地】滋賀県近江八幡市安土町石寺【アクセス】JR東海道本線「安土」駅より徒歩約40分

兵庫

竹田城《たけだじょう》

総石垣で築かれた「天空の城」

播磨攻めの拠点

　雲海に浮かぶ石垣群が幻想的な姿を見せる竹田城は、播磨《はりま》との国境に近い但馬《たじま》南部にある標高354ﾒｰﾄﾙの古城山《こじょうやま》（虎臥山《とらふすやま》）に築かれた総石垣の山城。撮影スポットとしても知られる
　播磨と但馬を結ぶ播但街道《ばんたんかいどう》と山陰道が交差する交通の要衝にあり、生野銀山が近いこともあって、城をめぐる攻防戦が何度も繰り広げられた。築城は、但馬国の守護である山名《やまな》持豊《もちとよ》が、播磨を攻めるための拠点として築いたのが始まりといわれる。
　赤松氏の領国であった播磨を手に入れた持豊は5ヶ国の守護となり、太田垣氏を竹田城の城主として配す。持豊は晩年に宗全《そうぜん》と名を改め、応仁の乱に西軍大将として参戦している。

日本100名城 No.56

　毛利氏と織田氏の争奪戦では、信長の中国攻めに同行した豊臣（羽柴）秀長が3日間の攻撃で竹田城を落とし、配下の桑山重治を配した。
　秀吉は天下を手中に収めると、生野銀山を押さえるために竹田城の大改修を行った。桑山氏を移封すると竜野城から赤松広秀を移し、当時最先端の技術で石垣を構築し、土塁や空堀の旧式山城から、守りの堅い近世山城へと生まれ変わらせたのである。秀吉の死後も城主は赤松氏であったが、関ヶ原で敗れて自刀。後に廃城となった。

【別名】虎臥城【城郭構造】山城【築城】1443（嘉吉3）年頃【廃城】1600（慶長5）年【築城主】山名宗全【主な城主】太田垣氏・赤松氏【現在の天守】なし【主な遺構】曲輪・石垣【指定文化財】国史跡【所在地】兵庫県朝来市和田山町【アクセス】JR播但線「竹田」駅より徒歩約40分

沖縄

中城城《なかぐすくじょう》

天然石を生かした美しき山城

謎多き世界遺産

　2000（平成12）年、「琉球王国のグスク及び関連遺産群」として世界遺産に登録された中城城は、沖縄本島東海岸の中城湾を見下ろす標高160ﾒｰﾄﾙの高台に築かれた山城。景勝地としても知られ、中城湾だけでなく、太平洋に勝連《かつれん》半島や知念《ちねん》半島も見渡すことができる。太平洋戦争の戦渦を免れ、沖縄県内の城では最も原形をとどめている。成立には謎が多く、14世紀頃までこの地を治めていた按司《あじ》（領主）が築城したものと考えられており、琉球三山統一の今帰仁《なきじん》城《ぐすく》攻略で戦功を上げた按司の護佐丸《ごさまる》が増築したとされる。
　護佐丸は、堅固な城壁を持つ今帰仁城を参考にして座喜味《ざきみ》城《ぐすく》を築城したが、勝連城の勝連按司を警戒した尚巴志王《しょうはしおう》から中城を与えられ、城壁を拡張したという。北東から南西にほぼ一直線に並ぶ連郭式の6つの曲輪は、南が断崖、北は急傾斜地となっている。このような地形と自然の岩石を生かした曲線の美しい城壁、裏門や曲輪と曲輪を連結するアーチ門が有名で、「布積み」と「あいかた積み」という2種類の手法を用いた築城技術も注目されている。
　護佐丸は1458（長禄2）年、勝連按司であった阿麻和利《あまわり》の策略で攻め滅ぼされた。

日本100名城 No.99

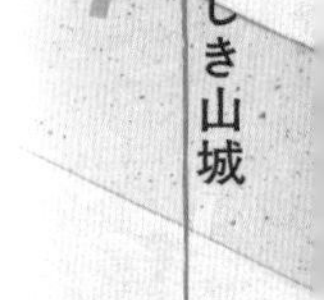

【別名】なし【城郭構造】山城【築城】14世紀末頃【廃城】1458（長禄2）年【築城主】先中城按司【主な城主】護佐丸【現在の天守】なし【主な遺構】城壁・石垣・アーチ門【指定文化財】国史跡【所在地】沖縄県中城村【アクセス】那覇バスターミナルからバス約50分・徒歩約30分

秋田

横手城《よこてじょう》

戊辰戦争で焼け落ちた韮城

東北初の模擬天守

横手城の成立には諸説あるが、中世に秋田県南部で勢力を築いた小野寺氏の居城に由来するというのが有力だ。東北地方において南部氏や最上氏との攻防を繰り広げていた小野寺氏は、守りの堅い城を必要としていた。

横手盆地の高台である朝倉山に築かれた横手城は、三方を囲むように横手川が流れ、背後は山々が連なる要害であり、街道が交わる交通の要衝でもあった。石垣を設けず、土の斜面が崩れないためと、敵が登って来られないよう韮を植えていたことから、「韮城」とも呼ばれた。

戦国時代末期になると、城主の小野寺義道《よしみち》は、最上義光《よしあき》と戦い、越後の上杉氏と通じたことから、関ヶ原の戦い後に改易となる。代わって入国した佐竹義《よし》宣《のぶ》の支城となった後は、城代として戸村氏が配された。

幕末の戊辰《ぼしん》戦争では、佐竹氏の久保田藩が東北の諸藩で唯一新政府側についたため、奥羽越列藩同盟軍の仙台藩と庄内藩から猛攻撃を受ける。攻められた時には、すでに新政府軍の主力は逃げ去っており、城主の戸村大学がわずかな兵力で籠城したが、あっけなく落城。この時の戦火で江戸時代の建物は失われ、現在は天守を模した展望台が二の丸に建てられている。

【別名】朝倉城、韮城【城郭構造】山城【築城】不明【廃城】1868（明治元）年【築城主】小野寺氏【主な城主】小野寺氏、戸村氏【現在の天守】なし【主な遺構】曲輪・土塁【指定文化財】国史跡【所在地】秋田県横手市城山町【アクセス】JR奥羽本線「横手」駅よりバス10分・徒歩約5分

宮城

多賀城《たがじょう》

古代東北地方の政治と軍事の拠点

日本100名城 No.7

奈良時代の鎮守府

後に陸奥《むつ》鎮守将軍《ちんじゅしょうぐん》となった大野東人《おおののあずまびと》が奈良時代初期に築き、当時は仙台市の郡山遺跡にあったと推定される陸奥国府と鎮守府が移されたのではないかと考えられている。奈良、平安時代を通して、陸奥国府と鎮守府が置かれた多賀城は、東北地方の政治、軍事の拠点であった。

松島丘陵の先端部に位置する約900メートル四方の城柵には、南、東、西の門があり、築地塀や柵が張りめぐらされていた。その中央部には、約100メートル四方の政庁が建てられ、木工や鉄工を行う工房と兵士の宿舎などもあったとされる。

9世紀には、南北大路と東西大路をメインストリートとして、碁盤の目のような道路を持つ都市となり、役人や住民の住居が造られていた。

荒廃した時期もあったようだが、約600年もの間、国府としての役割を担っていた多賀城は、近年の発掘調査によって、780（宝亀11）年の「伊治呰麻呂《これはりのあざまろ》の乱」における焼失、869（貞観11）年に起こった大地震での倒壊など、5回の建て替えが行われたことがわかっている。

現在は、政庁跡や堀などが復元され、南門跡近辺の堂には日本三古碑の一つに数えられる城碑が残っている。

【別名】多賀柵【城郭構造】城柵【築城】724（神亀元）年【廃城】不明【築城主】大野東人【主な城主】陸奥国府【現在の天守】なし【主な遺構】礎石・政庁跡【指定文化財】国指定特別史跡・重要文化財【所在地】宮城県多賀城市市川【アクセス】JR東北本線「国府多賀城」駅より徒歩約15分

栃木

唐《から》沢《さわ》山《やま》城《じょう》

続日本100名城 No.114

上杉氏の猛攻に耐え抜いた堅城

鎌倉時代から足利氏に仕え、戦国時代に北条氏の配下となった佐野氏の居城として知られる。築城主は平将門を討った藤原秀《ひで》郷《さと》といわれるが、築城年には諸説あり、本格的な築城は、子孫が佐野氏を名乗ってからとされる。

関東平野を一望できる標高242メートルの唐沢山に展開する山城は天然の要害で、最大の高さが8メートルを超える堅固な高石垣が特徴。戦国時代には上杉謙信が攻め続けたが、10回もの攻撃に耐え抜いており、関東七名城の一つに数えられる。

1602(慶長7)年に、徳川家康から廃城を命じられた佐野氏は、佐野城を築いて居城を移したが、高石垣はそのまま残された。

【別名】栃本城・根古屋城・牛ヶ城【城郭構造】連郭式山城【築城】940(天慶3)年【廃城】1602(慶長7)年【築城主】藤原秀郷【主な城主】佐野氏【現在の天守】なし【主な遺構】土塁・石垣・空堀【指定文化財】なし【所在地】栃木県佐野市富士町【アクセス】東武佐野線「田沼」駅徒歩約40分

茨城

笠《かさ》間《ま》城《じょう》

続日本100名城 No.112

多くの石垣で築かれた近世の山城

13世紀初頭、下野《しもつけ》の豪族であった宇都宮氏の一族にあたる笠間氏が、標高182メートルの佐白山《さしろさん》山頂に築いた。関東には土塁で築かれた城が多いが、笠間は花崗岩の産地であったことから石垣が多用されており、「守るに易く、攻めるに難《かた》い山城」として知られた。

豊臣秀吉の小田原攻めで北条氏側に属していた笠間氏は滅亡し、1598(慶長3)年には蒲生《がもう》氏が城主となったが、関ケ原の合戦後、江戸時代中期までは頻繁に城主が交代した。『忠臣蔵』で知られる浅野氏もその中にいる。1747(延享4)年に牧野氏が入城してからは、廃城令が出されるまで8代にわたって居城とされた。

【別名】桂城【城郭構造】山城【築城】1205(元久2)年【廃城】1873(明治6)年【築城主】笠間時朝【主な城主】笠間氏、蒲生氏、牧野氏【現在の天守】なし【主な遺構】石垣・土塁・空堀【指定文化財】なし【所在地】茨城県笠間市笠間【アクセス】JR水戸線「笠間」駅より徒歩約25分

神奈川

石《いし》垣《がき》山《やま》城《じょう》

続日本100名城 No.126

小田原勢を驚かせた秀吉の一夜城

豊臣秀吉が、城郭都市のように堅固な小田原城へ攻め入ったのは1590(天正18)年4月のことであった。大軍で包囲されても一向に揺るがない小田原勢に対して秀吉は、小田原城を見下ろす山頂に城を築くという奇策に打って出た。それが石垣山城である。笠懸山《かさがけやま》の山頂にわずか80日間で築かれた総石垣の山城は、小田原城から見えないように築城を進め、完成後に周囲の樹木を切って小田原城にその姿を見せたために、小田原勢からは、まるで一夜にして城が現れたように見え、大きな脅威となった。

秀吉は、陸海からの包囲を強化する一方で、この城で茶会や酒宴を催す余裕を見せて北条氏を開城へと追い込んだ。小田原城が落城した後、廃城となっている。

【別名】一夜城【城郭構造】山城【築城】1590(天正18)年【廃城】1590年【築城主】豊臣秀吉【主な城主】豊臣氏【現在の天守】なし【主な遺構】石垣【指定文化財】国史跡【所在地】神奈川県小田原市早川【アクセス】JR東海道本線「早川」駅より徒歩約40分

群馬

名胡桃城《なぐるみじょう》

続日本100名城 No.115

小田原攻めのきっかけとなった山城

室町時代に沼田氏の支城として築かれたとされ、沼田景冬《かげふゆ》が入城して名胡桃氏を称したともいわれる。

上杉謙信の死後、1579（天正7）年に武田氏臣下の真田昌幸《さなだまさゆき》が沼田城攻略の拠点として名胡桃城の守りを固めた。武田氏が滅亡すると、真田氏は小田原北条氏と対立することになり、小田原勢に攻め込まれたが、昌幸が改修した堅固な山城が落ちることはなかった。

真田氏と北条氏が領有をめぐって対立する中、北条方の猪俣邦憲《いのまたくにのり》が名胡桃城を乗っ取る事件が起こり、秀吉が私戦を禁じる惣《そう》無事令《ぶじれい》違反だとして、小田原攻めを開始する発端となった。北条氏滅亡後に、城は役目を終えて廃城となっている。

【別名】なし【城郭構造】連郭式山城【築城】明応年間（1492～1501）【廃城】1590（天正18）年【築城主】沼田景冬【主な城主】真田氏【現在の天守】なし【主な遺構】石垣・空堀・土橋【指定文化財】県史跡【所在地】群馬県利根郡みなかみ町下津【アクセス】JR上越線「後閑」駅より徒歩約45分

群馬

金山城《かなやまじょう》

日本100名城 No.17

定説を覆した関東屈指の山城

1469（文明元）年に新田一族の血を引く岩松家純が、標高239メートルの金山山頂に築城した。戦国時代は上杉氏、武田氏、北条氏などの攻撃に晒《さら》されながら、落城しなかった堅城である。本丸は東西73メートル×南北40メートル、二の丸は47メートル×40メートル、三の丸は90メートル×20メートルという広さで、1992（平成4）年からの発掘調査により、城のほぼすべてが石垣造だったことがわかった。「戦国時代の関東の山城に、本格的な石垣はない」という従来の定説が覆されたのだ。確認されている主な曲輪は、実城、西城、北城（坂中・北曲輪）、八王子山ノ砦の4ヶ所だが、山麓には城主や家臣団の屋敷があったと考えられている。

【別名】新田金山城【城郭構造】山城【築城】1469（文明元）年【廃城】1590（天正18）年【築城主】岩松家純【主な城主】新田若松氏、横瀬（由良）氏、後北条氏【現在の天守】なし【主な遺構】石垣・堀切・井戸・土塁【指定文化財】国史跡【所在地】群馬県太田市金山町【アクセス】東武伊勢崎線「太田」駅より徒歩約50分

山梨

要害山城《ようがいさんじょう》

続日本100名城 No.128

信玄生誕の地である武田氏の詰城

戦国時代、甲斐国守護であった武田信虎《たけだのぶとら》が、躑躅ヶ崎《つつじがさき》の館を築いて本拠地とした際に、緊急時の逃げ場となる詰城として築かれた山城。

躑躅ヶ崎館の北方3キロに位置する険しい積翠山《せきすい》の山頂にあって、今川氏の攻撃を受けた際には、正室である大井の方がこの城に避難し、そこで信玄が生まれた。

信虎、信玄、勝頼と3代にわたって館とともに武田氏の本拠地となり、勝頼の代には大規模な改修が行われて、さらに守りは固められた。

武田氏滅亡後に甲斐が徳川領となり、関ヶ原の戦い後に甲府城が築かれると、躑躅ヶ崎館とともに廃城となった。

【別名】要害城・積翠山城【城郭構造】山城【築城】1520（永正17）年【廃城】1600（慶長5）年【築城主】武田信虎【主な城主】武田氏、徳川氏【現在の天守】なし【主な遺構】曲輪・石垣・堀切・井戸【指定文化財】国史跡【所在地】山梨県甲府市上積翠寺町【アクセス】JR中央本線「甲府」駅よりバス約15分・徒歩約15分

新潟

鮫《さめ》ケ《が》尾《お》城《じょう》

続日本100名城 No.133

上杉家の家督争いで焼失した山城

1578(天正6)年に上杉謙信の急死によって勃発した家督争い「御館《おたて》の乱」で、ともに謙信の養子である景勝が景虎を自害に追い込んだ山城として知られる。築城は、謙信が北信濃に勢力を広げる武田信玄の侵攻に備えて築いたとも、北国《ほっこく》街道の防衛拠点として築いたともいわれるが、明確にはなっていない。景虎方に付いた城主・堀江宗親《むねちか》は、劣勢になった景虎を引き入れて小田原へ逃がす算段だったが、景勝方の工作に応じて寝返り、二の丸に火を放って逃げてしまう。景勝に攻め込まれた景虎は、妻子とともに自害し、鮫ケ尾城は落城した。近年の発掘調査により、この時の戦火によって廃城となったことがわかっている。

【別名】宮内古城【城郭構造】山城【築城】不明【廃城】1579(天正7)年【築城主】不明【主な城主】堀江宗親【現存の天守】なし【主な遺構】曲輪・堀切・井戸【指定文化財】国史跡【所在地】新潟県妙高市大字宮内・籠町・雪森【アクセス】JR信越本線「北新井」駅より徒歩約40分

富山

増《ま》山《すやま》城《じょう》

続日本100名城 No.135

謙信が攻めあぐねた越中の山城

築城の経緯は明らかでないが、南北朝時代に「和田城」の名で歴史に登場し、室町時代に守護代であった神保氏が居城とした。富山県を代表する山城で、守山城、松倉城とともに「越中三大山城」に数えられる。砺波《となみ》、射水《いみず》、婦負《ねい》という3郡の境に位置する交通の要衝であり、砺波へ攻め込む拠点として重要視したこの城を、上杉氏はたびたび攻撃。1576(天正4)年に謙信がようやく落城させ、謙信の死後は織田信長配下の佐々成政《さっさなりまさ》が居城とした。その後、成政は越中に出陣した豊臣秀吉に降伏。前田利家の家臣・中川光重が増山城に入ったが、慶長年間に廃城となったと考えられている。

【別名】和田城【城郭構造】山城【築城】不明【廃城】慶長年間(1596～1615)【築城主】不明【主な城主】神保氏、上杉氏、佐々氏、中川氏【現在の天守】なし【主な遺構】曲輪・石垣・堀切・土塁・井戸【指定文化財】国史跡【所在地】富山県砺波市増山【アクセス】JR城端線「砺波」駅より車で約20分・徒歩約20分

富山

松《まつ》倉《くら》城《じょう》

謙信を怒らせた椎名氏の裏切り

標高430メートルの松倉山山頂に本丸を構える松倉城は、「越中三大山城」の一つに数えられる。築城年や築城者は不明だが、南北朝時代に普門《ふもん》氏、桃井氏が居城とした後、越中守護の畠山氏に仕えて守護代となった椎名氏が入城し、堅固な曲輪を築いたとされる。

室町末期に神保氏との勢力争いが激化すると、城主の椎名康胤《しいなやすたね》は、越後の上杉謙信に援軍を要請して危機を脱するが、離反して武田信玄と通じたために、謙信は松倉城を攻めて椎名氏を追放した(松倉城の戦い)。その後、織田軍の佐々成政が持ち城とし、成政が秀吉に敗れた後に前田利家の持ち城となり、慶長期に廃城となった。

【別名】鹿熊城、金山城【城郭構造】山城【築城】不明【廃城】慶長年間(1596～1615)【築城主】不明【主な城主】桃井氏、椎名氏、上杉氏【現在の天守】なし【主な遺構】曲輪・櫓台・石垣・堀切・虎口【指定文化財】県史跡【所在地】富山県魚津市字城山3-2【アクセス】あいの風とやま鉄道「魚津」駅よりタクシーで約25分・徒歩約5分

石川

鳥越城《とりごえじょう》

続日本100名城 No.136

加賀一向一揆の最後の砦

天正年間(1573~1592)、加賀一向一揆の山内衆を率いる鈴木出羽守《でわのかみ》が、加賀侵攻を図る織田信長に対する軍事拠点として築城したという。標高312㍍の鳥越山山頂部に、本丸、二の丸、三の丸、後二の丸、後三の丸を備えていた。1580(天正8)年、織田信長の重臣・柴田勝家が加賀へ侵攻。出羽守ら一揆勢は、鳥越城での徹底抗戦を誓うも、猛攻を受けて陥落。その翌年、一揆勢が城を奪還したが、猛将・佐久間盛政の軍勢にすぐに奪い返され、1580(天正8)年、加賀一向一揆は幕を閉じた。信長の仕置きは凄惨を極め、周辺の7つの村を根絶やしにして、門徒衆300人を磔《はりつけ》にしたという。その後、織田氏が城の改修や整備を行っているが、廃城の経緯は不明。

【別名】別宮城【城郭構造】輪連郭式山城【築城】天正年間(1573~1592)【廃城】不明【築城主】鈴木出羽守【主な城主】鈴木氏、織田氏【現在の天守】なし【主な遺構】石垣・空堀【指定文化財】国史跡【所在地】石川県白山市三坂町【アクセス】JR北陸本線「小松」駅よりバス約30分・徒歩約5分

石川

末森城《すえもりじょう》

加賀百万石の礎石となった救出劇

畠山氏の家臣・土肥親真《ちかざね》が築城したと伝えられる。1581(天正9)年、前田利家が織田信長に能登一国を与えられると、親真は利家の与力となって末森城に留まる。親真が賤ヶ岳の戦いで戦死すると、利家は重臣・奥村永福を末森城に配した。1584(天正12)年、利家と敵対する佐々成政《さっさなりまさ》が、1万5000の大軍で末森城を攻撃。たった500の兵で守る永福は、二の丸、三の丸を攻め落とされ、本丸の門に米俵を積んで防戦した。やがて急を聞いた利家が救援に到着。2500の寡兵ながら、佐々軍の背後を急襲し、見事、大軍を敗走させた。この「末森合戦」の勝利は、後に加賀百万石の大名となる利家にとって大きな礎石になったといわれている。

【別名】末守城・末盛城【城郭構造】山城【築城】戦国時代【廃城】1615(元和元)年【築城主】土肥親真【主な城主】土肥氏・奥村氏【現在の天守】なし【主な遺構】曲輪・土塁【指定文化財】県史跡【所在地】石川県羽咋郡宝達志水町竹生野【アクセス】JR七尾線「宝達」駅より徒歩約30分

静岡

山中城《やまなかじょう》

日本100名城 No.40

秀吉の小田原攻めに備えた防衛拠点

永禄年間(1558~1570年)に、小田原北条氏(後北条氏)が築いた小田原城の支城。武田・今川領と国境を接する要所に建てられた番城《ばんじろ》(城主を置かない城)であり、北条氏が築いた「箱根十城」の一つに数えられる。箱根西麓、標高580㍍に位置する城郭は、東西約400㍍、南北約900㍍の敷地に、本丸、二の丸、元西櫓、西の丸、西櫓、三の丸、南櫓などを配置。堀の中に土手状の畝を残して区画する「障子堀」が大きな特徴である。豊臣秀吉が小田原攻めの準備を始めた1589(天正17)年に大規模な改修に着手したが、完了前の翌年、豊臣軍約7万に攻められ、4000人が籠城した山中城はわずか半日で落城した。

【別名】なし【城郭構造】連郭式山城【築城】永禄年間(1558~1570)【廃城】1590(天正18)年【築城主】北条氏康【主な城主】北条氏【現在の天守】なし【主な遺構】曲輪・土塁・空堀【指定文化財】国史跡【所在地】静岡県三島市山中新田【アクセス】JR東海道新幹線「三島」駅よりバス約30分

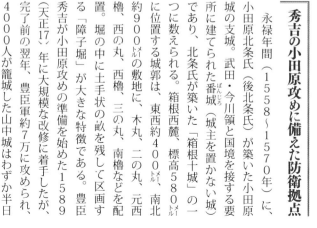

静岡

高《たか》天《てん》神《じん》城《じょう》

続日本100名城 No.147

遠州の重要拠点となった断崖上の要害

鶴翁山《かくおうざん》の頂、三方が断崖絶壁という要害の地に、今川氏が築いた山城。独立性の高い主郭級の曲輪を2つ設けた「一城別郭式」の城として知られる。「高天神を制する者は遠江《とおとうみ》を制す」とされ、今川義元の死後、この城を支配した徳川家康と、武田信玄との争奪戦が繰り広げられた。1571（元亀2）年には信玄が、2万5000の兵で攻めながら撃退され、その3年後には信玄の子・勝頼《かつより》が、2万の兵で落城させた。しかし、1575（天正3）年の長篠の戦いで、織田信長・家康連合軍に武田軍が大敗したことで情勢は一転。1581（天正9）年、家康軍の包囲に耐えかねた武田方の籠城兵900が決死の突撃を敢行し、壮絶な死闘の末に玉砕した。

【別名】鶴舞城【城郭構造】一城別郭式山城【築城】1416（応永23）年頃【廃城】1581（天正9）年【築城主】今川氏【主な城主】福島氏・小笠原氏・武田氏【現在の天守】なし【主な遺構】曲輪・土塁・掘割【指定文化財】国史跡【所在地】静岡県掛川市上土方嶺向【アクセス】JR東海道線「掛川」駅よりバス約25分・徒歩約15分

愛知

大《お》給《ぎゅう》城《じょう》

"ダム"を擁した大給松平発祥の地

長坂新左衛門という土豪が建てた居館を松平宗家3代・信光が攻め落とし、3男・親忠《ちかただ》に与えたことに始まる。城の支配を許された親忠の次男・乗元《のりもと》が大給松平家の始祖となり、勢力を拡大した。城郭の基礎を整えたのは、2代・乗正《のりまさ》だった。標高207メートルに築かれた城郭の規模は、東西約220メートル、南北約280メートルで、周囲を空堀で守られている。曲輪の入口には虎口があり、両脇の櫓台には石垣が残る。北側の谷にある「水の手曲輪」は、石垣で水をせき止めて飲み水を確保し、敵の侵入を防ぐダムの役割を果たしていたようだ。大給松平家は1590（天正18）年、徳川家康の国替えに伴って関東へ移り、大給城は廃城となった。

【別名】なし【城郭構造】山城【築城】不明【廃城】1590（天正18）年【築城主】長坂新左衛門【主な城主】大給松平氏【現在の天守】なし【主な遺構】土塁・石垣【指定文化財】国史跡【所在地】愛知県豊田市大内町城下3【アクセス】名鉄三河線「豊田市」駅よりバス約20分・徒歩約15分

岐阜

郡《ぐ》上《じょう》八《はち》幡《まん》城《じょう》

続日本100名城 No.141

関ヶ原の戦いの前哨戦が勃発した山城

1559（永禄2）年、新田一族の血を引く遠藤盛数が構えた館を、郡上を統一した盛数の子・慶隆《よしたか》が整備して城下町を建設。織田信長に従って各地を転戦したが、信長の死後、豊臣秀吉と対立した織田信孝側に付いたことで領地を没収される。代わって入城した稲葉貞通《さだみち》が、郡上八幡城を本格的な城郭に発展させた。

1600（慶長5）年には、関ヶ原の戦いの前哨戦として、東軍に付いた慶隆と、西軍に与《くみ》した貞道が激突。激闘の末、勝利した慶隆が八幡城主に復帰し、その後は井上氏、金森氏、青山氏と、城主が交代した。

【別名】積翠城、郡城、八幡城【城郭構造】山城【築城】1559（永禄2）年【廃城】1870（明治3）年【築城主】遠藤盛数【主な城主】遠藤氏、稲葉氏、井上氏、金森氏、青山氏【現在の天守】模擬天守4層5階【主な遺構】石垣【指定文化財】県史跡・市有形文化財【所在地】岐阜県郡上市八幡町【アクセス】長良川鉄道「郡上八幡」駅よりバス約13分・徒歩約20分

岐阜

苗木城《なえぎじょう》

続日本100名城 No.142

巨石が利用された遠山氏の居城

標高432メートルの高森山のほぼ全域を曲輪とする広大な山城で、「馬洗岩」「須磨明石」などと呼ばれる巨石を利用した壮大な石垣が特徴。戦国時代中期にこの地に移り住んだ遠山氏が築いたとされるが、諸説ある。美濃と信濃の国境付近にあたるこの地は、武田信玄と織田信長がせめぎ合う最前線となった。

本能寺の変の後、豊臣（羽柴）秀吉に従わなかった遠山氏は、森長可《ながよし》に城を奪われるが、徳川家康に仕えて東軍に属した遠山友政が関ヶ原の戦いに先立って苗木城へ攻め込み、奪還に成功。その後は江戸時代を通して、遠山氏12代の居城となった。

【別名】赤壁城、高森城、霞ヶ城【城郭構造】山城【築城】天文年間（1532～1555）【廃城】1871（明治4）年【築城主】苗木遠山氏【主な城主】遠山氏【現在の天守】なし【主な遺構】曲輪・石垣・塀・天守台【指定文化財】国史跡【所在地】岐阜県中津川市苗木【アクセス】JR中央本線「中津川」駅よりバス約12分・徒歩約20分

岐阜

岩村城《いわむらじょう》

日本100名城 No.38

おんな城主「おつやの方」の悲劇

鎌倉幕府の御家人であった加藤景廉《かげかど》が築城したと伝えられる。木曽山脈の城山、本丸の標高717メートルは近世城郭として最も高く、「日本三大山城」に数えられている。

織田信長は、岩村城主・遠山景任《かげとう》に叔母・おつやの方を嫁がせて同盟し、嫡子ができぬまま景任が病死すると、自らの5男・御坊丸を遠山氏の養子とした。おつやは幼少の御坊丸に代わり、女城主となって領地を治める。1572（元亀3）年、武田信玄の家臣・秋山信友が岩村城を包囲し、おつやに自分との結婚を条件に無血開城を提案。おつやはやむなく信友の妻となったが、信長はそれを許さず、猛攻を仕掛けて城を落とし、信友夫妻を磔刑に処したのである。

【別名】霧ヶ城【城郭構造】山城【築城】1185（文治元）年【廃城】1873（明治6）年【築城主】加藤景廉【主な城主】遠山氏、松平氏、丹羽氏【現在の天守】なし【主な遺構】石垣・空堀・土塁・櫓礎石【指定文化財】県史跡【所在地】岐阜県恵那市岩村町【アクセス】明知鉄道「岩村」駅より徒歩約60分

岐阜

美濃金山城《みのかねやまじょう》

続日本100名城 No.143

森氏の居城となった中仙道の要衝

斎藤道三の家臣・斎藤正義が築城した。「烏峰城《うほうじょう》」と呼ばれたこの堅固な山城を拠点に勢力を拡大した正義だったが、土岐《とき》氏に謀殺され、城主不在となる。その後、美濃へ侵攻した織田信長は家臣の森可成《よしなり》を城主とし、「金山城」と改名。以降、長可、蘭丸、忠政《ただまさ》の3兄弟が城主を引き継ぎ、35年間にわたって森氏の居城となった。1600（慶長5）年には忠政が川中島藩へ転封となり、犬山城を本拠とする石川氏の属城となった。さらに同年の関ヶ原の戦いの後、一時は犬山城の城番を務める松平忠頼《ただより》の預かりとなり、犬山城主となった小笠原吉次によって解体された。

【別名】烏峰城【城郭構造】梯郭式山城【築城】1537（天文6）年【廃城】1600（慶長5）年頃【築城主】斎藤正義【主な城主】斎藤氏、森氏【現在の天守】なし【主な遺構】曲輪・土塁・石垣・井戸【指定文化財】国史跡【所在地】岐阜県可児市【アクセス】名鉄「明智」駅よりバス約15分・徒歩約15分

大阪

千早城《ちはやじょう》

日本100名城 No.55

"忠臣"楠木正成の軍事拠点

標高１１５２メートルの金剛山西麓にあった千早城は、鎌倉幕府軍と戦った楠木正成《くすのきまさしげ》が、軍事拠点として築城した。河内と大和を結ぶ交通の要衝であるこの地に、下赤坂城を前衛とする赤坂城の詰城として築いたのである。

１３３３（元弘3・正慶2）年、幕府軍による兵糧攻めに晒《さら》された正成軍は、下赤坂城に火を放って金剛山まで撤退して上赤坂城に入るが、今度は水を断たれて千早城に逃れた。そこで5万という幕府軍に包囲された正成は、わずか５００の兵力で、石や丸太を崖から落とし、油を投げて敵軍に火を放つといった奇策を展開しつつ、１４０日間にわたる籠城戦に耐え、幕府軍を撃退したとされる。

【別名】金剛山城、千剣破城【城郭構造】山城【築城】１３３２（元弘2・正慶元）年【廃城】１３９２（元中9・明徳3）年【築城主】楠木正成【主な城主】楠木氏【現在の天守】なし【主な遺構】空堀・堀切・土塁【指定文化財】国史跡【所在地】大阪府南河内郡千早赤阪村【アクセス】南海電鉄「河内長野」駅よりバス約30分

奈良

高取城《たかとりじょう》

日本100名城 No.61

順慶が修復した巨大な山城

吉野山山系に連なる標高５８３メートルの高取山に築かれた高取城は、南北朝時代に越智邦澄《おちくにずみ》が構えた掻揚城《かきあげじろ》が始まりとされる。戦国時代に入って、大名の筒井順慶《じゅんけい》が修復し、羽柴秀長の重臣・本多利久によって大改修が施され、近世城郭となった。近世の山城としては最大規模を誇り、城内周囲は約3キロ、曲輪内周囲は約30キロにも及ぶ。山そのものが要害である上に、城を守る土塁や高石垣の総延長は約3キロ。登城口には枡形虎口がいくつも置かれ、27もの櫓を構えていた。天守を持つ平山城の手法を取り入れた難攻不落の山城として名高く、「日本三大山城」の一つに数えられている。

【別名】なし【城郭構造】連郭式山城【築城】１３３２（元弘2・正慶元）年【廃城】１８７１（明治4）年【築城主】越智邦澄【主な城主】越智氏、本多氏、植村氏【現在の天守】なし【主な遺構】石垣・土塁【指定文化財】国史跡【所在地】奈良県高市郡高取町【アクセス】近鉄吉野線「壺阪山」駅よりバス約11分・徒歩約20分

兵庫

洲本城《すもとじょう》

続日本100名城 No.164

淡路水軍・豊臣水軍の本拠地

１５２６（大永6）年、三好氏の重臣で熊野水軍を率いた安宅治興《あたぎはるおき》が築城した。淡路水軍の拠点の一つであったが、１５８１（天正9）年に織田信長が淡路島に侵攻し、豊臣（羽柴）秀吉に攻められて開城。洲本城を居城とした脇坂安治《やすはる》は城の大改修を行い、淡路水軍を吸収して豊臣水軍の中核となり、小田原攻めでは海上封鎖を行って戦果を挙げている。

江戸時代になると阿波徳島藩主の蜂須賀氏が本拠地を由良から洲本に移し、重臣の稲田氏が城代となって、「上の城（山頂の城）」を廃して麓に館を築き、「下の城」と呼ばれた。その後は、稲田氏の居城となって明治維新を迎えている。

【別名】三熊城【城郭構造】山城・平城【築城】１５２６（大永6）年【廃城】１８７１（明治4）年【築城主】安宅治興【主な城主】安宅、脇坂、稲田氏【現在の天守】模擬天守（日本最古）【主な遺構】曲輪・石垣・堀【指定文化財】国史跡【所在地】兵庫県洲本市小路谷【アクセス】ＪＲ山陽本線「舞子」駅より高速バス約60分・徒歩約40分

岡山

鬼ノ城《きのじょう》

日本100名城 No.69

謎に包まれた温羅伝説の舞台

長い歴史がありながら、正規の歴史書に登場しない謎多き城。標高約400メートルの鬼城山《きのじょうざん》の山頂を取り囲むように築かれた城壁は、幅7メートル、高さ6メートル、長さ2・8キロに達し、城内の面積は約30ヘクタールにも及ぶ。発掘調査によって、東西南北に配された4ヶ所の城門、6ヶ所の水門、7棟の礎石などの存在が判明している。吉備神社では、吉備津彦命《きびつひこのみこと》が、異国から来た温羅《うら》という鬼を退治したという「温羅伝説」が語り継がれてきた。童話「桃太郎」のルーツとされる伝承だが、温羅の居城が鬼ノ城なのだろうか。一方、663(天智2)年に大和朝廷が百済に援軍を送り、唐・新羅の連合軍に惨敗した「白村江《はくすきのえ》の戦い」との関連も指摘されている。

【別名】なし【城郭構造】古代山城【築城】5～7世紀【廃城】不明【築城主】不明【主な城主】不明【現在の天守】なし【主な遺構】石塁・土塁・水門【指定文化財】国史跡【所在地】岡山県総社市奥坂【アクセス】JR吉備線「服部」駅より徒歩約70分

広島

郡山城《こおりやまじょう》

日本100名城 No.72

毛利氏の飛躍を担った広大な山城

南北朝時代に安芸毛利氏の始祖である毛利時親《ときちか》が築城。毛利元就《もとなり》の時代に拡大強化され、毛利氏の勢力拡大の拠点となった。可愛川《えのかわ》と多治比川《たじひがわ》の合流地点の北側に位置する標高約400メートルの郡山全体を城域とし、山頂部の本丸を中心に二の丸、三の丸、姫の丸、羽子丸などが確認され、合計270以上の曲輪が設けられている。

1540（天文9）年の郡山合戦では、尼子晴久《あまごはるひさ》が3万の軍勢で郡山城を攻めたが、毛利元就は兵や領民8000人と立て籠って4ヶ月間を耐え抜き、大内氏の援軍を得て撃退している（吉田郡山城の戦い）。その後、広島城の築城により毛利氏居城の役目を終えた。

【別名】吉田郡山城【城郭構造】山城【築城】1336(建武3)年【廃城】1600(慶長5)年頃【築城主】毛利時親【主な城主】毛利氏【現在の天守】なし【主な遺構】石垣・土塁【指定文化財】国史跡【所在地】広島県安芸高田市吉田町【アクセス】JR芸備線「吉田口」駅よりバス約20分・徒歩約35分

鳥取

鳥取城《とっとりじょう》

日本100名城 No.63

信長も讃えた「堅固な名城」

標高263メートルの久松山に築かれた鳥取城は、山頂からの眺望や防御性の高さから、織田信長が「堅固な名城」と讃えたと伝えられる。山頂部に展開する中世の山城と、山麓の近世平山城から成る稀有な遺構である。戦国時代に山名誠通《のぶみち》が築いた出城が起源とされ、関ヶ原の戦い後に入城した池田長吉《ながよし》が近世城郭として整備した。豊臣（羽柴）秀吉による鳥取攻めでは、城主・山名豊国が降伏するも家臣は従わず、毛利側から派遣された吉川経家《きっかわつねいえ》が入城。粘り強く籠城戦を展開したが、秀吉の徹底した兵糧攻めにより、最後は死者を食む事態となって落城する。凄惨な包囲戦は、「鳥取城の渇《かつ》え殺《ごろ》し」として語られる。

【別名】久松城【城郭構造】山城、平山城【築城】1545(天文14)年【廃城】1879(明治12)年【築城主】山名誠通【主な城主】山名氏、池田氏【現在の天守】なし【主な遺構】石垣・堀・門【指定文化財】国史跡【所在地】鳥取県鳥取市東町【アクセス】JR山陰本線「鳥取」駅よりバス約9分・徒歩約5分

鳥取

戦乱に翻弄された南条氏の城

羽衣石城《うえしじょう》

崩岩から羽衣石へ

南北朝時代、伯耆国《ほうきのくに》の有力国人であった南条氏の始祖とされる南条貞宗《なんじょうさだむね》が、崩岩山《くえいわやま》と呼ばれていた山に築城した。貞宗は、崩岩という名称を嫌い、和歌から名をとってこの山を「羽衣石山」と改称し、山城は羽衣石城と呼ばれた。

羽衣石城は、伯耆国の守護となった南条氏歴代の居城となり、戦国時代には山陰地方の激しい勢力争いに巻き込まれることになる。8代・宗勝は、尼子経久《つねひさ》の伯耆侵攻によって配下となり、尼子氏が衰退し始めると大内氏の傘下、尼子氏が毛利氏に滅ぼされると、毛利氏の傘下となり、世渡りをしながら勢力を拡大させていった。宗勝の死後、当主となった9代の元続《もとつぐ》は、毛利氏の家臣を殺害し、中国地方に進出してきた織田氏につく。南条氏が寝返ったことで、羽柴秀吉は山陰への侵攻を開始し、山名豊国の鳥取城を攻めた。この時、鳥取城の救援に向かう吉川元春《きっかわもとはる》隊の行く手を阻んだのが羽衣石城だった。元春が南条氏の羽衣石城で苦戦している間に、鳥取城で限界を迎えた吉川経家《つねいえ》は、自分の命と引き換えに開城した。

10代・元忠は関ヶ原の戦いで西軍に属して改易となり、羽衣石城は廃城となった。

【別名】なし【城郭構造】山城【築城】1366（貞治5）年【廃城】1600（慶長5）年【築城主】南条貞宗【主な城主】南条氏、尼子氏、毛利氏【現在の天守】模擬天守。3重3階【主な遺構】石垣・土塁・横堀・井戸【指定文化財】県史跡【所在地】鳥取県東伯郡湯梨浜町羽衣石【アクセス】JR山陰本線「松崎」駅より車で約10分・徒歩約30分

島根

尼子氏躍進の本拠地

月山富田城《がっさんとだじょう》

日本100名城 No.65

大内・毛利氏との激闘

標高197メートルの月山に築かれた月山富田城は、平安時代末期に築城されたと伝承されており、築城者は不明。15世紀中頃に、出雲守護代の尼子氏が入城して、本格的な中世城郭へと拡張させた。

周囲が断崖絶壁の要害で、およそ1キロ四方にわたって多くの曲輪を展開するが、登り口は3ヶ所に限られていた。「尼子十旗」と呼ばれた支城や、「尼子十砦」と呼ばれた城砦が周囲に築かれ、丘陵に挟まれた谷間に侵入者を誘導して両側の尾根から攻撃する横矢掛《よこやがか》りも造営された。さらには、挟撃《きょうげき》を可能にする多くの曲輪も有し、最盛期は出雲、石見《いわみ》を中心とする11ヶ国に勢力を拡大した尼子氏が誇る難攻不落の名城として知られた。

1543（天文12）年、大内氏が出雲に侵攻して城に攻め込んだ「第1次月山富田城の戦い」では、見事に撃退して堅城ぶりを発揮。しかし、1566（永禄9）年に出雲に侵攻した毛利元就《もとなり》に攻撃された「第2次月山富田城の戦い」では、兵糧攻めと巧みな懐柔策により、尼子義久は翌年に降伏し、尼子氏は滅亡した。

1600（慶長5）年の関ヶ原の戦い後は堀尾吉晴《よしはる》が入城し、堀尾氏が松江城へ移った後に廃城となった。

【別名】月山城、富田城【城郭構造】山城【築城】保元年間（1156～1159）【廃城】1611（慶長16）年【築城主】不明【主な城主】尼子氏、吉川氏、堀尾氏【現在の天守】なし【主な遺構】石垣・土塁・堀切（櫓・井戸）【指定文化財】国史跡【所在地】島根県安来市広瀬町【アクセス】JR山陰本線「安来」駅よりバス約20分・徒歩約10分

島根

津和野城《つわのじょう》

日本100名城 No.66

自然の地形を巧みに利用した堅城

鎌倉時代に西石見の地頭であった吉見頼《より》行《ゆき》・頼直《よりなお》父子が、元寇に備えて築いた三本松城（一本松城とも）が起源とされる。津和野の町と津和野川が一望できる標高362メートルの霊亀山《れいきさん》上にあり、険しい地形と雄大な石垣で守られた堅固な山城として知られる。吉見氏が城主であった306年間を経て、関ヶ原の合戦後に城主となった坂崎直盛は、鉄砲隊の攻撃に備えて大改修を行い、城郭を拡張して津和野城と改名した。山上に現存する高石垣もこの頃に築かれた。しかし、坂崎氏は千姫事件により一代でお家断絶となり、亀井氏が入城。その後は255年間にわたって、亀井氏11代の居城となった。

【別名】三本松城【城郭構造】山城【築城】1295（永仁3）年【廃城】1871（明治4）年【築城主】吉見頼行【主な城主】吉見氏、坂崎氏、亀井氏【現在の天守】なし【主な遺構】石垣・空堀【指定文化財】国史跡【所在地】島根県鹿足郡津和野町後田【アクセス】JR山口線「津和野」駅より徒歩約40分

山口

岩国城《いわくにじょう》

日本100名城 No.74

築城から7年で廃城となった要害

関ヶ原の戦い後に岩国へ転封された吉川広家は、標高300メートルの横山の山麓に御土《おど》居《い》と呼ばれる居館を築き、1608（慶長13）年に山上の城郭を完成させた。横山は、東西北の三方に錦川が流れ、山城から平山城への転換期にあった当時としても貴重な天然の要害であった。城郭には、7年の歳月をかけて壮大な石垣が張りめぐらされ、5基の櫓と3基の城門を備えた見事な山城が築かれた。ところが、幕府の一国一城令により、築城からわずか7年で取り壊しとなる。それでも、その後も御土居は政庁として残され、吉川氏13代にわたる居館となった。錦川に架かる5連アーチ型の錦《きん》帯橋《たいきょう》は、岩国城の城門橋として建造された。

【別名】横山城【城郭構造】連郭式山城【築城】1601（慶長6）年【廃城】1615（元和元）年【築城主】吉川広家【主な城主】吉川氏【現在の天守】復元天守。望楼型　4重6階【主な遺構】石垣・堀【指定文化財】なし【所在地】山口県岩国市横山【アクセス】JR山陽本線「岩国」駅よりバス約20分・徒歩約10分

愛媛

大森城《おおもりじょう》

堅い守りで侵攻を防いだ盆地の山城

三間《みま》盆地の中央部に位置する丘陵の山頂にあった大森城は、戦国時代末期に、「西園寺十五将」の一人であった土居清良《きよよし》が城主となったことで歴史に登場する。築城主や築城年は不明。伊予の黒瀬城主であった西園寺公広《きんひろ》もまた、14人の家臣とともに西園寺十五将と呼ばれた。そこに含まれる清良は、伊予西園寺氏と対立していた土佐一条氏や長宗我部《ちょうそかべ》氏が攻め込んだ時に、三間を守った英雄として知られる。1579（天正7）年に、長宗我部氏が伊予へと侵攻した際には、大森城から2キロの位置にある岡本城で長宗我部氏の重臣・久武親信《ひさたけちかのぶ》を討ち取ったと伝わる。大森城の山裾には清良を祀った清良神社が建てられている。

【別名】なし【城郭構造】山城【築城】不明【廃城】不明【築城主】不明【主な城主】土居氏【現在の天守】なし【主な遺構】曲輪・石積み【指定文化財】町史跡【所在地】愛媛県宇和島市三間町【アクセス】JR予土線「二名」駅より徒歩約15分

大分

佐伯城《さいきじょう》

続日本100名城 No.194

羽を広げた鶴のように美しい城郭

佐伯城を築城した毛利高政《たかまさ》は、旧姓を森氏といい、豊臣秀吉の武将であった。本能寺の変の後に毛利氏と和睦した秀吉により、人質として毛利氏に預けられ、毛利輝《てる》元《もと》に気に入られて毛利姓を賜ったといわれる。秀吉の政権下で、豊後日田の大名となった高政は、関ヶ原の戦いで東軍に寝返り、佐伯に国替えとなった。当初は、佐伯氏の居城であった旧城に入ったが、不便だったために新たに山城を築いて佐伯城とした。以後、佐伯城は毛利氏12代の居城となり、江戸時代を通じて佐伯藩の藩庁が置かれた。近年の調査で、曲輪の配置は築城当初とほぼ変わっていないことが判明している。

【別名】鶴ヶ城、鶴屋城【城郭構造】連郭式山城【築城】1606（慶長11）年【廃城】1875（明治8）年【築城主】毛利高政【主な城主】毛利氏【現在の天守】なし【主な遺構】石垣・虎口・塀・門【指定文化財】国史跡【所在地】大分県佐伯市大手町【アクセス】JR日豊本線「佐伯」駅よりバス約7分

大分

岡城《おかじょう》

日本100名城 No.95

断崖絶壁と石垣で守られた堅城

岡城の起源は、豊後の豪族であった緒方惟栄《これよし》が、源頼朝《よりとも》に追われた義経《よしつね》を迎えるために築いた城と伝わる。南北を川に挟まれた標高325メートルの山上に築かれた山城は、周囲を断崖に囲まれた要害であった。南北朝時代に豊後守護であった大友氏の支城となり、戦国時代には志賀親次《ちかつぐ》が城主となった。1586（天正14）年には、わずか1000の兵で島津の大軍3万5000を撃退し、その名を轟かせた。1594（文禄3）年に城主となった中川秀成《ひでしげ》は、中世に築かれた難攻不落の城郭を生かしながら、7年の歳月をかけて城の大改修を行い、堅固な高石垣群をもつ近世城郭を完成させた。

【別名】豊後竹田城、臥牛城【城郭構造】山城【築城】1185（文治元）年【廃城】1871（明治4）年【築城主】緒方惟栄【主な城主】緒方氏、志賀氏、中川氏【現在の天守】なし【主な遺構】石垣【指定文化財】国史跡【所在地】大分県竹田市竹田【アクセス】JR豊肥本線「豊後竹田」駅よりバス約5分・徒歩約15分

宮崎

佐土原城《さどわらじょう》

続日本100名城 No.196

中世に築かれた地域支配の拠点

伊東氏の一族である田島氏が中世に築いた田島城を起源とする。その後、日向の大半を支配した伊東氏が入城し、伊東義祐《よしすけ》の時代に城の規模が拡大され、この頃から佐土原城と呼ばれるようになった。南北に連なる山城部と、城郭に囲まれた居館部から成る。

1572（元亀3）年に伊東氏が島津軍に敗れると、日向は島津氏の支配下に置かれ、島津家久が佐土原城に入城した。

関ヶ原の戦いで2代の豊久が死去すると、佐土原は一時的に幕府領となったが、島津以久《もちひさ》が徳川家康より3万石に封ぜられて城主となり、明治維新まで島津氏の居城となった。

【別名】田島城【城郭構造】山城【築城】建武年間（1334〜1336）【廃城】1871（明治4）年【築城主】田島休助【主な城主】田島氏、伊東氏、島津氏【現在の天守】なし【主な遺構】土塁・堀・井戸【指定文化財】国史跡【所在地】宮崎県宮崎市佐土原町上田島【アクセス】JR日豊本線「佐土原」駅よりバス約16分・徒歩約5分

第二章

平山城《ひらやまじろ》 90城の歩き方

90/200

戦国時代中期以降に主流となった城です。戦国中期になると小大名は淘汰され、力のある戦国大名は、政治や経済の中心に城を構える考えにシフトしていきます。そして、領民が住む平野部の小高い丘が城の立地となり、平山城が誕生しました。鉄砲が主力となると、遠距離の射撃戦を想定する必要性が高くなり、幅の広い堀の導入や、見通しの良い場所での合戦を想定する上で、山城から平山城へ変わっていきました。
主な平山城に、彦根城（写真）、仙台城、熊本城があります。

青森

弘前城《ひろさきじょう》

9棟の重要文化財を擁する津軽の名城

日本100名城 No.4

【別名】鷹岡城、高岡城【城郭構造】梯郭式平山城【築城】1603（慶長8）年【廃城】1871（明治4）年【築城主】津軽為信、津軽信枚【主な城主】豊臣氏、奥平氏、徳川氏【現在の天守】現存天守。独立式層塔型　3重3階【主な遺構】天守・櫓・門・石垣・土塁・堀【指定文化財】重要文化財、国史跡【所在地】青森県弘前市大字下白銀町1【アクセス】JR奥羽本線「弘前」駅よりバス約15分

城郭の規模をリアルに体感

弘前城は、現存12天守の一つであり、東北で唯一、江戸時代の天守が残っている貴重な城である。縄張りは、天守のある本丸を内堀で囲むように二の丸があり、中堀を挟んで「三の丸」、その北側に四の丸と北の曲輪（郭）、西側に西の曲輪を配する「梯郭式」の平山城だ。梯郭式とは、城の一方または二方が、川や海、断崖絶壁といった自然に守られていて、自然だけでは守れない部分だけを曲輪で守るという仕組みのことをいう。

弘前城の素晴らしいところは、縄張りが江戸時代からほとんど変わっていない点にある。現在の地図と縄張図とを比較してみると、ほぼ当時の曲輪を残したまま、多くの文化財が保存されていることがわかる。他の現存天守がある城でも、外堀までしっかり残されている城は数少ない。弘前城は、城の規模を確認できるという意味でも、貴重な城だといえる。城の規模をリアルに確認できるというのは、実に貴重な体験だ。

津軽弘前城之絵図（国立公文書館蔵）

ではここで、弘前城の歴史を振り返ってみたい。

　弘前城は、豊臣秀吉の小田原攻めに参陣して所領を安堵された大浦為信《ためのぶ》が、姓を津軽と改め、1603（慶長8）年に築城を開始した城である。1571（元亀2）年頃から、津軽統一に向けて歩き始めた為信は、現在の弘前市東南部に堀越城を築き、南方に対する抑えとした。1594（文禄3）年に本拠を堀越城に移し、関ヶ原の戦いで

「桜の絨毯」と呼ばれる弘前公園外濠の花筏（はないかだ）

は東軍に参じ、徳川家康に本領を安堵されたが、彼の留守中に堀越城で謀反が発生。その後も家中に紛争が生じたことなどから、新しい城の造営を決意する。1607（慶長12）年に為信が客死すると、その遺志を継いだ2代目藩主・津軽信枚《のぶひら》が、1609（慶長14）年に築城を始め、1611（慶長16）年に落成した。1年あまりで完成を見たのは、建造物の多くの部分を旧城の大光寺城や堀越城などから移築したことによる。

　築城当初は「高岡城」と呼ばれていたが、1628（寛永5）年に「弘前」と改称し、津軽氏歴代が城主を務め、明治維新に至っている。

　城下町は、鷹匠町・紺屋町・大工町など、現在の町名にも面影が残る。城下の東南と西南に置かれた寺町は、各々の景勝院構・長勝寺構と呼ばれ、この城の特色となっている。

　築城当初、本丸西南隅には五重の天守が構えていたが、1627（寛永4）年の落雷によって焼失。以来、約200年間再建されずにいたが、1810（文化7）年にようやく幕府の許しを得て、辰巳櫓を改修する名目で現在の天守が完成。東日本唯一の現存3重天守が再建された。

　2015（平成27）年には天守台の石垣が外側に膨らむ「はらみ」によって、大地震などが発生した場合に崩落する危険性があることが判明し、天守の曳《ひき》屋《や》（建物を解体せずに移動させる）工事を開始。同年に本丸中心部の仮天守台に天守を移動した。現在も石垣の改修工事は続けられている。

　二の丸の櫓三棟と南門・東門、三の丸追手《おうて》門、四の曲輪北門（亀甲《かめのこ》門）はいずれも創建当初の遺構で、天守とともに重要文化財に指定されている。外堀以内と最勝院構・長勝寺構は国が指定した史跡である。

“背の高い”追手門

城の南側に位置し、三の丸への入口である「追手門」から順に場内をめぐっていく。

　2層の櫓門で、簡素な素木造となっている追手門は、城の正門にあたる「大手門」の別名。もっとも堅固な場所とされるため、通常ここから攻め込むことはない。ここで注目したいのは、門の入口が「枡形虎口」になっており、門の前で直角に右に曲がらなければならない点だ。敵軍を一箇所に集めた上で、正面

三の丸南端に位置する追手門。冬場の積雪を考慮し、棟高は11mもある

耐久性の高い銅瓦は、追手門以外の城門や天守にも使用されている

だけでなく側面からの攻撃も可能とする構造になっている。さらに虎口自体を小さくすることで、門を破壊するための大きな道具を使いにくくする効果がある。

２つ目の注目ポイントは、一般的な城門に比べて1層目が高く設計されている点。これは雪が降り積もっても槍を掲げながら通過できるようにしているためで、積雪の多い津軽地方特有の工夫が施されている。さらに屋根瓦にも注目してみると、雪が積もっても破損しにくい銅瓦葺きであることがわかる。

防御機能を持つ赤い橋

追手門をくぐり、三の丸を中濠まで真っ直ぐ進み、左に曲がると右手に真っ赤な「杉の大橋」が見えてくる。この架け橋、今はコンクリート製だが、築城当初は万一の場合、壊したり燃やしたりできるよう、柔らかく燃えやすい杉の木でできていた。敵が侵入した場合、橋を落とし、それ以上の侵入を防ぐための防御機能だったのだ。

橋を渡って左手に見えるのが、二の丸に2つある城門のうちの一つ「南内門」である。追手門同様、攻め込む兵を直進させないよう、わざと左に曲げるという工夫が見られる。

二の丸に到達し、天守を正面に見て左側に進むと「未申櫓《ひつじさる》」が見えてくる。「辰巳櫓」「丑寅《うしとら》櫓」とともに、城内に現存する3つの櫓のうちの1つだ。

いずれの櫓も、天守から見た方角を十二支で示した名がつけられており、「未申」は「南西」にあたる。防弾・防火のための土蔵造で、3層3階のうち3層目の面積だけを小さくし、屋根は入母屋造となっている。主に敵への攻撃や物見のために使用され、雪が積もっても中に入ってしまわないよう、石垣で櫓を高くしているのが特徴だ。

道を引き返し、本丸へ向かっていくと、右手側に「辰巳櫓」が建てられている(辰巳＝東南)。歴代藩主はこの櫓から、三の丸を通る弘前八幡宮の山車行列などを観覧したと伝えられている。

権威を示す亀の石

そのまま二の丸を直進すると、左手に見えるのが「下《げ》乗《じょう》橋」である。二の丸と本丸を繋ぐ2つの架け橋のうち、南側に位置する下乗橋は、江戸時代に藩士がここで馬から降り、本丸に入ったことから命名された。石垣修理工事にともなう天守移転前は、橋の右手に天守を望み、特に桜のシーズンには人気の撮影スポットとなる。

橋を渡ると、いよいよ本丸だ。天守を正面に見て真っ直ぐ進むと、右側に「亀の石」が現れる。亀の甲羅に形が似ていることと、鶴の松に対面することに由来するといわれる亀の石は、2・5メートル四方と城内の石垣の中でも一番の大きさを誇り、築城の際、冬場にソリを使って運び込まれたと考えられている。近代城郭において、巨石は権力や財力の象徴であり、藩主の力を測るバロメーターでもある。

2.5m 四方の大石「亀の石」

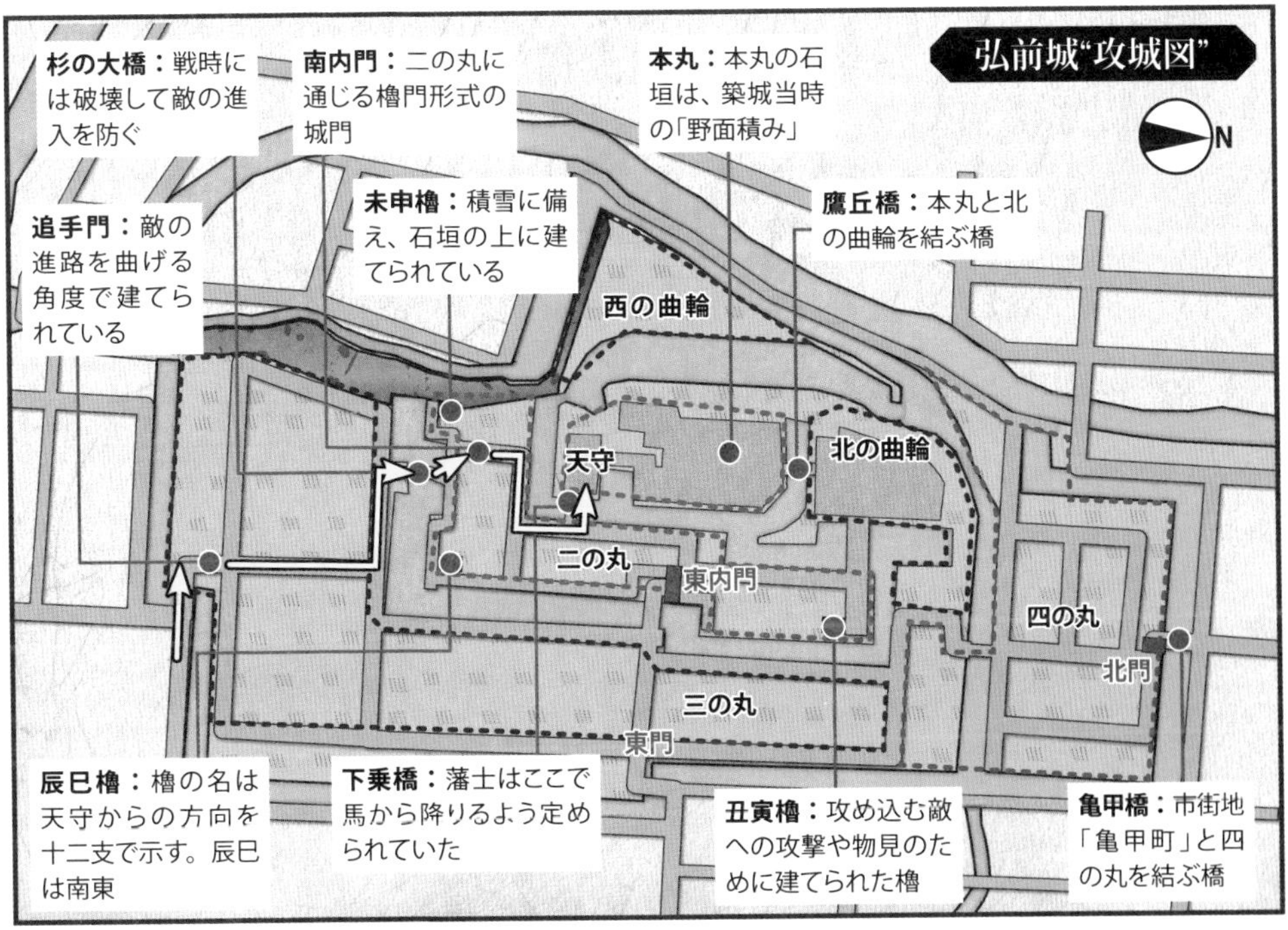

弘前城"攻城図"
N
杉の大橋：戦時には破壊して敵の進入を防ぐ
南内門：二の丸に通じる櫓門形式の城門
本丸：本丸の石垣は、築城当時の「野面積み」
鷹丘橋：本丸と北の曲輪を結ぶ橋
追手門：敵の進路を曲げる角度で建てられている
未申櫓：積雪に備え、石垣の上に建てられている
西の曲輪
天守
北の曲輪
二の丸
東内門
四の丸
北門
三の丸
東門
辰巳櫓：櫓の名は天守からの方向を十二支で示す。辰巳は南東
下乗橋：藩士はここで馬から降りるよう定められていた
丑寅櫓：攻め込む敵への攻撃や物見のために建てられた櫓
亀甲橋：市街地「亀甲町」と四の丸を結ぶ橋

異なる外観を持った天守

亀の石を右に曲がった正面、本丸の東南隅にあたる場所に、現在修繕工事中の天守台が見える。ここが天守のあった本来の場所で、工事を終えて天守が再移転されるのは、2025（令和7）年になる見通しだという。

本丸中心部の仮天守台に移動された天守は、3重3階の層塔型で、現在は独立式であるが、かつては北側に多聞櫓を付属させた複合式であった。外壁は白漆喰塗籠で、屋根瓦には前述の通り銅瓦を葺いている。

この天守で注目したいのは、見る方向によって外観が大きく異なる点だ。城外側に面する東面と南面は、1階と2階に出窓を設け、切妻破風を設置して矢狭間を多く用いるなど、小さな建物を華美で大きく見せる効果が施されている。一方、城内側である西面と北面には、破風などの屋根飾りをまったくつけず、矢狭間もほとんどなく、窓を単調に並べただけの質素な造りとなっている。天守内には本丸御殿のミニチュア模型が飾られている他、矢狭間や銅瓦の様子などが確認できる。

天守を後にして鷹丘橋を越えると北の曲輪である。右に向かうと3つ目の現存櫓「丑寅櫓」が現れる。さらにそこから最北端まで進んでいくと、「亀甲門（北門）」が見えてくる。虎口は狭く、門を破壊しにくい造りになっているなど、南の追手門と同様に重要な防衛拠点であった。

弘前城編
矢狭間の多さと立派な破風

城外側に面する天守の東面と南面には、屋根に切妻破風を設け、多くの矢狭間が用いられている

宮城

仙台城《せんだいじょう》

東北の覇者"独眼竜政宗"の居城

日本100名城 No.8

【別名】青葉城【城郭構造】連郭式平山城【築城】1601（慶長6）年【廃城】1871（明治4）年【築城主】伊達政宗【主な城主】伊達氏【現在の天守】なし【主な遺構】石垣・堀・土塁【指定文化財】国史跡【所在地】宮城県仙台市青葉区川内1【アクセス】地下鉄東西線「国際センター」駅より徒歩約15分

山城だった政宗の本拠

1600（慶長5）年の関ヶ原の戦いの後、徳川家康から新城造営の許可を得た伊達政宗が、青葉山に登って自ら縄張りを行い、翌年に着工。「千代《せんだい》」という地名を「仙台」に改めて本拠とした。仙台には「仙人の住む高台＝理想の場所」という意味が込められていたという。

青葉山は、東は広瀬川に続く断崖、南には標高差40メートル以上の竜ノ口渓谷、西は「御裏林」という鬱蒼とした原生林が続く、標高約130メートルの要害であった。政宗がこの地を選んだのは、関ヶ原の戦い後も徳川氏と敵対していた隣国の上杉氏との戦いに備えていたからだと考えられている。当時の政宗には「守るに易く、攻めるに難い」山城（砦）が必要だったのだ。

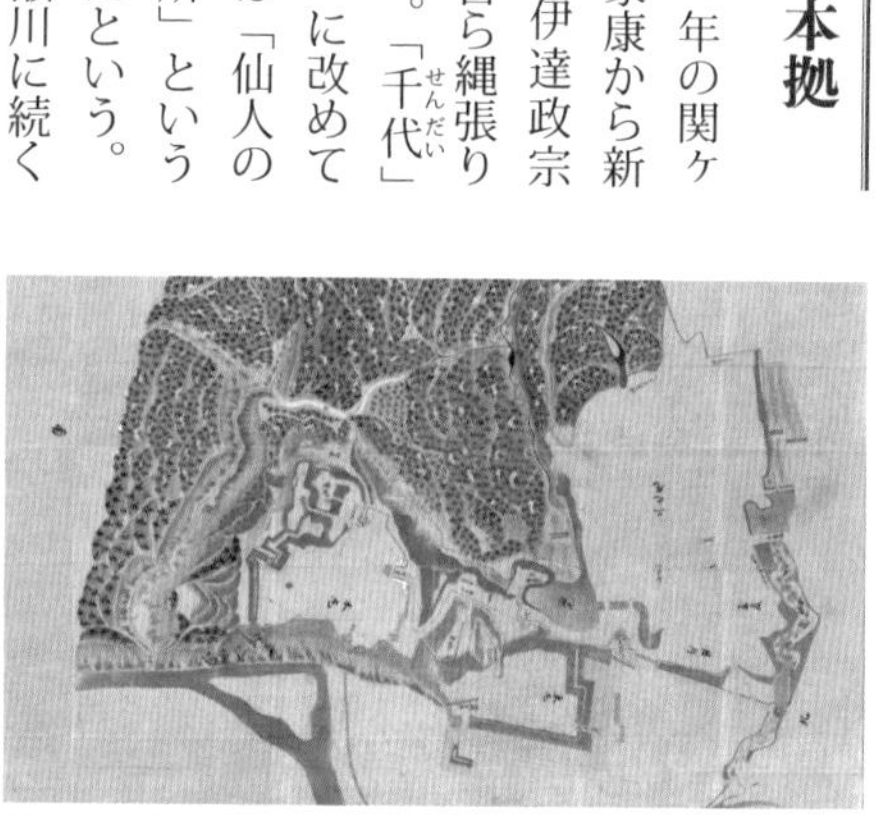

〔日本古城絵図〕 東山道之部（6）197 奥州仙台城図（国立国会図書館蔵）

それでも、政宗が築いた仙台城は壮大かつ華麗なもので、本丸の広さは東西約245メートル、南北約267メートルに及び、1610（慶長15）年に完成した大広間は畳敷部分だけで260畳、板敷を含めると約430畳という

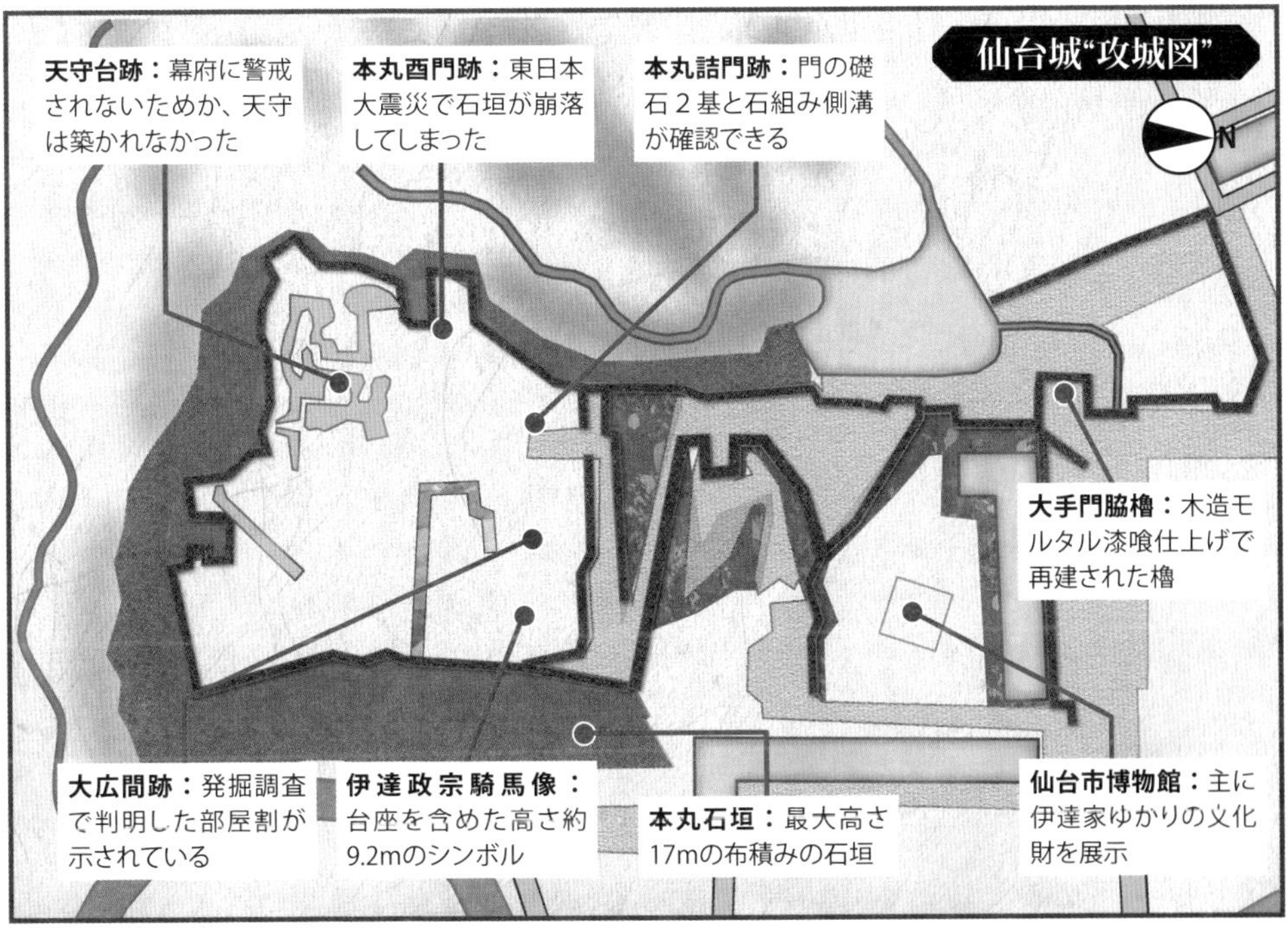

仙台城"攻城図"
N
天守台跡：幕府に警戒されないためか、天守は築かれなかった
本丸酉門跡：東日本大震災で石垣が崩落してしまった
本丸詰門跡：門の礎石2基と石組み側溝が確認できる
大手門脇櫓：木造モルタル漆喰仕上げで再建された櫓
大広間跡：発掘調査で判明した部屋割が示されている
伊達政宗騎馬像：台座を含めた高さ約9.2mのシンボル
本丸石垣：最大高さ17mの布積みの石垣
仙台市博物館：主に伊達家ゆかりの文化財を展示

スケールだった。仙台城を訪れたスペイン使節セバスティアン・ビスカイノは「日本の最も優れ、最も堅固なるもの」と賞賛している。

山城から近世の平山城へ

1636（寛永13）年、政宗の死去に伴って2代藩主となった忠宗は、幕府の許可を得て二の丸の造営を始めた。本丸より一段低い土地に築かれた二の丸には、藩の政務を執り行う藩庁と藩主の居館が置かれた。以降、政務の中心は本丸から二の丸に移され、大広間は藩主の初入府などの儀式や正月行事の場としてのみ使用されるようになる。仙台城は忠宗の時代に、山城から平山城に姿を変えたのだ。また、政宗の時代に茶室や庭園が置かれていたスペースには三の丸が造成され、蔵屋敷や御米蔵などが建てられた。

明治維新後の廃藩置県により、仙台城には軍の施設「東北鎮台」が置かれたが、1882（明治15）年の火災によって、城の表玄関にあたる大手門、脇櫓、虎ノ門を除く建物が焼失してしまった。焼け残った大手門は、豊臣秀吉による朝鮮出兵の出兵拠点として築かれた名護屋城から移築したとも伝えられる、高さ約12・5メートル、幅約20メートルという全国最大級の城門である。1931（昭和6）年には脇櫓とともに国宝に指定された大手門だったが、1945（昭和20）年の仙台空襲の際に焼失してしまう。仙台市教育委員会は2020（令和2）年、この大手門の復元計画を発表した。政宗の没後400年にあたる2036年までに完成させたいという。その際、1967（昭和42）年に民間の寄付によって復元されながら、その後の調査で焼失前とは形状が異なることが判明した脇櫓も、往時の姿で再建される予定になっている。

福島

会津若松城《あいづわかまつじょう》

戊辰戦争の舞台となった東北随一の名城

日本100名城 No.12

【別名】鶴ヶ城、若松城、会津城【城郭構造】梯郭式平山城【築城】1384（至徳元）年【廃城】1874（明治7）年【築城主】蘆名直盛【主な城主】蘆名氏、蒲生氏、加藤氏、保科氏、松平（保科）氏【現在の天守】層塔型　5重5階【主な遺構】石垣、土塁、堀【指定文化財】国史跡【所在地】福島県会津若松市追手町1－1【アクセス】JR磐越西線「会津若松」駅よりバスで約15分

会津戦争を戦った堅城

14世紀後半に近隣を治める蘆《あし》名直盛《なおもり》が、「黒川城」として館を構え、城下を整備したのが始まりとされる。1592（天正20）年に蒲生氏郷《がもううじさと》が近世城郭への改修と城下町整備を行った際、町名を「黒川」から「若松」に変更したことが「若松城」の由来となった。翌年、望楼型7重の巨大な天守が竣工し、城名が「鶴ヶ城」となる。現在もこの「鶴ヶ城」の名は広く知られており、文献では「会津城」や「若松城」と書かれることもあるが、ここでは「会津若松城」とする。

会津若松城の名を一躍有名にしたのが、1868（明治元）年の戊辰戦争の一局面「会津戦争」の籠城戦である。明治新政府軍とそれに対抗する会津軍との戦いにおいて、多くの大砲を浴びながらも、最後まで崩壊しなかった天守として、その堅城ぶりを知らしめた。2013（平成25）年放送のNHK大河ドラマ『八重の桜』では、この戦いがメインで描かれている。

陸奥之内会津城絵図（福島県立博物館蔵）

城郭は、天守を中心に本丸、

その周りに帯曲輪（郭）、内堀を挟んで東に二の丸、さらに三の丸、西に西出丸、北に北出丸を配置する梯郭式平山城である。南の湯川を天然の外堀として、北側に武家屋敷を配置するという惣構えで、その広さは東京ドーム約100個分。北側からの攻撃を想定した縄張りだが、会津戦争ではアームストロング砲などの長距離砲撃だったため、南側の防衛が厳しかったことが想像される。

城主は上杉家、再び蒲生家と続き、1627（寛永4）年に入封した加藤嘉明が、今に残る層塔型の天守を再建。1643（寛永20）年に会津松平家の藩祖・保科正之が入城して以降、9代・容保《かたもり》の時代まで松平家（保科から改名）が君臨した。その後、会津戦争での1ヶ月の籠城を経て降伏し、開城。1874（明治7）年に廃城した。戦争によって損傷を受け、解体された天守は、1965（昭和40）年に5重5階の層塔型で再建され、2010（平成22）年の改修工事によって当時の赤瓦に復元されている。

内堀に広がる鮮やかな紅葉風景

帯曲輪と本丸を繋ぐ表門（別名・鉄門）

会津若松城の正門にあたる追手門跡。枡形虎口の形状をしている

敵を迎え撃った追手門

城北側の鶴ヶ城会館裏手から北出丸へ向かう途中、「鶴ヶ城の瓦」という立て看板とともに2010年の赤瓦葺き替えの時に外された古い瓦群が並べられている。ただし、これらは会津戦争時の瓦ではなく、1965年に再建された際のものなので注意が必要だ。しばらく行くと、前方に会津若松城の表玄関である追手門跡が見えてくる。左手には本丸の横矢掛りがあり、正門から攻め込む敵兵を側面から矢や鉄砲で狙い撃ちする。

追手門は現在、石垣のみが残されており、入ると枡形虎口になっていることがわかる。右に左に曲がる造りである枡形虎口は、敵兵の進行を遅らせ、その先の追手二の門を破壊する敵を四方八方から攻撃する構造となっている。

北出丸に入ってすぐの階段を上がってみると、前方に先ほど通ってきた追手門跡が見え、敵兵をしっかりと狙えることが確認できる。また、ここからは北出丸と本丸の間の内堀、色鮮やかな紅葉がセットで眺められるので、紅葉シーズンにはお薦めのスポットである。

階段を降りて、北出丸を西に向かうと、本丸に続く橋と、木々に隠れた天守が見えてくる。かつて、この橋の先に太鼓橋があったという。観光であればこのまま本丸に向かうところだろうが、それでは面白くない。西出丸を経由して、ぐるっと回るコースを選ぶ。

内堀に架かる廊下橋

北出丸の西側を守る西門の枡形虎口を抜け、内堀沿いに一般道を歩いて行くと「西出丸」と書かれた看板が現れる。西出丸には江戸時代、塩などを蓄える蔵が多くあった、いわば貯蔵地区のような場所で、武器や弾薬なども保管されていたと思われる。なお、ここまで来る間に見た石垣の特徴としては、全体的に打込み接ぎが多いが、一部に切込み接ぎも見られたので、おそらく江戸時代の改修作業によって積み直されたものではないか。

城兵や近習たちの寝床があったとされる走長屋跡

西出丸の梅坂を登り、西中門跡を抜けると、本丸外側の帯曲輪に出る。帯曲輪に入って、最初に目に入るのが、『八重の桜』で主演の山本八重を演じた綾瀬はるか氏のメッセージ看板と、植樹した桜の木「さくら」である。そのすぐ側には観光案内所があり、こちらで「100名城スタンプ」を押すことができる。

ここでようやく本丸に到着したが、天守閣を覗《のぞ》く前に、天守裏手の石垣に狭められた道を東に進み、二の丸へと向かう。右手の石垣の上には走長屋と呼ばれる、城を守る城兵や近習たちの寝床があったとのことで、合戦時には矢や鉄砲、長槍攻撃を仕掛けるようになっていたと思われる。その先に見えてくるのが、木製で再建された赤色の廊下橋。この橋は有事の際には落としてしまい、二の丸からの敵の進行を防ぐ構造だったと思われる。なお、八重はこの道から鶴ヶ城に入城したといわれている。橋を渡った先が二の丸である。

本丸と二の丸の間に架けられた廊下橋

二の丸を後にして、本丸東側の帯曲輪の裏門（旧表門）前に戻る。帯曲輪から本丸へは、この裏門と表門の2つのルートがあるが、今回は裏門から入る。その左側には「蒲生時代の表門」と書かれている。蒲生氏郷が入城して改修する段階では、まだ縄張りも大きくなかったため、ここに正門を配置していたのだろう。

貴重な初代天守石垣

本丸から、いよいよ天守である。現在の天守は1965年に再建された5重5階の層塔型。装飾は全体的に少ないが、東面の3重目に設けられた千鳥破風付きの張り出しが特徴的である。蒲生時代は壁の色はここまで白くなく、どちらかというと黒系だったと思われる。天守石垣は野面積みで、おそらく氏郷が建てた初代天守時代の石垣を

野面積みの天守石垣。蒲生氏郷が建てた初代天守時代の石垣も多く残されていると思われる

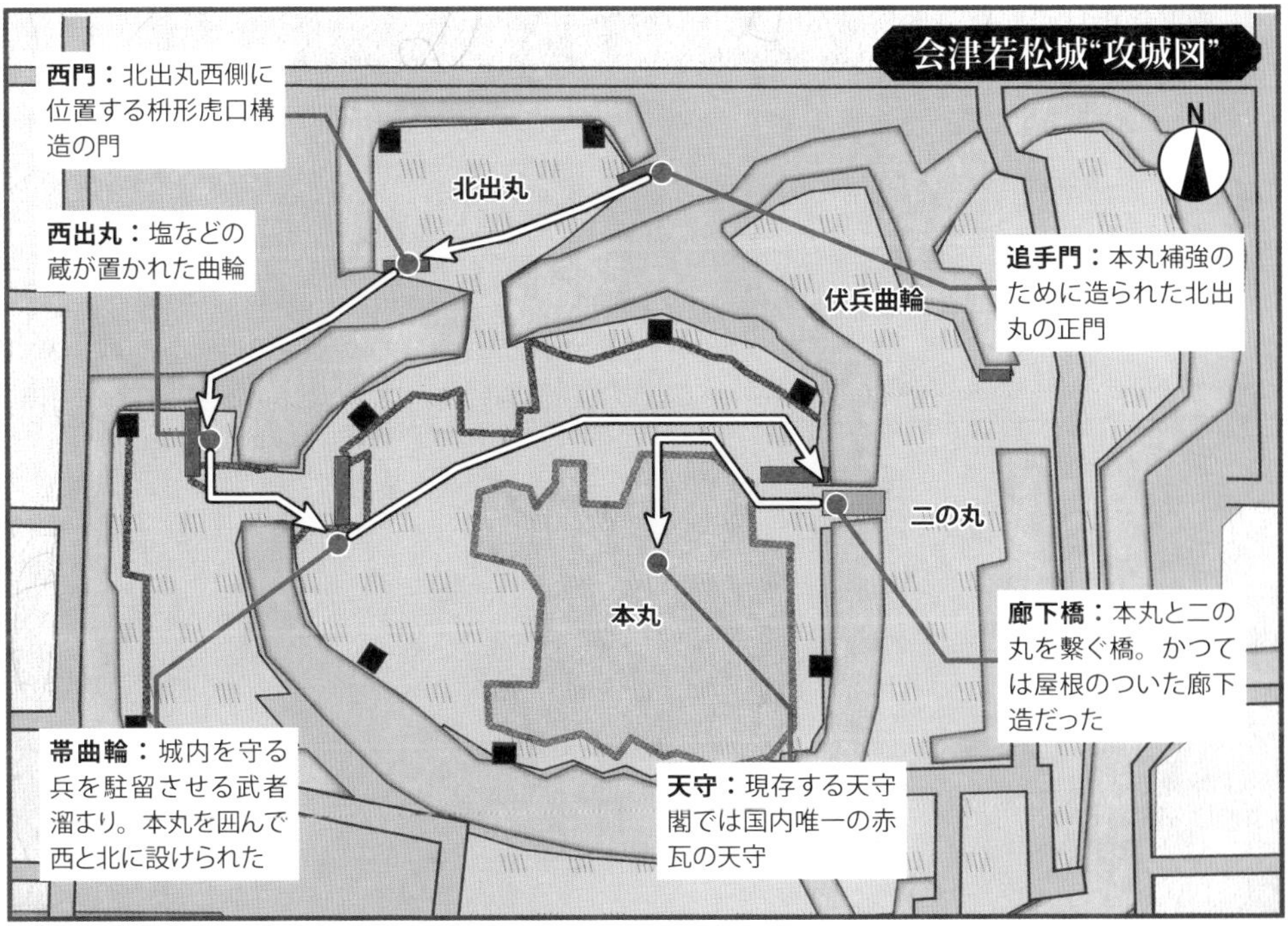
会津若松城"攻城図"
N
西門：北出丸西側に位置する枡形虎口構造の門
西出丸：塩などの蔵が置かれた曲輪
北出丸
追手門：本丸補強のために造られた北出丸の正門
伏兵曲輪
二の丸
本丸
廊下橋：本丸と二の丸を繋ぐ橋。かつては屋根のついた廊下造だった
帯曲輪：城内を守る兵を駐留させる武者溜まり。本丸を囲んで西と北に設けられた
天守：現存する天守閣では国内唯一の赤瓦の天守

多く残していると思われ、大変貴重である。

　天守内に入ると、地下部分に「塩蔵」が現れる。天守内の涼しさを利用して、塩などの貯蔵庫として使われていたことが、模型とともに説明されている。上階に上がると、主に戊辰戦争の資料が展示されている。

　さらに最上階まで上がって東面を覗《のぞ》いてみると、2010（平成22）年に改修した赤瓦が確認できる。ただ、この赤瓦は、沖縄の首里城のものなどとは違って、福島の厳しい冬に耐えるために、通常の瓦の表面に釉薬《うわぐすり》を塗って焼かれたもので、雪国の知恵が感じられる。南面からは、南走長屋、表門、干飯《ほしい》櫓へと繋がる建物群が一望でき、壮観である。

　南走長屋内を通って外に出ると、「鉄門《くろがね》」の別名を持つ表門が現れる。鉄門というだけあって、重厚で丈夫な門構えであり、簡単には突破できないことが想像できる。この門を抜けると先ほどの帯曲輪に戻ってくる。

会津若松城編
2010年に葺替えた赤瓦
改修工事によって復元された天守の赤瓦

会津若松城編
天守最上階の南面から見た南走長屋、表門、干飯櫓の眺め

石川

金沢城《かなざわじょう》

前田利家〝加賀百万石〟の城

日本100名城 No.35

【別名】尾山城、尾上城、金城【城郭構造】梯郭式平山城【築城】1580（天正8）年【廃城】1871（明治4）年【築城主】佐久間盛政・前田利家【主な城主】前田氏【現在の天守】なし【主な遺構】城門・石垣・土塁【指定文化財】重要文化財、国史跡【所在地】石川県金沢市丸の内1-1【アクセス】JR北陸本線・北陸新幹線・IRいしかわ鉄道線「金沢」駅より徒歩約30分

金沢御堂の跡地に築城

1488（長享2）年、一向一揆衆（浄土真宗本願寺派）が高尾《たこう》城《じょう》に攻め寄せ、加賀国守護大名の富樫政親《とがしまさちか》を自害に追い込んだ。以降、一向一揆衆が支配する金沢は「百姓の持ちたる国」と呼ばれ、1546（天文15）年に建立された一揆衆の拠点「金沢御堂《みどう》」を中心とする寺内町として発展した。

1580（天正8）年、織田信長の命を受けた柴田勝家の家臣・佐久間盛政が金沢御堂を攻略。信長から加賀半国を与えられ、御堂の跡地に金沢城を築いた。盛政の在城は短かったが、「尾山八町」と呼ばれる城下町の整備や外堀「百間堀」の開削など、金沢城の基礎を築いた。

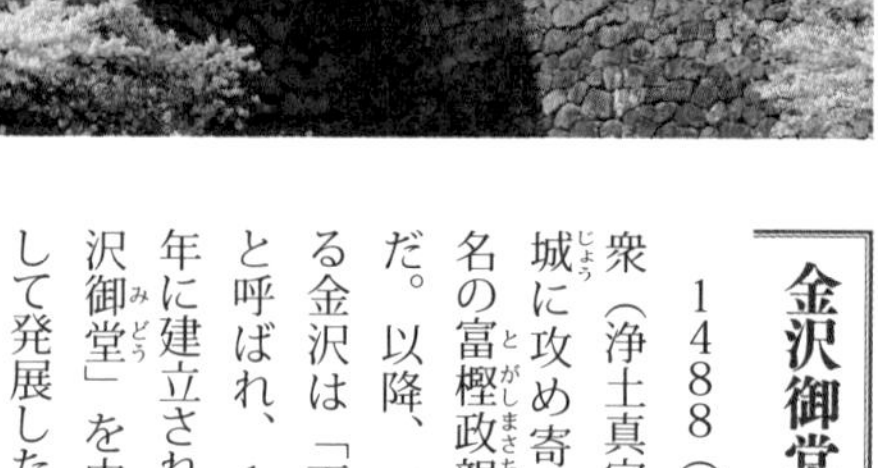

加州金沢城図 諸国居城之図集（金沢市立玉川図書館蔵）

1583（天正11）年、勝家に従って豊臣（羽柴）秀吉に敗れ、斬首された盛政に代わり、秀吉の盟友・前田利家が金沢に入城。本格的な築城に着手する。利家に乞われ、普請を指南したキリシタン大名として知られる高山右近は、大手（正面玄関）を西丁口から尾坂口へと変更し、わ

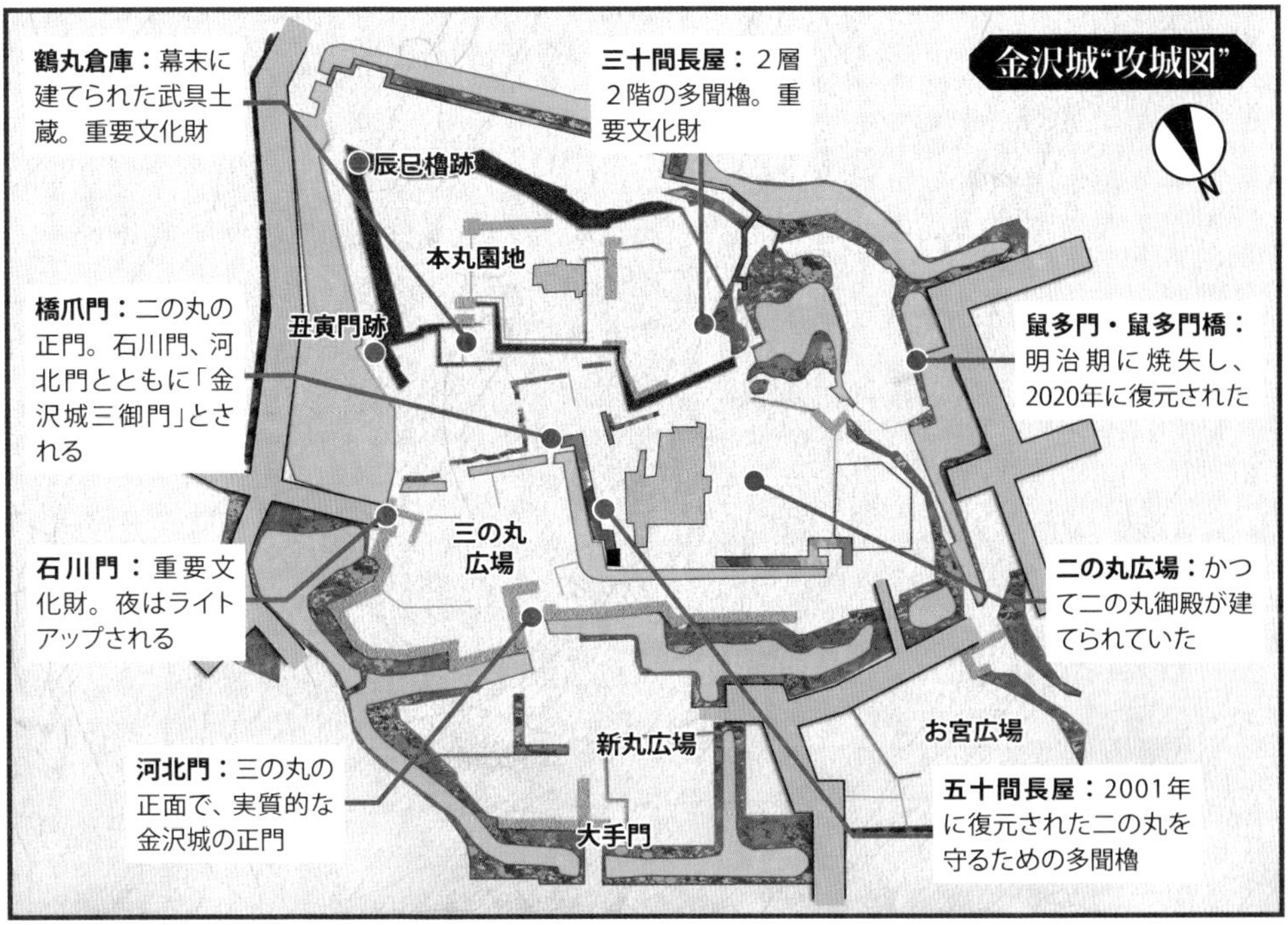
金沢城"攻城図"
N
鶴丸倉庫：幕末に建てられた武具土蔵。重要文化財
三十間長屋：2層2階の多聞櫓。重要文化財
辰巳櫓跡
本丸園地
橋爪門：二の丸の正門。石川門、河北門とともに「金沢城三御門」とされる
丑寅門跡
鼠多門・鼠多門橋：明治期に焼失し、2020年に復元された
三の丸広場
石川門：重要文化財。夜はライトアップされる
二の丸広場：かつて二の丸御殿が建てられていた
新丸広場
お宮広場
河北門：三の丸の正面で、実質的な金沢城の正門
五十間長屋：2001年に復元された二の丸を守るための多聞櫓
大手門

ずか27日間で新丸を築造するなどして利家を喜ばせたという。1599（慶長4）年に没した利家以降、前田家が金沢城の城主を務め、13代・慶寧《よしやす》が明治維新を迎えた。

3200坪の二の丸御殿

犀川《さいがわ》と浅野川に挟まれた小《こ》立《だつ》野台地の先端に位置する金沢城は、本丸、二の丸、三の丸、新丸に分けられる。かつて金沢御堂が建てられていたという本丸には天守がそびえていたが、1602（慶長7）年の落雷によって焼失し、再建されることはなかった。

藩主の居館も築城時には本丸にあったが、1631（寛永8）年の大火をきっかけに、城郭内のほぼ中心に位置する二の丸に移され、「二の丸御殿」と呼ばれた。以降、2度の火災による焼失と再建が行われているが、江戸後期の御殿は東西約200メートル、南北約100メートル、約3200坪の館内に部屋数は60以上。儀礼や政務の空間「表向き」、藩主の生活空間である「御居間廻り」、藩主の母や側室、子女たちが暮らす「奥向き」に区分されていた城内最大の建造物である。現在、石川県では、二の丸御殿の再建を計画している。

度重なる火災により、金沢城の多くの建造物が失われてしまったが、1788（天明8）年に再建された石川門と、1848（嘉永元）年に竣工した武具土蔵「鶴丸倉庫」、1858（安政5）年に建てられた「三十間長屋」は重要文化財に指定されている。石川門は、金沢城の裏門にあたる搦手《からめて》門で、高麗門、櫓門、続櫓、石川櫓で構成された枡形門。三十間長屋は、南面は入母屋造、北面は土台の石組みよりも外壁が下がっている切妻造で、長さは26間半である。

静岡

掛川城《かけがわじょう》

二の丸御殿が現存する〝東海の名城〟

日本100名城 No.42

【別名】雲霧城、松尾城【城郭構造】梯郭式平山城【築城】1469（応仁3）年【廃城】1869（明治2）年【築城主】朝比奈康熙【主な城主】朝比奈氏、石川氏、山内氏、太田氏【現在の天守】再建天守。望楼型　3重4階【主な遺構】御殿・櫓・門・番所・石垣・土塁・堀【指定文化財】重要文化財【所在地】静岡県掛川市掛川1138【アクセス】JR東海道本線「掛川」駅より徒歩7分

戦国大名・今川氏終焉の城

室町時代中期に駿河の守護大名・今川義忠が、重臣・朝比奈康熙《やすひろ》に命じて築城させたのが始まりとされる。

当初は現在の掛川城の北東に位置する子角山《ねずみやま》に築かれ、1513（永正10）年に現在の龍頭山に移された。

標高約50メートルの丘の上に位置する掛川城は、東側を逆川《さかがわ》に守られた要害の地にあり、戦国時代は今川氏の遠江支配の拠点として機能する。しかし、今川義元が没し、今川氏の勢力が衰えた1568（永禄11）年12月、甲斐の武田信玄が、武田・北条・今川氏による〝甲相駿《こうそうすん》三国同盟〟を破る形で今川領内への侵攻を開始。本拠地・駿府を脱出した今川家当主・氏真《うじざね》は、朝比奈泰《やす》朝《とも》が守る掛川城へ逃れた。するとそこへ、信玄と通じていた徳川家康の軍勢が押し寄せ、掛川城を包囲する。攻防戦は3ヶ月にも及び、翌年3月、徳川軍は総攻撃に転じたが、どうしても攻め落とすことができない。そこで家康は和睦へと舵を切り、

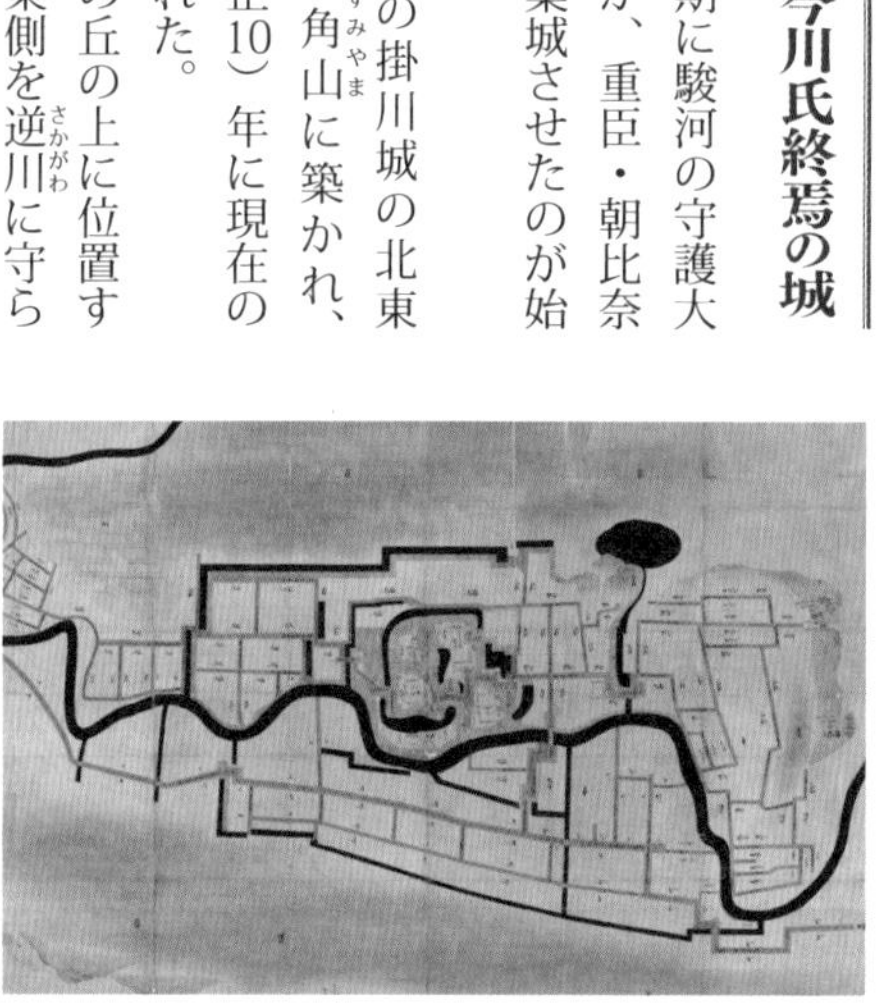

遠州掛川城絵図（国立公文書館蔵）

1569（永禄12）年5月、将来的に氏真を駿府に戻すことを条件に、掛川城を開城させる。しかし、この条件は守られることなく、戦国大名としての今川氏は、事実上ここに滅亡した。一方、掛川城を手に入れた家康は、重臣・石川家成を城主とし、再び敵対した信玄の侵攻に対する防御の要とした。

一豊が築いた近世的城郭

1590（天正18）年、家康に関東への国替えを命じた豊臣秀吉は、掛川城に直臣・山内一豊《やまうちかつとよ》を5万石で入城させる。一豊は戦禍によって傷ついていた城の大幅な整備と拡張を実施。

1596（慶長元）年には3重4階の天守を造営し、十露盤《そろばん》堀、三日月堀、内堀で本丸を囲み、二の丸、三の丸などを配した梯郭式平山城を造り上げた。さらに、小田原攻めの経験から、城と城下町を一体化させる「惣構え」を採用し、城下町の建設も推進。今日に繋がる掛川の中心街が、一豊による町建てによって形成されていった。

1600（慶長5）年、関ヶ原の戦いの功績によって一豊が土佐高知へ加増・転封されると、以後、徳川譜代の大名が掛川城主となる。松平定勝、安藤直次、松平定綱、青山幸成《よしなり》などを経て、1746（延享3）年に入城した太田氏が7代続き、明治維新を迎えた。

1994（平成6）年には、一豊が築いた天守が「日本初の本格木造天守閣」として復元された。城跡一帯は「掛川城公園」として整備されている。

勇壮な構えの大手門

掛川城公園から出て南東に50メートルほど進むと、城の表玄関である大手門に相応しい、間口約12・7メートル、奥行約5・4メートルの2層式櫓門が構えている。1995（平成7）年に復元された楼門造の本格的な櫓門だ。

創建時の門には、大きく重い門が傾かないよう基礎工事に工夫が凝らされていた。直径2メートル、深さ1・5メートルほどの穴に、40センチ前後の河原石を円形に4〜5段積み重ね、その上に門柱の礎石が置かれていたことが判明している。

大手門のすぐ奥には、「大手門番所」がある。城内に出入りする者を監視する役人の詰め所で、門を通過するすべての者を取り調べていた。江戸時代末期に建てられたもので、大手門に付属した番所が現存するのは全国でも珍しく、市の文化財に指定されている。

大手門から出て、北の二の丸方向へ向かうと、逆川に架けられた大手橋に出る。当時はこの橋を渡った奥に大手二の門があり、正保城絵図には欄干の付いた太鼓橋が描かれている。この橋から望む天守は美しく、特に桜の季節は絶好の撮影スポットとなっている。

「掛川城大手門礎石根固め石」。基礎部分には、これが12個使われていた

復元された楼門造の大手門

現存の二の丸御殿

掛川城北側の竹の丸は、一豊が拡張した曲輪（郭）だと考えられている。天守や本丸など城の中心部に通じる道筋にあたり、防衛上の重要ポイントである竹の丸は、家老など重臣の屋敷に割り当てられていた。

幕末の1854（安政元）年、安政東海地震に襲われた掛川城は、天守を含む大半の建物が倒壊してしまった。当時の城主・太田資功《すけかつ》は、1859（安政6）年、政務所として本丸に御殿を再建。その後、二の丸に移されたことで、現存する御殿は、「二の丸御殿（掛川城御殿）」と呼ばれる。

全国で4ヶ所しかない現存の城郭御殿「二の丸御殿」（重要文化財）

「藩の公的式典の場」「藩主の公邸」「政務を行う役所」の3つの機能を持つ御殿は、7棟で構成された書院造で、各部屋は襖で仕切られている。広間や書院といった主要部分だけでなく、小書院や諸役所など20余りの部屋のほぼ全体が残っており、藩政時代の御殿建築をうかがうことができる。

明治時代まで掛川藩の政庁がおかれ、廃城後は学校・町役場として使われていた。

現在、内部は一般公開されており、時代劇などの撮影にも使用されている。

二の丸から本丸方向へ進むと、本丸門の前面に配置された三日月状の堀「三日月堀」がある。当時8メートルの深さがあった。発掘調査で堀の南側から石垣と柱穴が見つかったことから、本格的な馬出し（虎口の外側を守るために造られた郭）であったと考えられる。

ここで方向を変え、正保城絵図を元に復元された「四足門」をくぐって本丸に向かう。本丸に通じる重要な門は、内側に番所を備えていた。次に右側に見えてきたのは、本丸を囲む「十露盤堀」だ。水が溜まった部分がそろばんの箱のように見えることからこの名が付けられた。これらの内堀には、逆川の流れが巧みに利用されていた。

本丸への最後の難関となるのが「東門」である。現在は石垣が遺るのみだが、この立派な石垣から、壮大な櫓門があったことが想像できる。

本丸から天守に向かう登城路には、石垣と側溝が復元されている。良質な石材がとれにくい地域のため、川辺の玉石が多く利用されていた。

さらに進むと、右手に「太鼓櫓」が見えてくる。安政地震後に三の丸に建てられたものが、1955（昭和30）年に本丸に移築され、現在に至る。城下に時を知らせる大太鼓を収めるための建物で、現在は中に入ることはできないが、当時使われていた大太鼓は、二の丸御殿の広間に展示されている。

天守丸へ続く狭くクネクネと曲がる登城路は、一度に大勢の敵が侵入しにくい仕組みだ。

以前は、本丸として使われていた曲輪の城壁を拡張し、天守を配置する独立した曲輪「天守丸」が、一豊によって造られた。

日本初の木造復元天守

天守に入るとすぐ左側に、伝説の井戸が残る。

「西から徳川家康、東から武田信玄に攻められた駿河の今川氏真は、重臣・朝比奈泰朝の掛川城へ逃れた。この城を落とそ

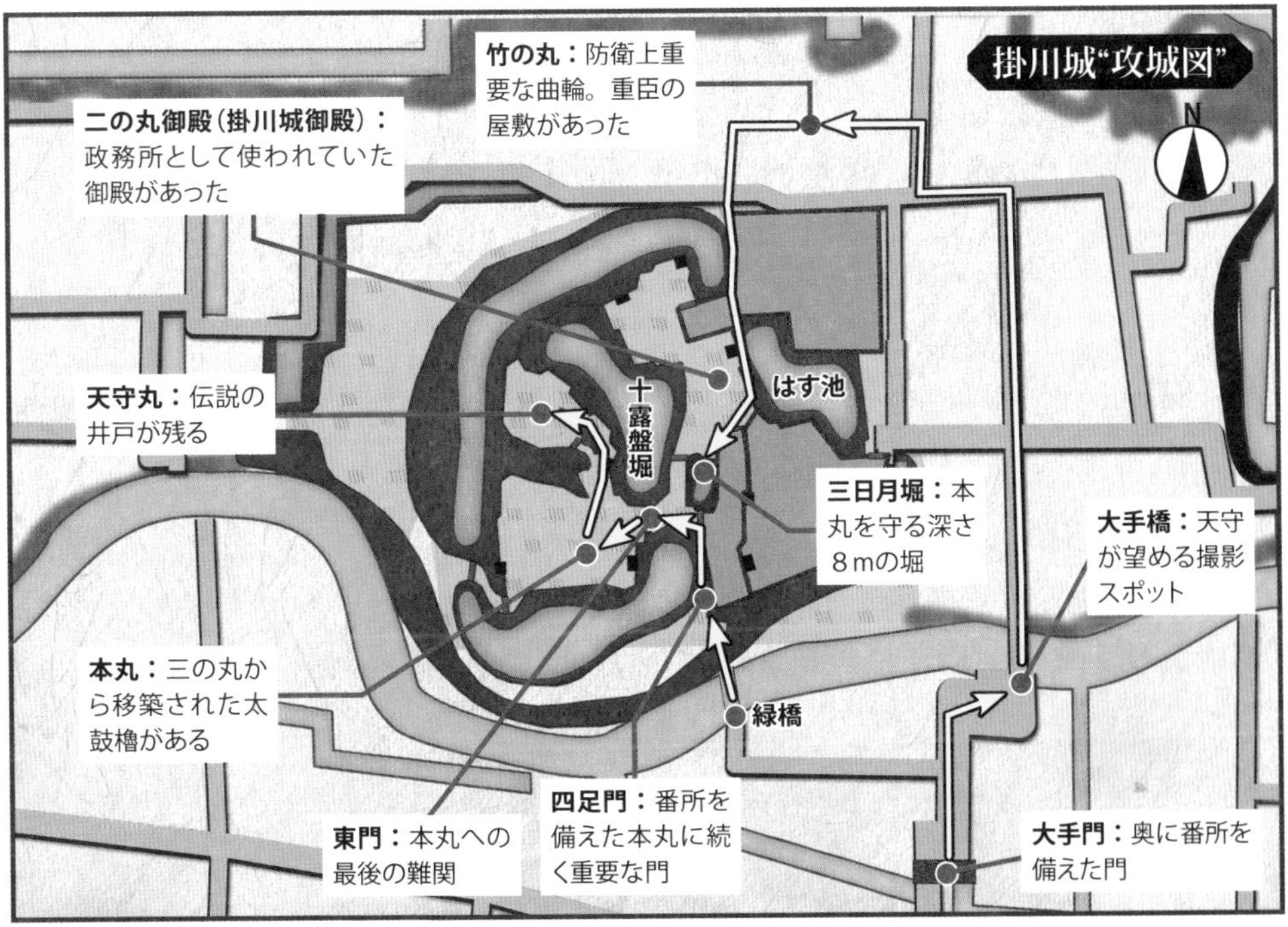
掛川城"攻城図"
N
竹の丸：防衛上重要な曲輪。重臣の屋敷があった
二の丸御殿（掛川城御殿）：政務所として使われていた御殿があった
はす池
天守丸：伝説の井戸が残る
十露盤堀
三日月堀：本丸を守る深さ8mの堀
大手橋：天守が望める撮影スポット
本丸：三の丸から移築された太鼓櫓がある
緑橋
四足門：番所を備えた本丸に続く重要な門
東門：本丸への最後の難関
大手門：奥に番所を備えた門

うと家康が攻撃を仕掛けると、井戸から立ちこめた霧が城をすっぽりと覆い隠し、徳川軍は攻撃できなくなった」――。

以来、掛川城は「雲霧城」とも呼ばれるようになる。この井戸は、1960（昭和35）年頃まで使われていたという。

現在の天守は、1994（平成6）年に本格木造復元されたものである。本格的に木造で復元された天守閣としては日本初。一豊が造った掛川城天守の姿は不明のため、同じく一豊が築城した高知城を参考にして再建された。

3重4階の入母屋造で、天守本体は大きなものではないが、張り出し部や付櫓を設けることで、外観を大きく複雑に見せている。1階2階に比べて、4階部分が極端に小さい造りは、物見のための望楼を殿舎の上に載せた、「望楼型」と呼ばれる天守出現期の名残りである。

当時の天守には、徳川一門と親藩にしか許可されていなかった「三葉葵」の家紋瓦が使用されていたことが、発掘調査によって判明している。

天守内部は、敵が一気に登ってくることがないように、階段を折り曲げた構造となっており、2階と3階の途中には、城主を警護する武者たちを忍ばせる「武者隠し」を設置。最上階からは、掛川の市街地が一望でき、眼下に二の丸御殿を望むこともできる。

伝説の雲霧井戸

愛知

岡崎城《おかざきじょう》

「神君出生の城」として神聖視された徳川家康生誕の城

日本100名城 No.45

【別名】龍城、龍ヶ城【城郭構造】梯郭式平山城【築城】1455（康正元）年【廃城】1873（明治6）年【築城主】西郷頼嗣【主な城主】西郷氏、松平氏、田中氏、本多氏、水野氏【現在の天守】再建天守。望楼型　3重5階。【主な遺構】石垣・堀・井戸【指定文化財】市史跡【所在地】愛知県岡崎市康生561【アクセス】名鉄名古屋本線「東岡崎」駅より徒歩約15分

城下を形成した田中吉政

愛知県岡崎市を流れる矢作《やはぎ》川と菅生《すごう》川（現・乙川《おとがわ》）の合流地点一帯は、室町時代、「龍《りゅう》頭山《とうざん》」と呼ばれていた。この地に、三河国守護代・西郷頼嗣《よりつぐ》が1455（康正元）年、北方に対する砦として築城した「龍燈山城」が、岡崎城のはじまりとされる。

その後、徳川家康の祖父にあたる松平清康が1531（享禄4）年に入城。城域を拡大・整備して現在地に本格的な城郭を構え「岡崎城」と称した。

1542（天文11）年、城内二の丸で家康（竹千代）が誕生。産湯に使われた井戸は、「東照公産湯の井戸」として現存しており、開運スポットになっている。

〔日本古城絵図〕　東海道之部（2）41 三州岡崎城図（国立国会図書館蔵）

織田家、今川家の人質として幼少期を過ごした家康は、1560（永禄3）年に岡崎城に戻り、三河統一に乗り出す。その10年後、三河平定を成し遂げた家康は、遠江《とおとうみ》の浜松城に拠点を移し、嫡男・信康が岡崎城を引き継いだ。信康が没した後は、家康の重臣・石川数正や本

多重次らが城主となった。

家康関東移封後の1590（天正18）年には、三河国岡崎城5万7400石で豊臣秀吉の家臣・田中吉政が入城。吉政は城を拡張し、強固な石垣や城壁を備えた近世城郭へと改修。7つの町を囲った惣構えの堀「田中堀」を設け、岡崎郊外を通っていた東海道を城下町に引き入れ、くねくねと屈折する道筋「岡崎宿東海道二十七曲り」を造るなど、城下町の防衛・整備も積極的に行った。秀吉同様、農民の身分から大出世した吉政が、近世岡崎城下の原型を造ったのだ。天守閣をはじめ、櫓門などが構築されたのもこの時代だったと考えられている。

家康が徳川幕府を開いて以降、「神君出生の城」として神聖視された岡崎城は、本多氏、水野氏、松平氏の徳川氏譜代の大名が城主となった。1617（元和3）年には本多氏が大改修を施し、望楼型3重3階の天守が再建され、近世城郭の形態が整えられたが、廃城令によって1873（明治6）年に城郭の大部分が取り壊されている。

現在の鉄筋コンクリート造3重5階の天守は、1959（昭和34）年に外見復元されたもの。その後、1993（平成5）年に大手門、2010（平成22）年に東隅櫓が再建された。現在は二の丸跡に建てられた能楽堂・資料館などとともに、「岡崎公園」として整備されている。

東海道を引き入れた惣構え

岡崎城の遺構は多くない。現在の岡崎市の中心部に位置していた岡崎城は、廃城令後の都市整備のために移築も難しかったのだろう。

現在の地図に当時の城郭を重ねてみると、岡崎城のスケールの大きさがよくわかる。乙川側に本丸を置き、その奥に二の丸と三の丸を梯郭式に配し、さらにその周りを小曲輪（郭）が囲み、多くの内堀が掘られている。

さらに地図を引いてみると、東西約1・5キロ 南北約1キロという、吉政の築いた惣構えの範囲の広さに驚く。さらに、東海道を城下町に引き入れて、27回も曲がらせる道筋は、城下町にお金を落としてもらうための工夫だったのだろう。

惣構えの外側から見てみると、北側には、今もその名が残る「御旗公園」があり、東側には東門にあたる「籠田《かごだ》総門」の跡地が大きな公園になっている。この辺りには、岡崎方面からの旅人をチェックする番所等があったのだろう。

公園のすぐ南側には、吉政の石像を見ることができる。惣構えの外側、南東方面を守る天然の堀として機能していた乙川に、現在は「殿橋」がかかり、天守を望む絶好のスポットとなっている。天守を城の外から眺めるのなら、ここが一番のお薦めポイントだ。

「殿橋」から天守を望む

「東照公産湯の井戸」跡

高い防御力を備えた平山城

　現在は駐車場となっている「菅生曲輪」から、「東曲輪」方向へ向かうと「東隅櫓」が見えてくる。２０１０（平成22）年に復元されたもので、二の丸へと続く切通しの防御のためにあったと考えられている。この両曲輪を隔てている石垣に注目したい。当時の「野面積み」と一部「打込み接ぎ」からなる石垣が残っている。貴重なものなのでじっくりと見てほしい。

　現在、国道1号線沿いにある岡崎公園の入口には、大きく立派な門がある。東曲輪と二の丸を行き来する「七間門」が建っていた場所だ。「大手門」として復元されているが、本来の大手門は２００メートルほど北東の三の丸の外側、「浄瑠璃曲輪」付近にあった。

　駐車場となっている東曲輪に復元されている、鉄砲狭間のある城壁は、瓦に本多家の家紋「丸に立葵《たちあおい》」が使われている。

　本丸に近い、「隠居曲輪」と「菅生曲輪」の間には、平山城の特性を生かした石垣がしっかりと残っている。実際には堀もあったので、本丸に近づくのは容易ではなかった。菅生曲輪方面から「本丸は攻められない」ことを確認し、二の丸へ戻ろう。

　二の丸には多くの見どころがある。家康の銅像を過ぎて直進すると天守が見える。実は、天守型の公衆電話だ。その先には「岡崎城二の丸御殿の井戸跡」、西側に「三河武士のやかた家康館」があり、岡崎城下の貴重な資料が展示されている。そのすぐ南に建つ、「鹿角脇立兜《かずのわきたてかぶと》」をかぶった徳川四天王・本多忠勝の銅像を見て南に直進すると、家康の二体目の銅像「しかみ像」がある。さらに、本丸に向かう途中にあるのが、「東照公産湯の井戸」跡だ。

　本丸前には、「清海堀」跡が残っている。空堀となっているが、当時の石垣がそのまま残り、岡崎城跡の中でも一番見応えのある最も深い堀で、「清海」とは創築者「清海入道（西郷頼嗣）」の名に因む。

　本丸手前の「持仏堂曲輪《じぶつどう》」に入ると、天守が見えてくる。この辺りから天守を眺めると、岡崎城が南と西を天然の川で守られた場所に立地していること、その中で天守が、梯郭式の縄張りによって守られていたことがよくわかる。

　ここから西側に移動し、「隠居曲輪」から本丸に向かう。左右両側の立派な石垣は、時代を経るごとに積み直されており、常に岡崎城が進化していたことを感じさせる。

　さらに進むと、ようやく本丸に到着。本丸の一角には、東照宮「龍城神社」がある。

本丸を守っていた「清海堀」

江戸初期の積み上げが確認できる天守を支える石垣

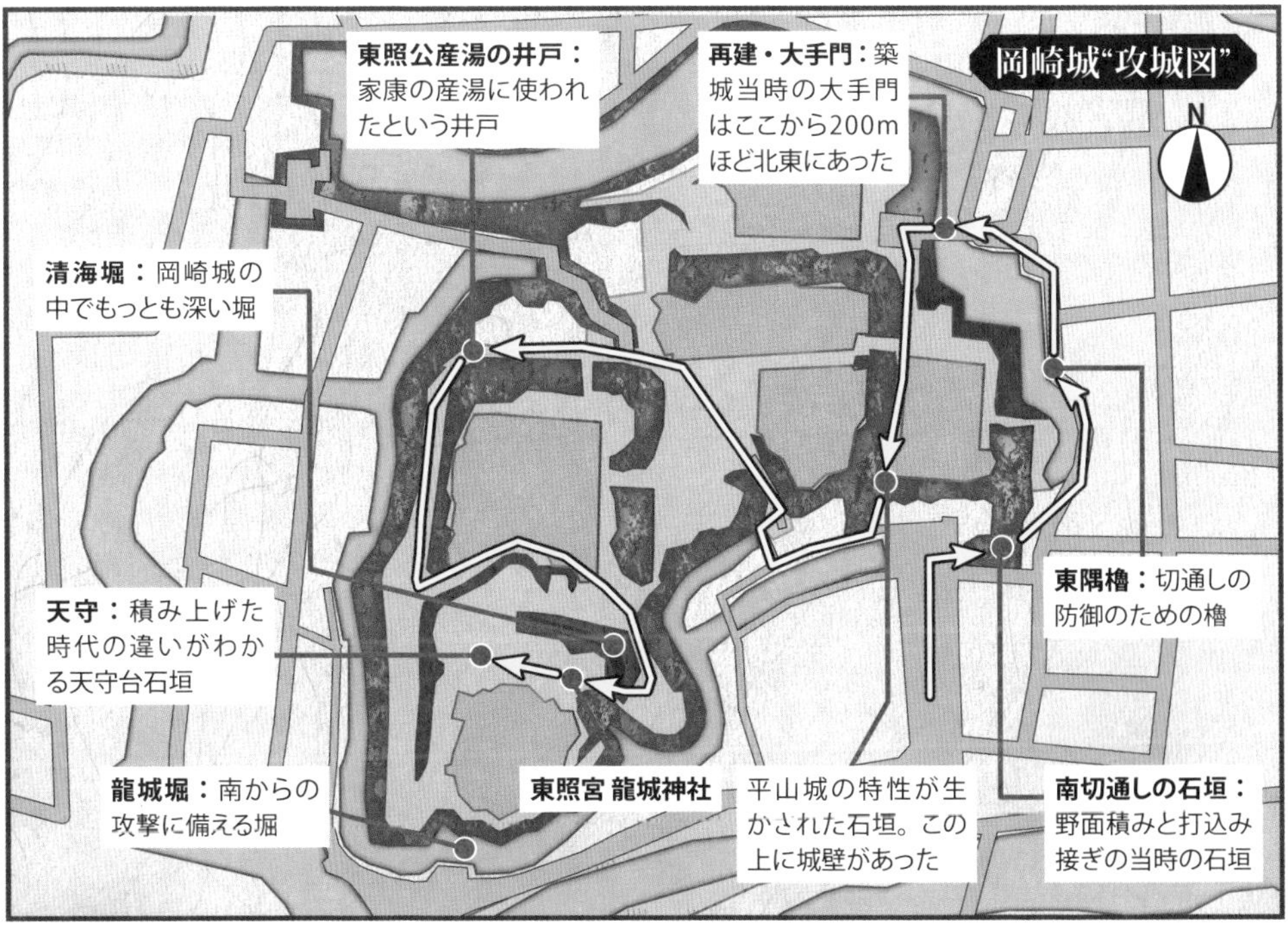
岡崎城"攻城図"
N
東照公産湯の井戸：家康の産湯に使われたという井戸
再建・大手門：築城当時の大手門はここから200mほど北東にあった
清海堀：岡崎城の中でもっとも深い堀
天守：積み上げた時代の違いがわかる天守台石垣
東隅櫓：切通しの防御のための櫓
龍城堀：南からの攻撃に備える堀
東照宮 龍城神社
平山城の特性が生かされた石垣。この上に城壁があった
南切通しの石垣：野面積みと打込み接ぎの当時の石垣

高い防御力を備えた平山城

天守を支える高い石垣をよく見ると、高さによって色が違っている。重要なのは、下段の黒ずんだ石垣。江戸時代初期の「算《さん》木《ぎ》積み」と「打込み接ぎ」での積み上げの違いが確認できる。全体的に規模の大きい石がないことから、田中氏から本多氏の時代にかけて、大きな築城対象ではなかったことがうかがえる。

天守内部は、1～3階が資料館、4階のシアターは撮影禁止だが、三河の山河・岡崎城下一帯が眺望できる屋上は撮影可能となっている。

天守を出て、城の最も西側に位置する「板谷曲輪」方向へ向かうと、「水」のある堀が現れた。南からの攻撃に備える「龍城《たつき》堀」だ。さらに、板谷曲輪の西外側には、天然の堀「伊賀川」。現在は桜の名所として知られているが、当時は大雨で決壊することが多く、治水対策が大変だったと伝えられる。

城南の天然堀・乙川には船着き場跡が残る。川を利用して食料や資材を城内に運び込んでいた当時の様子がうかがえる。

最後に、岡崎城から北へ3㌔ほど行ったところにある徳川家菩提寺「大樹寺」にも立ち寄ってもらいたい。寺の門から3㌔先の天守が眺望できる「ビスタライン」を体験してほしい。ここから天守へ向かうこの直線上には、今もマンションなどの高層建築物を建てることが禁止されている。

3㌔先の天守が眺望できる大樹寺の「ビスタライン」

三重

松阪城《まつさかじょう》

隠れた築城の名手・蒲生氏郷の石垣造の城

日本100名城 No.48

【別名】松阪城【城郭構造】梯郭式平山城【築城】1588（天正16）年【廃城】1871（明治4）年【築城主】蒲生氏郷【主な城主】蒲生氏、服部氏、吉田氏【現在の天守】なし【主な遺構】石垣【指定文化財】国史跡【所在地】三重県松阪市殿町【アクセス】JR紀勢本線「松阪」駅より徒歩15分

〝商人の町〟松阪の原型

1588（天正16）年、伊勢国を治める蒲生氏郷《がもううじさと》が、四五百森《よいほのもり》に築城を開始。およそ1年で総石垣造の堅牢な城を完成させた。近江出身で織田信長による安土城築城を経験している氏郷は、近江商人を松阪に呼び寄せて楽市楽座を導入するなど、信長のノウハウを使って城下町を発展させた。

1590（天正18）年、氏郷は会津へ入封。代わって服部一忠が入城する。1595（文禄4）年には一忠が自害し、古田重勝が3万4000石で入城した。古田氏は石見国浜田城へ転封となり、以後、松阪城は紀州藩領となって城代が置かれた。

1644（正保元）年には、台風によって天守が倒壊してしまう。1794（寛政6）年、二の丸に建てられた紀州藩陣屋・御殿が火災で焼失。再建されぬまま明治を迎え、廃城令によって一部の米蔵を残し破却となった。

1988（昭和63）年より、「平成の松坂城石垣修復」を実施。2011（平成23）年に約4・7ヘクタールの城跡が「松坂城跡」として国の史跡に指定された。

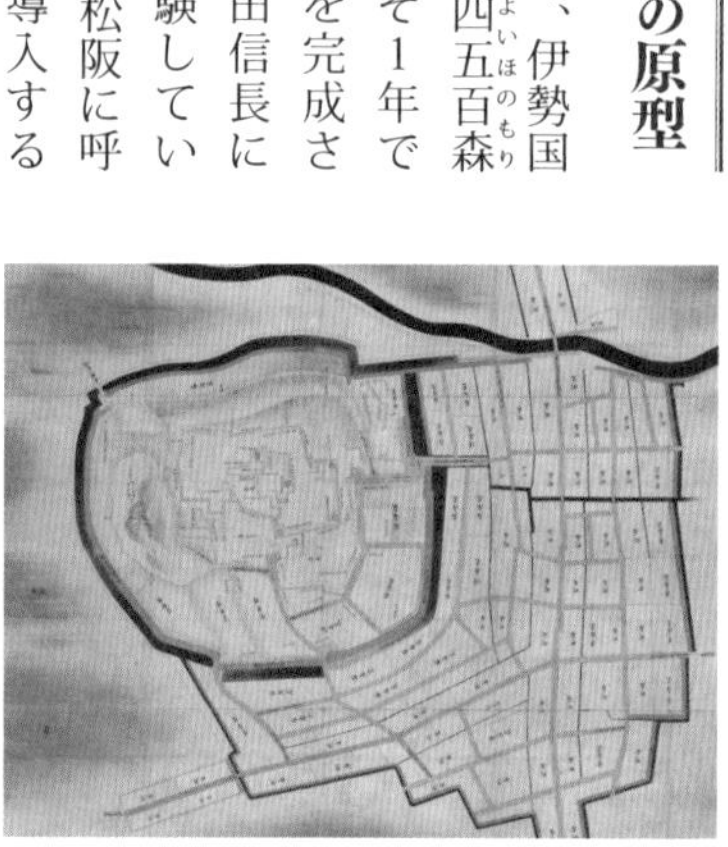

松阪古城之図（正保城絵図／国立公文書館蔵）

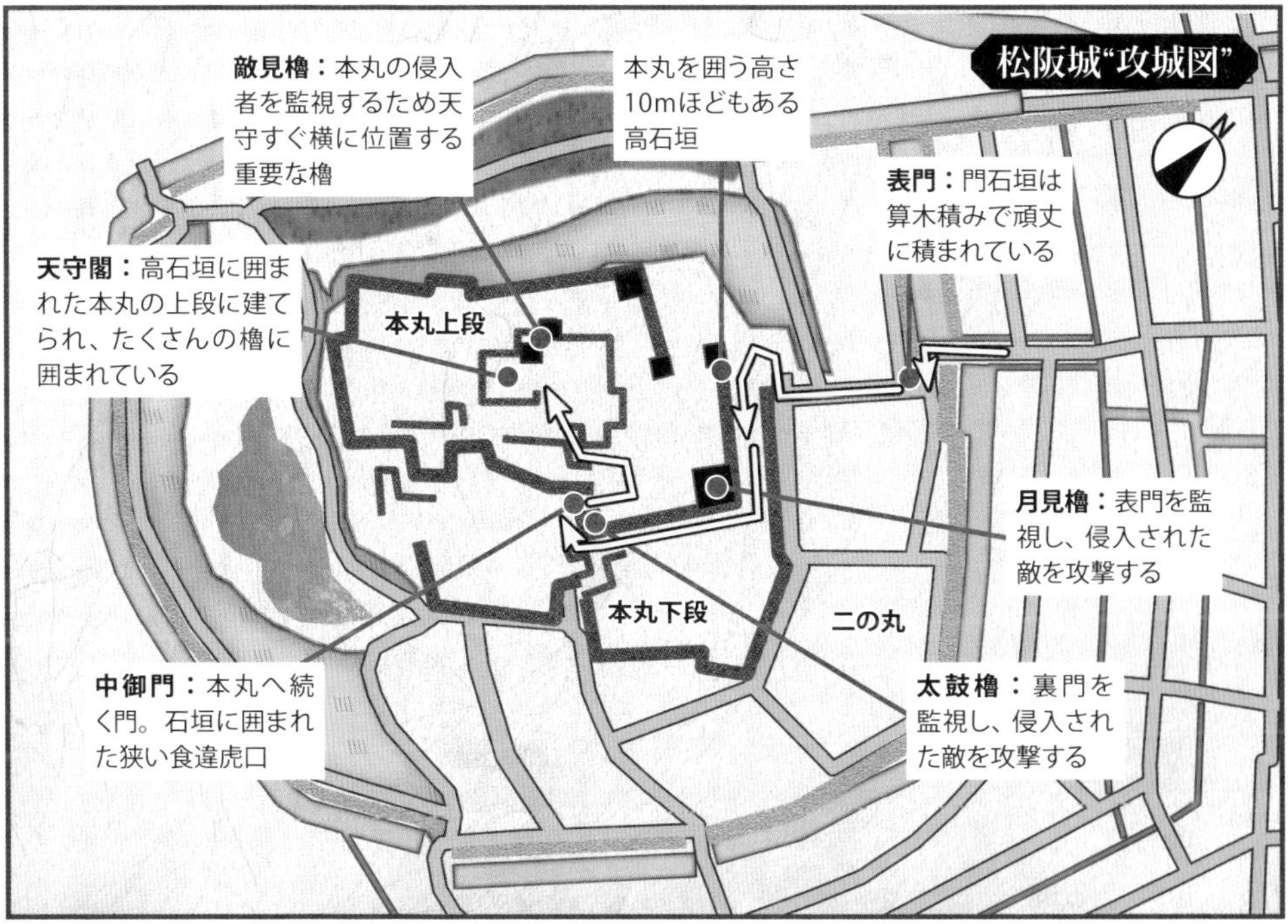
松阪城"攻城図"
敵見櫓：本丸の侵入者を監視するため天守すぐ横に位置する重要な櫓
本丸を囲う高さ10mほどもある高石垣
表門：門石垣は算木積みで頑丈に積まれている
天守閣：高石垣に囲まれた本丸の上段に建てられ、たくさんの櫓に囲まれている
本丸上段
月見櫓：表門を監視し、侵入された敵を攻撃する
本丸下段
二の丸
中御門：本丸へ続く門。石垣に囲まれた狭い食違虎口
太鼓櫓：裏門を監視し、侵入された敵を攻撃する

厳重な石垣防衛

縄張りを見ると、丘全体を囲うように石垣が造られ、天守台を有する本丸上段が山頂に、その周りを曲輪(郭)で囲む、梯郭式平山城で、城の西側は急斜面の地形が守る。北は阪内川、東は現在の松阪駅を含む一帯が大きな城下町だった。

表門は折れ曲がる食違虎口となっていた。門石垣は、算木積みで頑丈に積まれている。左手の大手にあたる門を突破してすぐ、高さ10ﾒｰﾄﾙほどもある巨大な石垣が現れた。この上が本丸だ。二股道を左へ、二の丸方面に向かう。本丸を囲う高石垣が続き、常に頭上から狙われているようで怖い。土戸御門跡、後方の石垣上には月見櫓があり、門を壊している攻め手を、後方の櫓から狙う仕組みである。

搦手側から攻めてみよう。左右どちら側も石垣でしっかり守られている。搦手とは思えないほど、徹底した石垣防衛だ。虎口右側に裏門があった。狭い空間での門破壊は簡単ではない。門を突破すると右手に二の丸、左手が隠居丸だ。本丸石垣上に、太鼓櫓があった。裏門を突破した攻め手を、櫓から狙う構造だ。裏門のルートも危ない。

本丸への入口は、中御門もしくは助左衛門御門からの2ヶ所。中御門跡は裏門同様に、石垣に囲まれた食違虎口。先の右手に、裏手門よりさらに狭い虎口があった。ここからの突入は、相当な犠牲と時間を覚悟しなければならない。

門を突破し、階段を上がると本丸到着である。上ノ段西側に氏郷が造った天守が建つ天守台石垣が遺っている。

氏郷は、攻め込んでくる全方向に応戦しやすいよう曲輪構図を考え、石垣を積み、櫓などの施設を配置していたということがわかる。

三重

伊《い》賀《が》上《うえ》野《の》城《じょう》

築城の名手藤堂高虎が大拡張した忍者の里に建つ城

日本100名城 No.47

【別名】白鳳城【城郭構造】梯郭式平山城【築城】1585（天正13）年【廃城】1871（明治4）年【築城主】筒井定次【主な城主】筒井氏、藤堂氏【現在の天守】模擬天守。層塔型　3重3階【主な遺構】石垣・堀・武具蔵【指定文化財】重要文化財、国史跡【所在地】三重県伊賀市上野丸之内106【アクセス】伊賀鉄道伊賀線「上野市」駅より徒歩約8分

完成間近に倒壊した幻の天守

〝築城の名手〟として名高い藤堂高虎が、近世城郭に大改修した城で、30㍍もある美しい高石垣が大きな特徴。

1585（天正13）年、秀吉の家臣・筒井定次が、大阪城の支城として築城を開始。秀吉の没後、家康は定次を改易し、大阪城の包囲のため、1608（慶長13）年に藤堂高虎を伊賀上野城に入城させた。そこで高虎は自ら縄張りを行い、深い堀に高石垣を備えた5重天守の建設に着手する。しかし、1612（慶長17）年の大嵐により、完成間近の天守が倒壊し、180人もの死者を出してしまう。さらに、豊臣氏の滅亡によって築城計画は中断され、以後、天守が築かれることはなかった。その後、高虎の弟・高清が城主となり、1871（明治4）年の廃城まで藤堂氏が城主を務めた。

現在の天守は、1935（昭和10）年、衆議院議員・川崎克《かつ》氏が私財を投じて建設した木造模擬天守で、天守を含む城跡が「上野公園」として整備されている。

〔日本古城絵図〕東海道之部（1）16伊賀上野城図（国立国会図書館蔵）

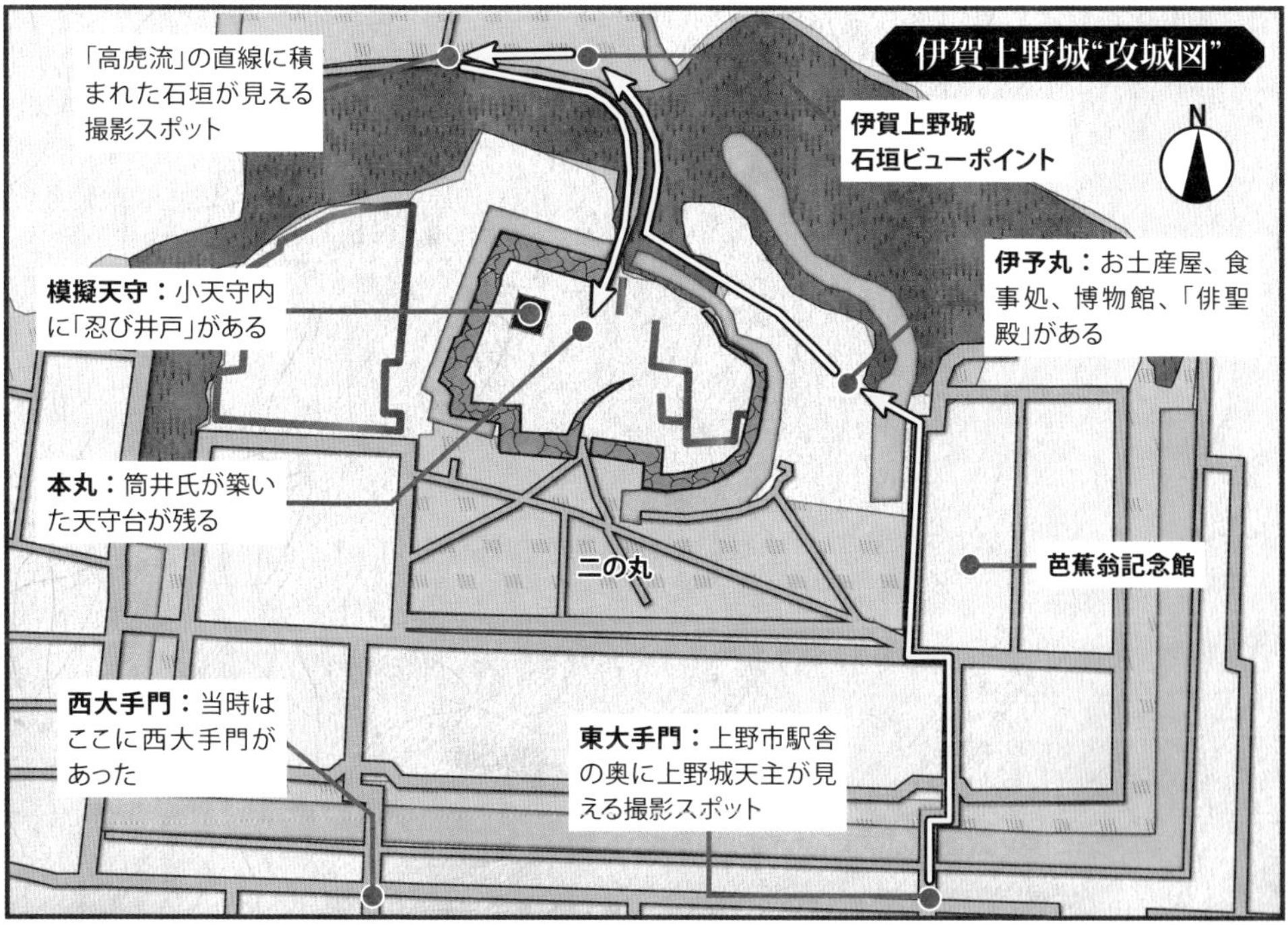
伊賀上野城“攻城図”
伊賀上野城
石垣ビューポイント
N
「高虎流」の直線に積まれた石垣が見える撮影スポット
模擬天守：小天守内に「忍び井戸」がある
本丸：筒井氏が築いた天守台が残る
伊予丸：お土産屋、食事処、博物館、「俳聖殿」がある
二の丸
芭蕉翁記念館
西大手門：当時はここに西大手門があった
東大手門：上野市駅舎の奥に上野城天主が見える撮影スポット

日本屈指の高さを誇る石垣

最寄りの「上野市」駅前は、上野城の「東大手門」があった辺りだ。北に10分ほど進むと、「上野公園」に到着。二の丸方向を目指して２００㍍ほど歩くと、右手に階段が現れた。右手に竹林が広がり、その奥に「芭《ば》蕉《しょう》翁《おう》記念館」。それを過ぎると開けた空間に出る。この先が「伊予丸」だ。城の東方面を確認すると急斜面になっている。この斜面下までが城郭だった。

伊予丸には、お土産屋、食事処、「伊賀流 忍者博物館」の他、芭蕉の生誕３００年を記念して建立された「俳聖殿」（国の重要文化財）がある。

伊予丸から西に向かうと、左手に「本丸高石垣（北面）」が見えてきた。高石垣、その奥に模擬天守が望める絶好の撮影スポットだ。

そのまま道沿いに進み、高石垣の角方向から、見事なまでの直線に積まれた「高虎流」の石垣をぜひ確認してほしい。

本丸に入って左手に見える石垣は、最初にこの城を築いた筒井氏時代の本丸石垣・天守台である。高虎によって天守が移動された後は、この上に城代屋敷が置かれていた。奥に進むと、模擬天守が見える。隣にある小天守と渡り廊下で繋がれた「連結式」である。内部は武具などが展示され、最上階からは伊賀の街が一望できる。小天守内はギャラリーとなっており、伝説の残る井戸がある。

天守を出て、そのまま西へ向かい、高石垣上部を見に行こう。「キケン」の看板が示す通り、柵がなく危ないので十分に注意したい。石垣西面は打込み接ぎで詰まれ、角は算木積みで強度を持たせている。

本丸東側の「城代屋敷跡」に現在、建物はないが、各部屋の区画がブロックで示され、大きな屋敷があったことがわかる。

滋賀

彦根城《ひこねじょう》

国宝天守を持つ井伊氏の堅城

日本100名城 No.50

【別名】金亀城【城郭構造】連郭式平山城【築城】1603（慶長8）年【廃城】—【築城主】井伊直継【主な城主】井伊氏【現在の天守】現存天守。望楼型　3重3階【主な遺構】天守・櫓・門・馬屋・塀・石垣・堀・土塁【指定文化財】国宝、重要文化財、国史跡、特別史跡【所在地】滋賀県彦根市金亀町1【アクセス】JR東海道本線「彦根」駅より徒歩10分

井伊直政の〝奇跡の城〟

　徳川四天王の一人に数えられる井伊直政は、関ヶ原の戦いの軍功により、1600（慶長5）年、18万石で近江国・佐和山城に入城した。しかし、この戦いの敗者である石田三成の居城であったことと縄張りの古さを嫌い、琵琶湖近くの山に居城を移す計画を立てる。その2年後に直政が没すると、家督を継いだ直継が幼かったため、家老・木俣守勝が築城に着手。築城は、幕府の命令で近隣大名に手伝わせる「天下普請」で行われ、廃城となった佐和山城や長浜城の資材も多く使われたと伝わる。

　天守が落成した1606（慶長11）年に直継が入城。1616（元和2）年頃には御殿が建造され、直継の弟・直孝が藩主を継いでいた1622（元和8）年、19年の歳月をかけ、彦根城は完成した。

〔日本古城絵図〕　東山道之部（1）114
近江国彦根城（国立国会図書館蔵）

　そのおよそ250年後、明治政府が発した廃城令に伴って各地の城が破却される中、大

隈重信が保存を訴えたことで、彦根城は解体を免れる。さらに時代は下り、太平洋戦争の際には、彦根への大空襲が予定されていた数時間前、1945（昭和20）年8月15日に終戦を迎え、彦根城は戦火を免れた。

このような幸運によって今日に残る〝奇跡の城〟は、1952（昭和27）年、天守・附櫓・多聞櫓が国宝に指定されたのである。

鉄壁な守りの惣構え

縄張りは、彦根山の山頂部分に天守を有する本丸、すぐ西に西の丸、大堀切を挟んで出曲輪があり、北側に井戸曲輪、東側に太鼓丸、堀切を挟んで鐘の丸を配置。内堀沿いの西側に山崎曲輪、内堀を挟んでぐるりと堀の周りに二の丸を配置する、連郭式の平山城である。連郭式とは、曲輪を並列に配した構造を指すが、本丸を二の丸が囲っている彦根城は輪郭式にも似ており、北西側を琵琶湖で守っているので、梯郭式と見ることもできるだろう。現在の地図を重ねてみると、築城時の城郭がしっかりと残っていることが確認できる。

現在は埋め立てられている城の北西側は、当時、琵琶湖（松原内湖）だったので、彦根城は「水城」ともいえる。南側の流路を付け替えた芹川を天然の外堀として城下町を囲む「惣構え」となっていた彦根城は、徳川家の重臣であり続けた井伊氏だけあって、城も強固で攻め落とす隙がないことがわかるだろう。

彦根城と同様に、1603（慶長8）年から1610（慶長15）年頃までに、天下普請で建てられた城は数多い。主に中仙道、東海道の周辺に、尾張・名古屋城、美濃・加納城、近江・膳所城、京都・二条城、丹波・丹波亀山城、大和街道沿いの伊賀上野城など、多くの城が急ピッチで建てられていたのだ。なぜか？

当時の西国に、大坂の豊臣方に付く勢力がまだまだ残っていると感じていた家康は、「大坂からの攻撃の備え」「自らの威厳を示す」「近隣大名にお金を使わせる」「街道の整備」そしてなにより、「大坂の陣に向けての戦準備」を企図していたのだろう。

下屋敷に付属した回遊式庭園である名勝「玄宮園」

防衛能力に特化した城造り

城下町が広がっていた城の南側、京橋から攻城を開始する。幅20メートルほどの中堀に二の丸へ向かう橋があるが、当時はここに大きな櫓門があり、左右の「横矢掛り」からも狙われるので、ここから攻めるのは避けるべきだろう。

石垣は野面積み、打込み接ぎが大半なので、改修で部分的に積み直されたようだ。天下普請での築城らしく、大きな石も多く使われている。京橋を越えると、攻め込む速度を遅らせるための大きく折れ曲がる道。さらに進むと前方に、現在は地方裁判所となっている重臣・西郷氏の屋敷跡が見える。彦根城は、多くの武家屋敷が当時のまま残っていることが特徴の1つだ。

内堀に沿って大手門方向へ向う。彦根城には「大手門」と「表門」があった。どちらも表玄関の名前だが、大坂の陣までは大手門が正門、豊臣氏滅亡後は表門が正門となった。大手門に向かう橋にも危険が多い。堀の幅が広く、左手横矢掛りからの攻撃を回避するのは困難だ。高い石垣の上には城壁もあったはずで、下からでは長槍でも届かない。大手門の右手石垣の向こうに、鐘の丸の石垣も見える危険だらけの道を進み、チケット売り場を過ぎると二手に分かれる。右は天守方向、左は中堀沿いに山崎曲輪（郭）へと続く。

　本丸方向へ坂を登って行く。緩やかな階段状の道は、石段の間隔を段ごとに「広く」「狭く」とわざと変えてあり登りにくい。攻め手の目線を下に向け、速度を落とさせる石段造の手法だ。進行方向には櫓もあり、足元を気にしていたら、あっという間に撃たれてしまう。坂の上まで登り切る方法が浮かばない――。登ってきた階段を守り手の目線で見下ろしてみると、上からの攻撃がいかに有利かがわかるだろう。なんとか階段を登りきることができれば、南堀切に到達。表門の道からとの合流点で、防衛上「要」の場所となる。

石垣に注目 天秤櫓

　天秤櫓が見えてきた。豊臣秀吉の長浜城・大手門から移築されたものだ。天秤櫓の見どころは石垣。天秤櫓に向かって右側は、石と石の隙間を減らして積み上げる打込み接ぎなのに対して、左側は切った石を斜めに積む「落《おとし》積《づ》み」だ。この違いは、1854（嘉永7）年に左側だけを改修する必要に迫られ、新しい技法で積み直したために生じたもの。

　天秤櫓の廊下橋を下から見てみよう。当然補強はされているが、当時の面影をしっかり残している。

　天秤櫓へは、ループ状の階段を使わなければ到達できない。大手門と表門から一斉に攻め込んでも、ここで合流して一本道になってしまい、大勢で本丸に攻め込めないという、連郭式の中でも非常に防衛力の強い造りである。さらに、いざとなったら落とし橋を落とし、太鼓丸や本丸への侵入を防ぐ堀切構造となっている。石垣をよじ登るか、狭い搦手から侵入するか――。どちらにしても攻撃は難航するだろう。

　天秤櫓門の高さは意外と低いが、合戦時は、当然、門は開いていない。この狭い橋の上から攻撃を仕掛けなければならない。大槌を使うにせよ、門の破壊には時間がかかり、櫓からの攻撃によって多くの犠牲を出してしまいそうだ。

　門の中へ侵入し、建物内に入る。今度は防衛目線で見てみよう。格子木がひし形になっており、中からは敵を狙いやすく、外からは狙われにくい仕組みだ。

　重要文化財に指定されている太鼓櫓門を突破すると、よ

▲天秤櫓の石垣、左は落積み

▶天秤櫓の石垣、右は打込み接ぎ

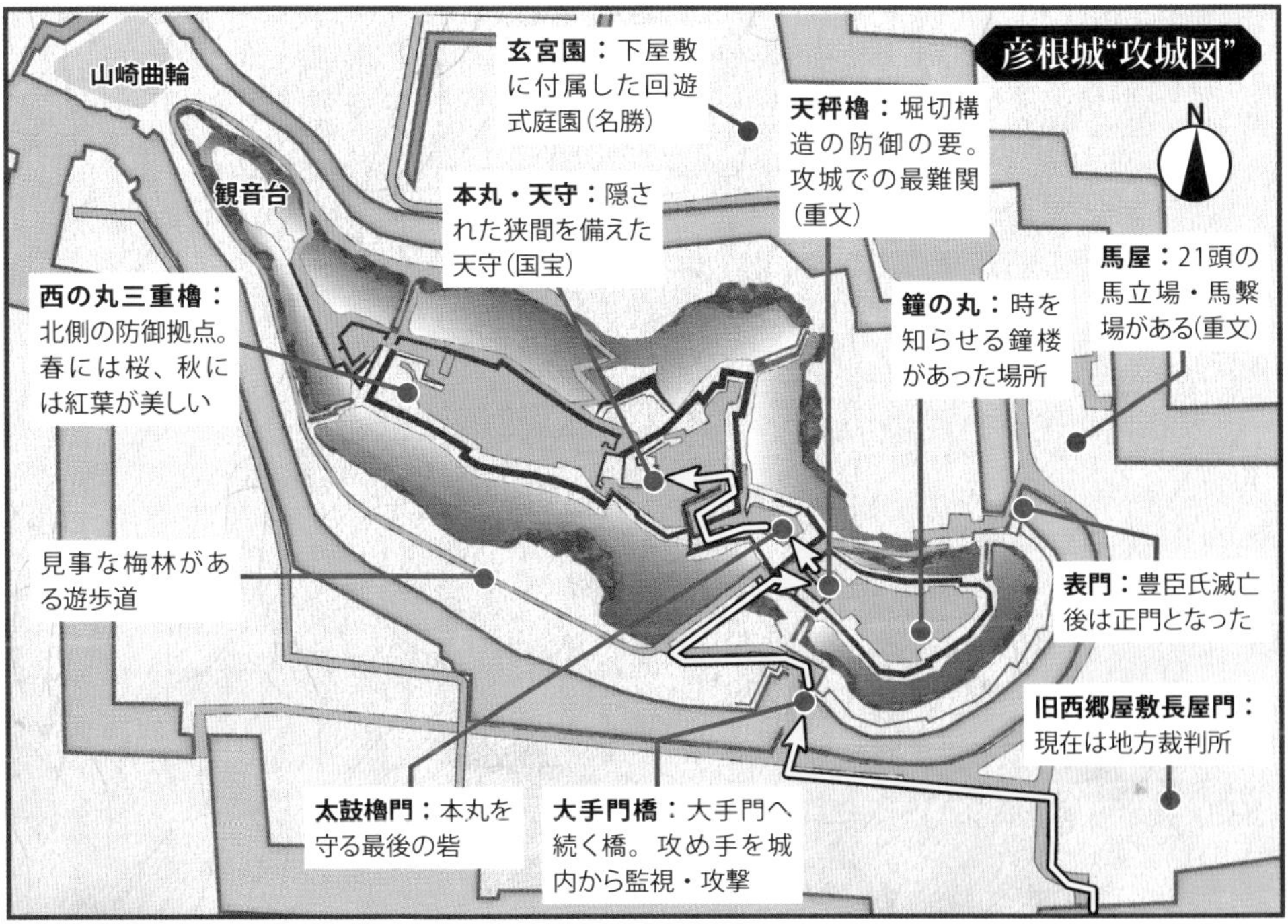

うやく本丸だ。3重3階地下1階の天守は、附櫓と多聞櫓が連なる複合型望楼型で、「国宝」に指定されている。それほど大きくないものの、外観の装飾は見事。南側から見ると、1階から「切妻破風」「千鳥破風」、金飾りを有した「唐破風」と「入母屋破風」「花頭窓」を配した贅沢な装飾で、西側から見ると装飾の位置が変わり別の表情を見せてくれる。カッコいい城だ。もう1つカッコよく見せている点は、狭間が見当たらないこと。

内部に入って確認しよう。狭間は天守内のあちこちにあった。平時は木のフタを閉じておき、戦時に開けて射掛ける仕組みだ。天守のどこからどう撃ってくるのかわからない、攻める側には怖い天守だ。天守外観の装飾も、天守を飾るだけではない。破風の屋根裏を利用した鉄砲狭間がある小部屋は、武者隠しでもあり、外部への攻撃場所でもあったのだ。

天守西側には、西の丸三重櫓（国重要文化財）が北側の防衛拠点として設けられており、堀切や外部からの侵入を防ぐ出曲輪が配置されている。彦根城の防御力の高さが伝わっただろうか。

彦根城の見どころは、名勝「玄宮園」や、他に例を見ない現存の馬屋など多彩である。

全国でも珍しい現存・大規模馬屋（国重要文化財）

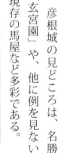

滋賀

安土城《あづちじょう》

後の城造りに計り知れない影響を与えた織田信長の城

日本100名城 No.51

【別名】なし【城郭構造】梯郭式平山城【築城】1576（天正4）年【廃城】1585（天正13）年【築城主】織田信長【主な城主】織田氏【現在の天守】なし【主な遺構】石垣・礎石【指定文化財】国特別史跡【所在地】滋賀県近江八幡市安土町小中700【アクセス】JR東海道本線「安土」駅より徒歩20分

近世城郭の始祖

滋賀県近江八幡市にあった安土城は、それまでにない絢爛豪華な織田信長の城として歴史の教科書にも登場する、あまりにも有名な城だ。現在の安土城には、残念ながら石垣と土台しか残っていないが、毎年多くの人が安土を訪れているのはなぜだろうか。

安土城は、標高200㍍の安土山に、総石垣で城郭を造り、日本で初めて〝石垣の上に天主（安土城に限り天主と表記される）を建てた城〟である。今では当たり前のように「天守は石垣の上に建っている」と思われているが、その仕組みは信長が初めて実践したもので、「石垣・天主・瓦」からなる近世城郭の基礎をつくった信長は「天守閣のパイオニア」なのだ。

時代を超え、当時の雰囲気をしっかり遺している石垣に、人々は魅了されるのだろう。

1576（天正4）年、岐阜城に拠点を置いていた信長は、より京に近く、越後や加賀での一向一揆にも対抗する

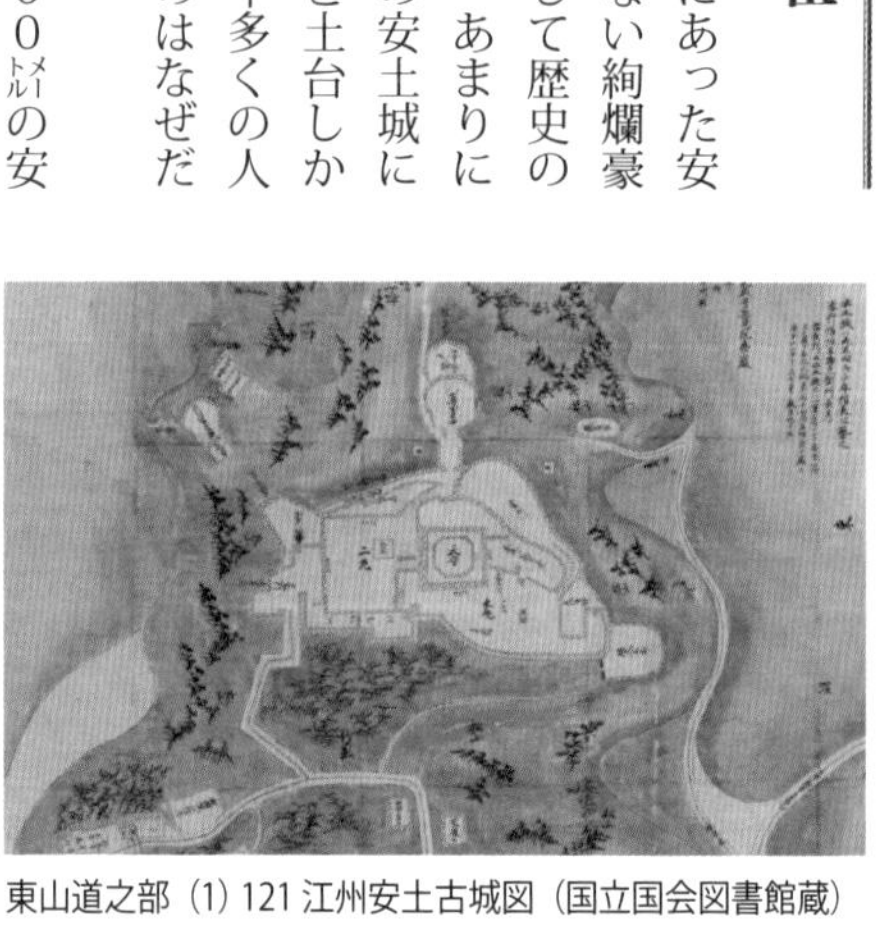

東山道之部（1）121 江州安土古城図（国立国会図書館蔵）

ために、中仙道沿いの琵琶湖畔に安土山を築いた。安土山にはかつて、観音寺城の支城が建てられていた。

石垣普請を引き受けたのは、近江の石工集団「穴太衆《あのうしゅう》」だ。この城で、石垣造の高い技術力が認められ、以降、金沢城、彦根城、竹田城、徳川普請で造られた篠山城など、各地の城造りに携わることとなる。

1579（天正7）年、地下1階地上6階建ての巨大な天主が完成し、信長が移り住んだ。翌年、ポルトガル王国のキリスト教宣教師ルイス・フロイスが安土城を訪れ、信長に拝謁。この城の壮麗な造りに感嘆し、その様子を著書『日本史』に詳しく残した。

1582（天正10）年の本能寺の変により、信長は自害。安土城は明智光秀の手にわたったが、山崎の戦いで光秀が豊臣（羽柴）秀吉に敗れた後、原因不明の出火で天主や本丸は焼け落ちてしまった。

天下統一の拠点となるべく、当時の文化・技術の粋を集めた豪壮華麗な信長の大城郭は、完成からわずか3年で焼失。1585（天正13）年には、秀吉の養子・秀次の八幡山城築城に伴って廃城となった。

時代は下り、1918（大正7）年に、安土城保存を目指した安土山保勝会が設立され、「安土城跡」は1926（大正15）年に史跡、1952（昭和27）年には特別史跡に指定された。

1989（平成元）年からは「調査整備20年計画」が実施されるなど、国によって保護・整備・調査が進められている。

また、安土城址から車で5分、徒歩なら20分ほどの場所にある「信長の館」には、安土城天主の5階・6階の実寸・復元模型が展示されている。1992（平成4）年、セルビア万国博覧会に出展されたものだ。館内には、安土城の全体模型も展示されている。

天主から北方面の展望。当時は前方全面が琵琶湖だった

伊賀から移築された二王門（楼門）・金剛二力士立像（重要文化財）

天主までの3ルート

信長が築いた縄張りは、山城独時の山頂部の形状を利用した曲輪構造となっており、安土山山頂に天主台を有する本丸、その西側に二の丸、東側に三の丸を配置し、本丸の北側を山の絶壁が守る「梯郭式」山城である。

地図を見ると、安土山はかつて観音寺城があった繖山《きぬがさやま》から派生した山であることがわかる。

築城当時は、安土山の北側を囲うように琵琶湖の内湖が広がっていた。安土城は、琵琶湖の内湖に囲まれた「湖城（水城）」でもあったのだ。

天主に登城する道は大きく3つあり、南側の大手口からの「大手道」、南西にある百々《どど》橋《ばし》口からの總見寺《そうけんじ》本堂跡を経由する「百々橋口道」、急斜面を登る「搦手道《からめてみち》」だ。

当時は、百々橋口からの登城が主で、大手道は特別な扱いであったとされている。現在、搦手道は廃道になっていて通行できない。

真っすぐ延びる大手道

　城の南側にある駐車場から攻城を開始する。左方向へ進むと、右手に見えてくるのが安土山だ。周囲は田園風景だが、築城当時は華やかな城下町が広がっていただろう。

　大手口・大手門前には、左右に数段に分かれて築かれている石垣が確認できる。この石垣は、安土城が廃城となった後、近隣の城に転用されたと記録に残っていることから、近年に打込み接ぎで積み直したものと推測する。石垣の高さは不明だが、左右約110㍍の城壁に4つの門を有する特別な大手門があった。この大手門跡から少し進むと、長方形の曲輪（郭）がある。東側石塁北上段郭と呼ばれ、大手門から入った来賓を迎える空間だ。馬屋があったのか、番所のようなものがあったのか、想像が膨らむ。大手道を挟んだ反対側も同様の造りになっていることから、防衛的な曲輪構造ではなく、宮殿のような造りだったのだろう。

　ここから大手道に出る。料金所を越えると石階段が現れた。左右約6㍍の石階段が、200㍍ほど真っすぐにのび、石段両側にも石垣が積まれている。防衛面ではあまり有利ではないが、壮大さをアピールするという意味では見事な造りである。

幅の広い石段が直線的に延びる大手道

　少し登った左手に見える石垣で囲まれた空間が、上下2段の曲輪で構成されていた羽柴秀吉邸跡。城内に屋敷を持つことが許されていた家臣は少なかっただろう。いかに秀吉が重用されていたかがわかる。さらに大手道を挟んだ先に、前田利家邸跡があった。秀吉邸より小さいようだ。

　さらに進むと、左に大きく曲がる。攻め登る兵の速度を落とさせる、山の構造を利用した防衛目的の造りだ。

　ここまでで、行程の約半分。少しなだらかになった石段をさらに40㍍ほど進んでいくと、今度は右に直角に曲げられ、勾配の急な石段が現れた。幅も狭くなり、大人数で攻め込めない工夫がされている。クネクネと曲がる急な石段は、間隔や段差違いによってかなり登りにくくなっており、足を踏み外せばあっという間に転がり落ちてしまうだろう。

　山城攻めは平城攻めに比べて多くの犠牲を伴う。実際に登ってみるとそれがリアルに体感できる。前方からの矢や鉄砲、左右から伏兵槍、石段を駆け上がり体力も消耗し、崖へ転落するかもしれない、生きて天主まで行ける気がしない――などと想像しながら、攻め手の気分で登ってみよう。

　百々橋口からの登城路との合流地点を本丸方向へ。右に直角

当時のまま残る天主台石垣

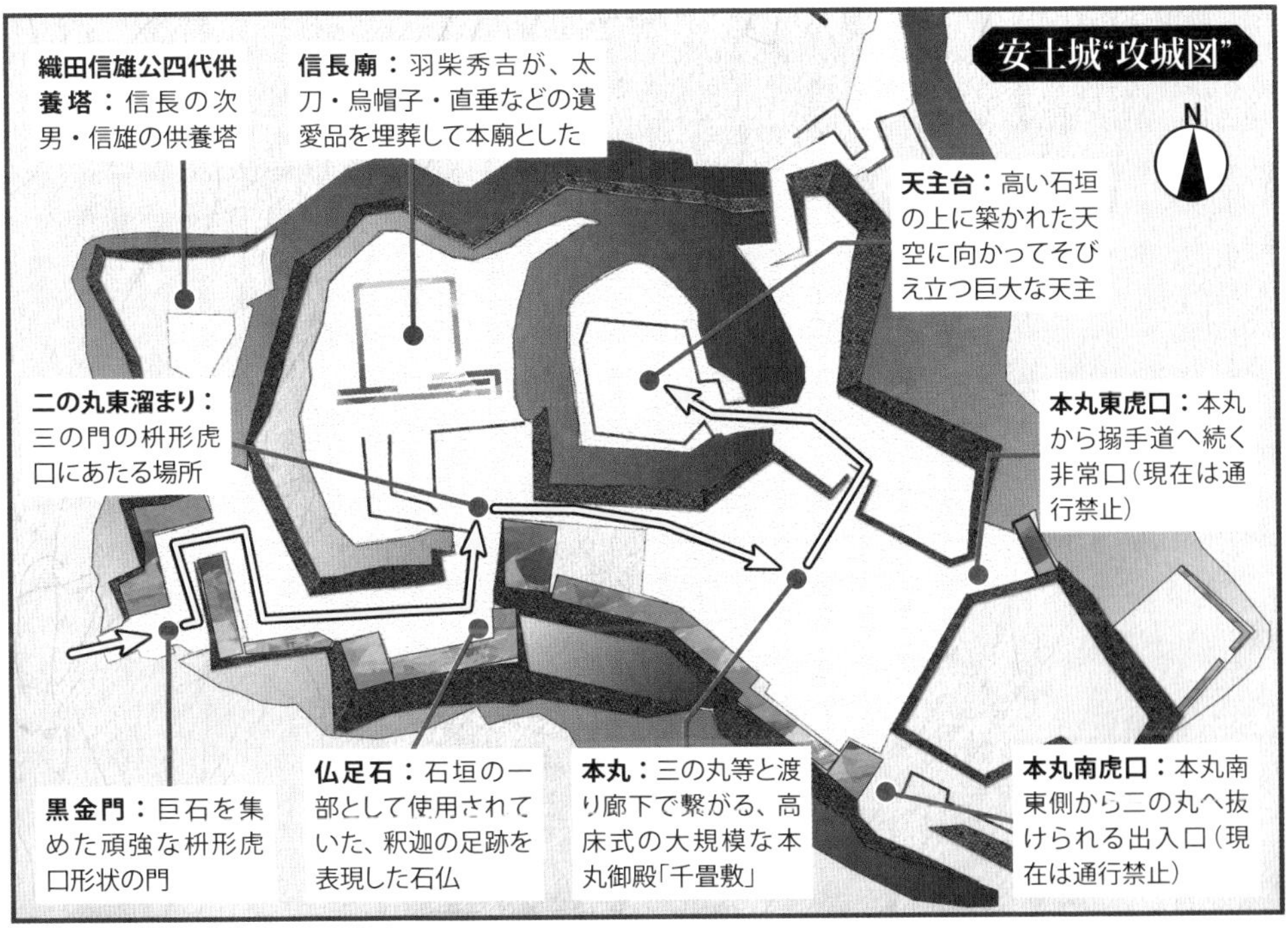
安土城"攻城図"
N
織田信雄公四代供養塔：信長の次男・信雄の供養塔
信長廟：羽柴秀吉が、太刀・烏帽子・直垂などの遺愛品を埋葬して本廟とした
天主台：高い石垣の上に築かれた天空に向かってそびえ立つ巨大な天主
二の丸東溜まり：三の門の枡形虎口にあたる場所
本丸東虎口：本丸から搦手道へ続く非常口（現在は通行禁止）
黒金門：巨石を集めた頑強な枡形虎口形状の門
仏足石：石垣の一部として使用されていた、釈迦の足跡を表現した石仏
本丸：三の丸等と渡り廊下で繋がる、高床式の大規模な本丸御殿「千畳敷」
本丸南虎口：本丸南東側から二の丸へ抜けられる出入口（現在は通行禁止）

に曲げられて、またも長い石段が続く。途中に信長の近習・森蘭丸邸跡、信長の甥・織田信澄邸跡を過ぎると、本丸への最初の門、黒金門跡だ。ここからが安土城の本格的な石垣で、大きな石が使われている。石を加工せずに積む野面積みが大半だが、初期の打込み接ぎも見られる。黒金門の先は、枡形虎口形状となっている。突破するのは困難だ。

門の西、二の丸方面へ進むと二の門跡だ。ここにも大きな櫓門があった。突破して左方向へ、階段の先が二の丸だが、三の門・二の丸東溜まり（三の門枡形虎口にあたるエリア）を突破しないと進めない。

本丸に入り左手に見える天主台石垣は、400年もの間崩れることなく当時の姿を残す貴重なもの。本丸は当時「千畳敷」と呼ばれ、天皇の住まいである清涼殿に似た造りの本丸御殿があったとされる。御殿の基礎柱を支えた礎石が119個も点在して残っており、屋敷の規模が想像できる。さらに進み、左に折れる石段を登り、さらに左方向へ進んだ先に、天主台へ続く最後の石段が現れる。

天主を支えた111個の礎石が残る圧巻の風景が広がる「天主閣跡・天主台」だ。天主台石垣は現在より数㍍高かったとされ、この内側部分は地下1階だった。当時では画期的だった「山城に総石垣で築いた天主閣」は、防衛の意味は当然ながら、権力を見せつけるための政治利用を前提として築かれた城とも

東西10列、南北10列に配置されている礎石。天主台跡

和歌山

和歌山城《わかやまじょう》

徳川御三家の威厳を感じられる巨城

日本100名城 No.62

【別名】伏虎城、竹垣城、虎伏城【城郭構造】梯郭式平山城【築城】1585（天正13）年【廃城】1871（明治4）年【築城主】羽柴秀長【主な城主】豊臣氏、浅野氏、徳川氏【現在の天守】復元天守。連立式層塔型 3重3階【主な遺構】石垣・堀・門・塀・庭園【指定文化財】重要文化財、国史跡【所在地】和歌山県和歌山市一番丁-3【アクセス】南海本線・紀勢本線「和歌山市」駅より徒歩10分

紀州徳川家の居城

1585（天正13）年に豊臣秀吉の弟・秀長が築城を開始。秀吉が景勝地・和歌浦にちなんで「和歌山城」と命名したのが、「和歌山」という地名の由来となった。城郭は、中心部の西側に天守郭、その東側に本丸などを置き、その北に内堀で囲むように二の丸、その外側に流れる紀之川を天然の外堀として三の丸を配置する梯郭式平山城である。

1846（弘化3）年の落雷、1945（昭和20）年の和歌山大空襲と2度にわたって天守が焼失し、1958（昭和33）年に再建された。大天守から時計回りに小天守へと続く連立式天守は、「日本三大連立式平山城」に数えられる。

1586（天正14）年には、秀長の城代として桑山重晴が入り、1600（慶長5）年には浅野幸長《よしなが》が入城。1619（元和5）年には徳川家康の10男・頼宣《よりのぶ》が紀州55万5000石を拝領し、徳川御三家の一つ「紀州徳川家」が成立した。

和歌山御城内惣御絵図（和歌山県立図書館蔵）

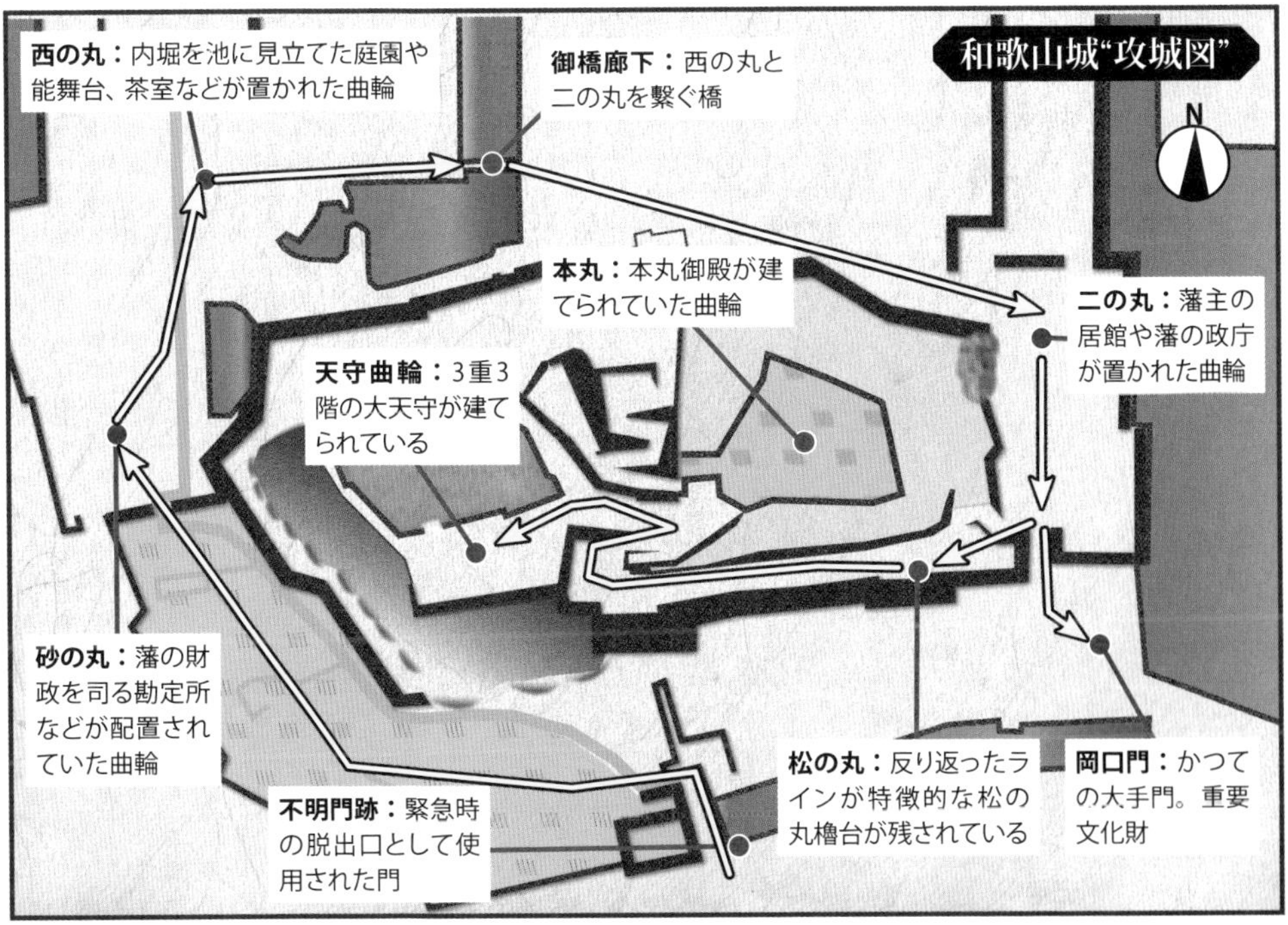
和歌山城“攻城図”
N
西の丸：内堀を池に見立てた庭園や能舞台、茶室などが置かれた曲輪
御橋廊下：西の丸と二の丸を繋ぐ橋
本丸：本丸御殿が建てられていた曲輪
二の丸：藩主の居館や藩の政庁が置かれた曲輪
天守曲輪：3重3階の大天守が建てられている
砂の丸：藩の財政を司る勘定所などが配置されていた曲輪
松の丸：反り返ったラインが特徴的な松の丸櫓台が残されている
岡口門：かつての大手門。重要文化財
不明門跡：緊急時の脱出口として使用された門

天守を彩る多彩な装飾

城内南側の不明門《あかずのもん》跡から時計回りにめぐり、本丸及び天守郭を目指す。北西から南西に広がる砂の丸を経由して紅葉渓《もみじだに》庭園のある西の丸へ向かい、さらに東に進むと「御橋《おはし》廊下」が見えてくる。藩主の生活場であり、大奥も置かれていた二の丸御殿に繋がる橋だ。当時は藩主とお付きの者しか渡れなかった専用の橋で、約11度もの勾配のある橋は全国的にも珍しい。

二の丸から御蔵の丸を越えて南東に進んでいくと、和歌山城唯一の重要文化財「岡口門」が現れる。現在は門の上のみの櫓門となっているが、往時は左右に続櫓のついた多聞櫓だった。1619（元和5）年に頼宣が入城するまでは大手門だったが、大手門が北東の一の橋口に移ってからは搦手門として改修された。

松の丸から本丸に繋がる石垣に囲まれた急勾配の坂道は、幅3メートルほどと狭く、クネクネと曲がっている上、前方の櫓から矢や鉄砲が飛び、左右からは長槍で突かれるため、攻め込むのは大変難しい。また、石段の幅を不揃いにすることで、攻め手の目線を下げて速度を落とすための工夫がなされている。

この坂を登り切ると本丸、さらにその先が天守郭である。3重3階の層塔型の大天守は、天守台が正方形でないため、1重目には2重目以上の平面を整えるために比翼入母屋破風を用いている。2重目には入母屋出窓と唐破風、3重目に入母屋破風が飾られており、狭間は少なく、曲線的な石落としが特徴的。小柄ながら、凝ったデザインの美しい天守である。天守台は、今にも崩れそうな「青石」という石を使った野面積みと打込み接ぎの石垣が特徴で、一部には積みかけのような野面積み石垣も見られる。

兵庫

明石城《あかしじょう》

西国との合戦が想定された堅城

日本100名城 No.58

【別名】喜春城【城郭構造】梯郭式平山城【築城】1619（元和5）年【廃城】1873（明治6）年【築城主】小笠原忠真【主な城主】小笠原氏、大久保氏、本多氏、松平氏【現在の天守】なし【主な遺構】櫓・石垣・堀【指定文化財】重要文化財、国史跡【所在地】兵庫県明石市明石公園1－27【アクセス】JR山陽本線「明石」駅より徒歩5分

重文指定の2基の櫓

西国諸大名に対する備えとして、2代将軍・徳川秀忠《ひでただ》の命により初代明石藩主・小笠原忠真《ただざね》が築城した。瀬戸内海を見下ろす丘陵地に築かれた城郭は、内堀の中心に本丸を置き、東側に二の丸と東の丸、西側に西曲輪（郭）と山里曲輪、南側に屋敷と三の丸を配置する梯郭式平山城である（「連郭式」とも）。城の南側の瀬戸内海、その間を走る山陽道、外堀となる東側の明石川を含む城下町一帯を縄張りとする惣構えで、西側からの進軍を徹底的に阻む構造となっていた。

本丸を囲む4基の3重櫓のうち、2基が修復を経て現存。天守台も残されているが、天守は建てられなかった。城主は、松平家、大久保家、本多家などが入れ替わり、松平直明《なおあきら》が入封して以降、幕末まで松平家が歴任し、明治維新を迎えた。1957（昭和32）年に、坤《ひつじさる》櫓、巽《たつみ》櫓が重要文化財、2004（平成16）年に国史跡に指定されている。

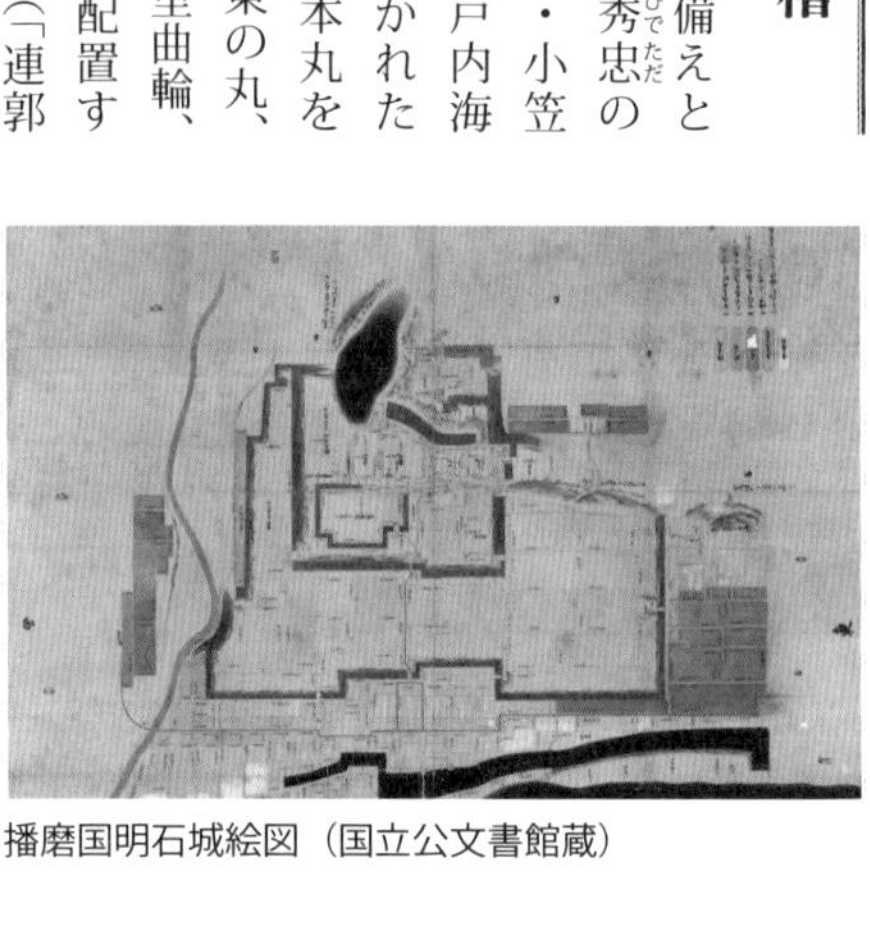

播磨国明石城絵図（国立公文書館蔵）

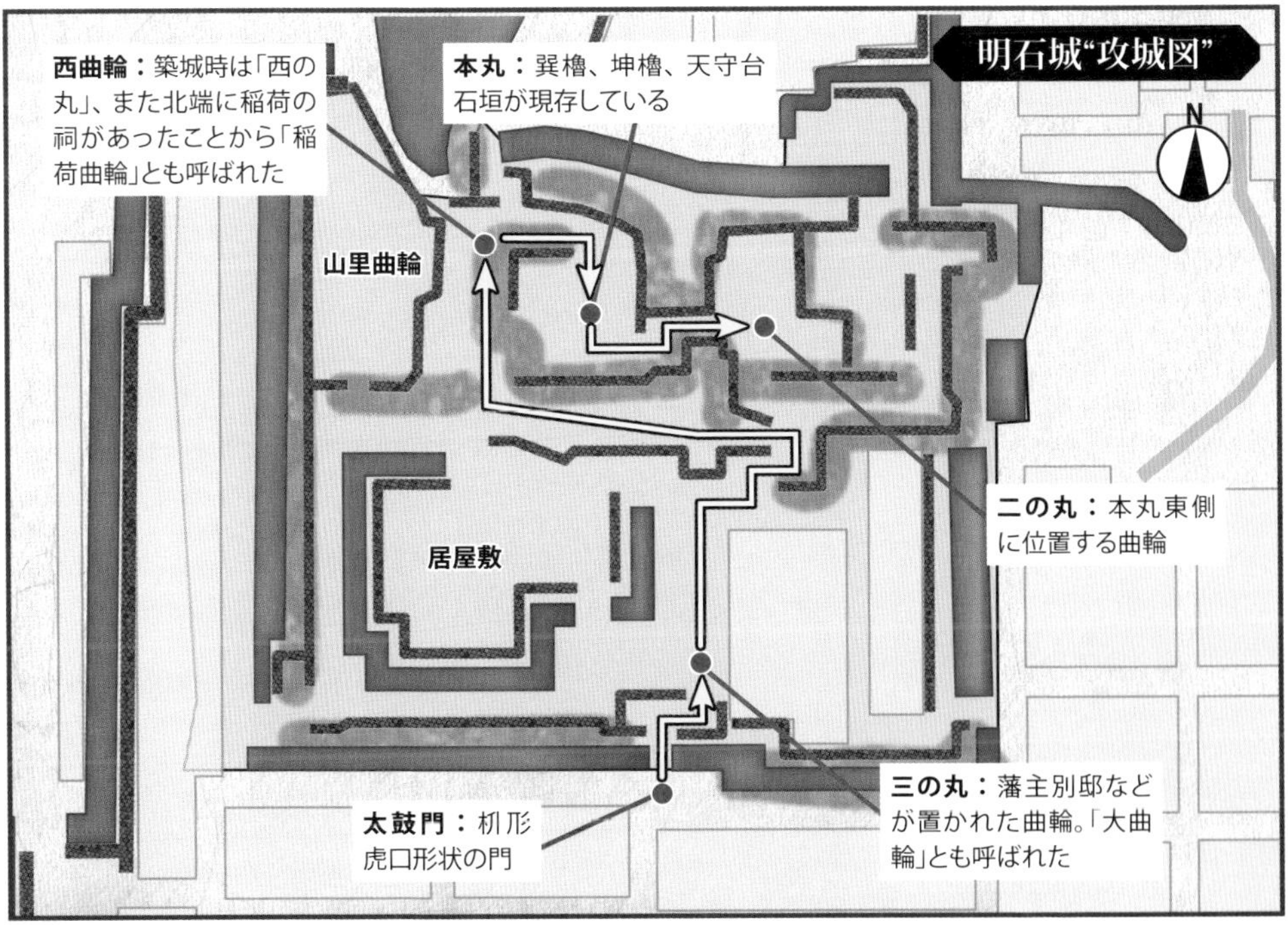

明石城"攻城図"
N
西曲輪：築城時は「西の丸」、また北端に稲荷の祠があったことから「稲荷曲輪」とも呼ばれた
本丸：巽櫓、坤櫓、天守台石垣が現存している
山里曲輪
二の丸：本丸東側に位置する曲輪
居屋敷
三の丸：藩主別邸などが置かれた曲輪。「大曲輪」とも呼ばれた
太鼓門：枡形虎口形状の門

天守代わりとなった坤櫓

本丸へは、2基の櫓を下からじっくり眺める「満喫裏ルート」で向かう。現在の明石公園正門入口は城の正門にあたる追手門ではなく、「太鼓門」と呼ばれた枡形虎口形状の門があった場所である（追手門は正門から300㍍ほど先の国道2号線交差点付近にあった）。橋を渡った先に高麗門、枡形虎口右手に大きな櫓門の二の門がある厳重な造りで、櫓門内に時を知らせる太鼓があったことから命名されたという。三の丸を直進し、東側の階段から巽櫓の真下に出る。打込み接ぎで積まれた8㍍ほどの高石垣の反り具合、さらに西側の坤櫓まで繋がる100㍍ほどの白壁の城壁は圧巻の眺めだ。

二の丸まで攻め込んできた敵兵を迎え撃つ巽櫓は、1重目の南側に軒唐破風、東西面に千鳥破風、2重目の南側に千鳥破風が装飾され、屋根は東西に向いた入母屋造。一方、三の丸方面からの敵兵を狙う坤櫓は、逆に南北に向いた入母屋造となっており、2重目の南側を見ると、軒唐破風のすぐ上に千鳥破風を付けた凝った装飾となっている。天守を持たない明石城にとって、本丸を囲む4基の櫓のうち筆頭扱いだった坤櫓は天守代わりだったのだろう。坤櫓脇の階段から西曲輪に向かうと、正面に天守台石垣が現れる。この石垣の上が城内で一番高い場所だ。石垣の角石は切込み接ぎでの算木積みで、多少歪《いびつ》なところに当時の石垣技術がリアルに感じられ、個人的には江戸時代の石垣はこのレベルが最高峰だったと考えている。

西曲輪から石垣沿いに進むと本丸に到着。南側の巨大な天守台の広さは、5重天守が建つのではと思わせる約150坪。天守が築かれなかった理由は、西国情勢の安定、あるいは予算が足りなかったなど諸説ある。

兵庫

姫《ひめ》路《じ》城《じょう》

日本初の世界遺産となった白鷺城

日本100名城 No.59

【別名】白鷺城【城郭構造】渦郭式平山城【築城】1346（正平元・貞和2）年【廃城】1871（明治4）年【築城主】赤松貞範【主な城主】小寺氏、黒田氏、池田氏、本多氏、松平氏、榊原氏、酒井氏【現在の天守】現存天守。連立式望楼型　5重6階地下1階【主な遺構】天守・櫓・門・石垣・堀・土塁【指定文化財】国宝、重要文化財、国特別史跡、世界遺産【所在地】兵庫県姫路市本町68【アクセス】JR山陽本線・山陽新幹線「姫路」駅より徒歩約20分

黒田官兵衛が秀吉に献上

2015（平成27）年3月、漆喰の塗り替えと屋根瓦の葺直しを主とする「平成の大修理」を終え、〝白鷺城《はくろじょう》〟（「白鷺《しらさぎ》城《じょう》」とも）と呼ばれる美しい姿を再び現した姫路城は、大天守をはじめとする8棟が国宝、74棟が重要文化財に指定されている〝国の宝〟である。1993（平成5）年には奈良の法隆寺地域の仏教建造物とともに、わが国初の世界文化遺産として登録された。

姫路城の歴史は、足利尊氏による室町幕府創建に協力した赤松貞範《さだのり》が、この地に築いた城に始まるという。その後、赤松氏の家臣・小寺氏の居城となり、1545（天文14）年には小寺氏の家老・黒田重隆が城代として入城。翌年にこの城で生まれたのが、後に〝天才軍師〟として名を馳せる重隆の孫・孝高《よしたか》（官兵衛）である。1567（永禄10）年に家督を継いだ孝高は、織田につくか毛利につくかで迷っていた主君・小寺氏を説得して織田につかせ、信長に面会して中国攻めを

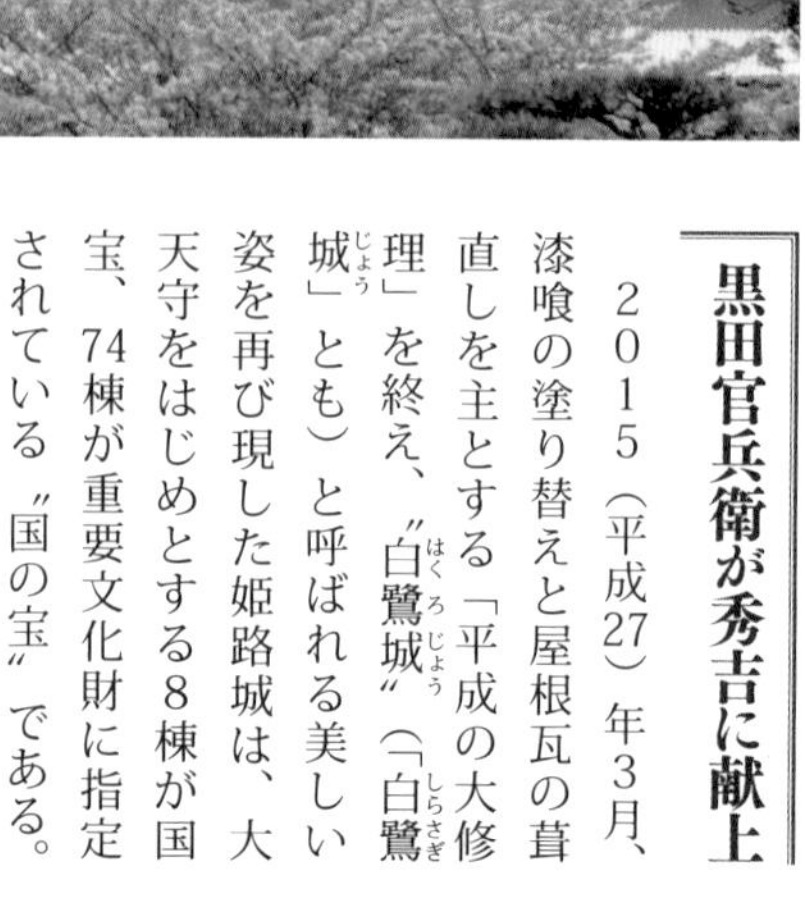

〔日本古城絵図〕山陽道之部
262 播磨姫路城絵図（国立国会図書館蔵）

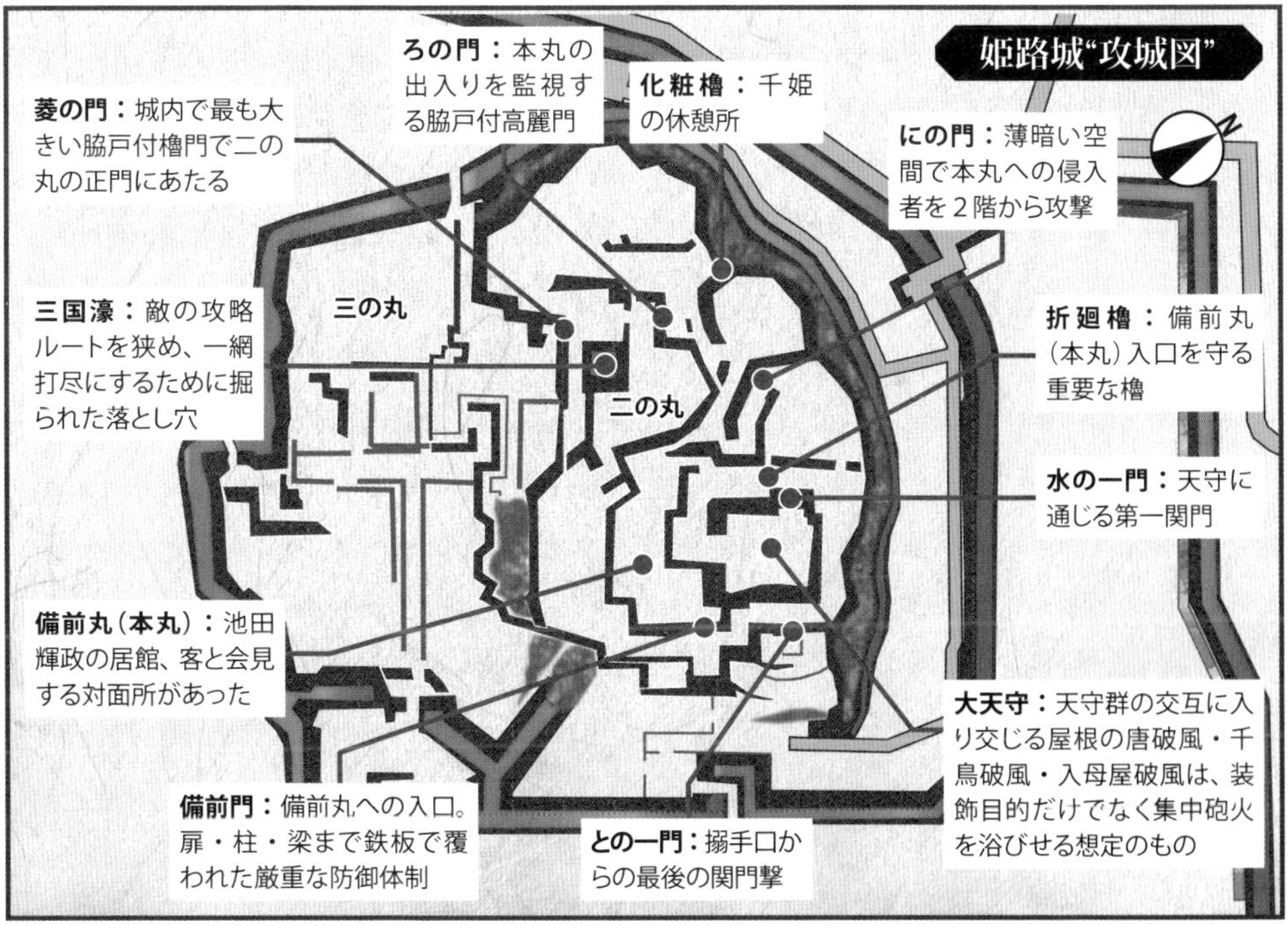

姫路城“攻城図”
ろの門：本丸の出入りを監視する脇戸付高麗門
化粧櫓：千姫の休憩所
菱の門：城内で最も大きい脇戸付櫓門で二の丸の正門にあたる
にの門：薄暗い空間で本丸への侵入者を2階から攻撃
三の丸
三国濠：敵の攻略ルートを狭め、一網打尽にするために掘られた落とし穴
二の丸
折廻櫓：備前丸（本丸）入口を守る重要な櫓
水の一門：天守に通じる第一関門
備前丸（本丸）：池田輝政の居館、客と会見する対面所があった
大天守：天守群の交互に入り交じる屋根の唐破風・千鳥破風・入母屋破風は、装飾目的だけでなく集中砲火を浴びせる想定のもの
備前門：備前丸への入口。扉・柱・梁まで鉄板で覆われた厳重な防御体制
との一門：搦手口からの最後の関門撃

進言。その先鋒となった羽柴（豊臣）秀吉の軍師となって播磨を平定すると、1580（天正8）年、中国攻めの拠点とすべく、秀吉に姫路城を献上した。この時秀吉は堀や石垣を整備し、3重の天守を築いている。

池田輝政が築いた巨大城郭

1601（慶長6）年、徳川家康の娘婿でもあり、関ヶ原の戦いで戦功を立てた池田輝政が、播磨52万石を与えられて姫路城に入った。輝政は早速、壮大な城の造営に着手する。縄張りは、標高45・6メートルの姫山を中心に、天守や藩主の居館を配した内曲輪、その外側に侍屋敷のある中曲輪、その外側の外曲輪（城下町）に町屋や寺社を配置。内曲輪の面積約23ヘクタールは甲子園球場の約5・9倍、外曲輪の面積は内曲輪の10倍以上の233ヘクタールという空前のスケールだった。内・中・外曲輪は螺旋状にめぐらせた3重の堀で分けられているので、敵が外部から天守を目指す場合、大きく左回りで進むしかない。このような螺旋式縄張りは、江戸城と姫路城だけに見られるものである。

5重6階、高さ約31・5メートルの大天守と、3つの小天守（東小天守：高さ13・2メートル、西小天守：高さ13・3メートル、乾小天守：高さ15・5メートル）を四隅に配し、そのそれぞれを渡櫓で口の字に繋ぐ連立式天守も大きな特徴である。姫路城は、和歌山城、松山城とともに、「日本三大連立式平山城」に数えられている。

「西国将軍」とも呼ばれた輝政の死後、1617（元和3）年には徳川四天王の一人である本多忠勝の子・忠政が姫路藩主として入城し、三の丸、西の丸などを整備した。以降、松平（奥平）氏、榊原氏などを経て、1749（寛延2）年に入封した酒井家が10代続いて明治維新を迎えている。

岡山

岡山城《おかやまじょう》

黒と金のコントラストが美しい〝烏城〟

日本100名城 No.70

【別名】烏城、金烏城【城郭構造】梯郭式平山城【築城】1590（天正18）【廃城】1873（明治6）年【築城主】宇喜多秀家【主な城主】宇喜多氏、小早川氏、池田氏【現在の天守】外観復元。複合式望楼型　4重6階【主な遺構】櫓・石垣・堀【指定文化財】重要文化財、国史跡【所在地】岡山県岡山市北区丸の内2-3-1【アクセス】岡山電気軌道東山線「城下」駅より徒歩約7分

備前岡山藩57万石の居城

安土桃山時代の最先端の築城技術を駆使して建てられた、宇《う》喜多秀家《きたひでいえ》の居城である。

1597（慶長2）年に竣工した天守は、現在見ることができる復元天守と同様に、黒漆塗りの外壁であったことから、烏の城、「烏城《うじょう》」との異名を持つ。ここ岡山県の隣、兵庫県にある国宝・姫路城の別名は、「白鷺城《はくろじょう》」。これは、烏城の黒色に対して、白漆喰で塗られた真っ白な天守であることから、名付けられたともいわれている。また、烏城と同じ漢字を使い、「烏城《からすじょう》」と呼ばれているのが、現存12天守の一つであり、国宝にも指定されている長野県の松本城。どちらも黒い天守が実に印象的である。

岡山城には天守の他にも、現存する重要文化財「月見櫓」や、日本三名園の一つ「岡山後楽園」など、江戸時代の面影を今に伝える見どころがたくさんある。そんな名城をより深く味わうためにも、まずは歴史を振り返ってみよう。

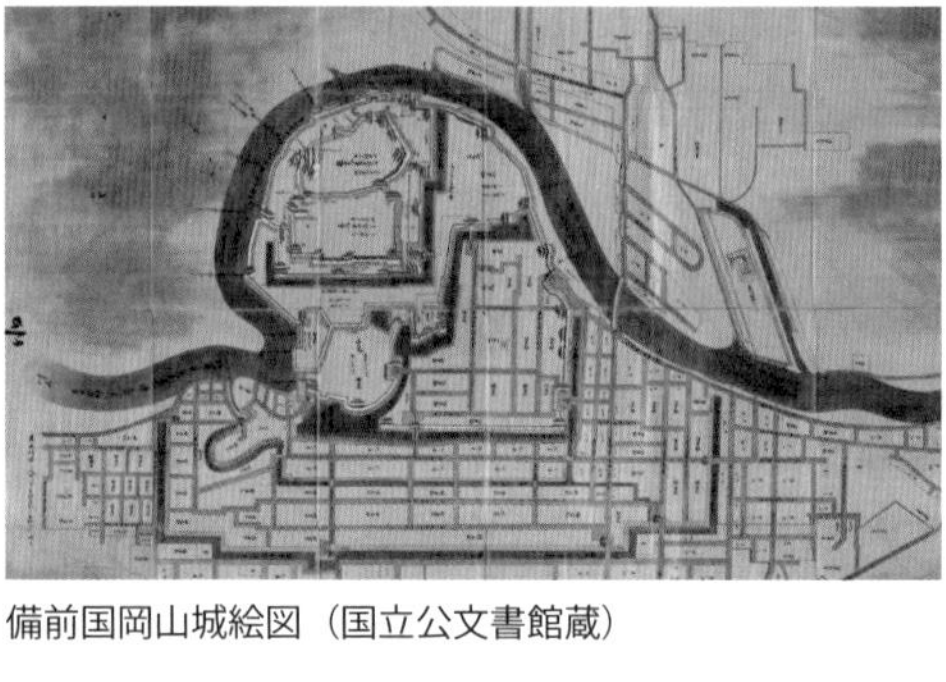

備前国岡山城絵図（国立公文書館蔵）

1570(元亀元)年、戦国武将・宇喜多直家が、この地を治めていた金光宗高《かなみつむねたか》を倒し、岡山城の前身である石山城に入城。1581(天正9)年に直家が亡くなると、子の秀家が約57万石の領地を継承し、大名となった。1572(元亀3)年生まれの秀家は、満年齢でまだ9歳であった。

1590(天正18)年、秀家は57万石を領する大大名に相応しい居城とすべく、岡山城に大改修を施し、8年の歳月をかけて造り上げた近世城郭に「岡山城」と名付けた。

この間、織田信長、豊臣秀吉に従って各地を転戦した秀家は、1600(慶長5)年の関ヶ原の戦いに西軍側で参戦。戦後、八丈島に流罪となった秀家に代わって、関ヶ原の戦いの戦場で、西軍から東軍に寝返ったとされる小早川秀秋が岡山城主として入城。外堀を完成させるなど、岡山城を巨大な惣構えの構造に改修した。

ところが、1602(慶長7)年に秀秋が21歳で急死。初代姫路藩主・池田輝政の次男である忠継が入城したが、1615(元和元)年に17歳で病死してしまう。代わって城主となった実弟の忠雄《ただかつ》が、本丸や大手門を改築し、城下町を整備するなど、現在に通じる岡山の原型を造り上げた。1700(元禄13)年には藩主・綱政が、大名庭園「御楽園」、後の後楽園を完成させている。

そして1873(明治6)年、廃城令によって堀の埋め立てが始まり、建造物も次々に取り壊され、本丸以外の城郭は姿を消した。残った天守などの建物も、1945(昭和20)年の岡山空襲によって焼失してしまった。

現在見られる鉄筋コンクリート製の天守が建造されたのは1964(昭和39)年。1996(平成8)年には創建当時と同じ、金色に輝く鯱《しゃちほこ》が設置されている。

西側への防御に偏った縄張り

続いて縄張りを見ていこう。

岡山城には、3層以上の櫓が11棟、2層以上の櫓は、櫓門も含めると合計51棟もある。この数字は、広島城76棟、姫路城61棟、津山城60棟に次ぐ全国4位の多さで、岡山城が〝櫓だらけの城〟であることがわかる。

城郭は、アーチを描くように流れる旭川方面の角に、天守を有する「本丸本段」があり、その西側に「本丸中ノ段」、その周りに「本丸下ノ段」を配置。内堀を挟んだところに「二ノ丸内曲輪」、その南に「二ノ丸」、内堀を挟んだ西側に「三ノ曲輪」があり、その外側に岡山城に入った小早川秀秋が20日間で造らせたことから「二十日堀」と名付けられた外堀がある。岡山城は、その内側に「三ノ曲輪の内」と「三ノ外曲輪の内」を擁する巨大な惣構えを擁する城で、その規模は東京ドーム約150個分に相当する。

全体的には、城郭の東側と北側を天然の要害である旭川で守り、西側に曲輪を幾重にも並べているため、典型的な梯郭式といえる。旭川があるとはいえ、東側から見ると本丸は丸見えで、この城郭が東側からの攻撃に対する防衛力が低いことがわかる。

それはなぜか。

岡山城が整備された1590年頃、豊臣秀吉との関係が深かった宇喜多秀家は、西への備えを最重要視していた。有事の際には、東側、つまり大阪方面から秀吉が援軍に駆けつけてくれるので、その到着まで持ちこたえられればいい。この縄張りは、こうした当時の情勢を物語っている。

時代が下り、秀吉亡き後の1700年に完成した後楽園は、本丸の北東に造られている。当時の藩主・綱政は、北東方面の防衛強化をしておきたかったのではないだろうか。

時代が異なる三種の石垣

烏城公園西側にある市営駐車場から、本丸に向けて出発する。もともとあった5重の堀のうち、唯一残った内堀の幅は25メートルほど。この堀を左手に見ながら東に向かうと、本丸に繋がる唯一の橋、「目安橋」が見えてくる。1632（寛永9）年頃、当時の城主・池田光政が、橋のたもとに領民からの投書を受け付ける目安箱を置いたことから名付けられた。別の案内板には「内下馬橋」と書かれているので、藩士たちが馬から降りる場所だったことがわかる。

そのまま進むと、烏城公園と彫られた大きな石が置かれている。ここから先が、岡山城本丸である。

本丸入口には当時、高麗門という門があった。その門をくぐると、石垣と櫓門で囲まれた枡形虎口に出る。侵入してきた敵を、前方と左右の3方向から狙い撃ちするエリアだ。当時はこの左手に、大きな2層の櫓門「内下馬門」が建てられていた。簡単には突破できないので、枡形虎口で門を破壊しようとすれば、かなり大きな犠牲が出ることが予想できる。

内下馬門を突破すると、本丸下ノ段に入る。本丸は大きく、下ノ段、中ノ段、本段の3つに分かれており、中ノ段には主に藩庁の政務を行う表書院が置かれ、最上段の本段には天守及び藩主の御殿が置かれていた。

進路はここで、左右の二手に分かれる。天守へ行くなら右手だが、左手に進んでみる。右側に、でこぼこの石垣が積まれている。ポイントは、時代の異なる石垣の積み方。手前から、打込み接ぎ、野面積み、切込み接ぎ、となっている。このことから、宇喜多秀家の時代には、現在はくぼんで見える野面積みのラインで石垣が築かれていたのだが、その後の時代に防衛力を高めるべく、横矢掛りを目的とした石垣を増築したのではないか――と推測できるのだ。

先ほどの分かれ道まで戻り、右手に進む。しばらく行って階段を上ると、途中で左に曲がる構造になっている。その先は、左右を石垣に挟まれた空間。ここに建つのが、本丸防衛の要ともいえる頑強な櫓門「鉄門《くろがね》」だ。

全国唯一の多角形天守台

鉄門を越えて、中ノ段に入る。政務を行う表書院の部屋数は、なんと60室。中ノ段の面積の大半は、この表書院が占めていたことがわかる。中ノ段の奥には「築城時の石垣展示」と書かれた一角があった。階段を下りると、宇喜多秀家時代の石垣が展示されていた。江戸時代の本丸改修の際、中ノ段を拡張するために、石垣もろとも埋め立てられた石垣である。

中ノ段には、池田忠雄の時代に建てられた三層の「月見櫓」がある。烏城公園唯一の重要文化財だ。入口は2ヶ所。武器庫か食糧庫に続く1階からの入口と、3階に登って防衛や監視を行うための2階からの入口だ。見る方向によって2つの表情を持っていることも特徴。内側か

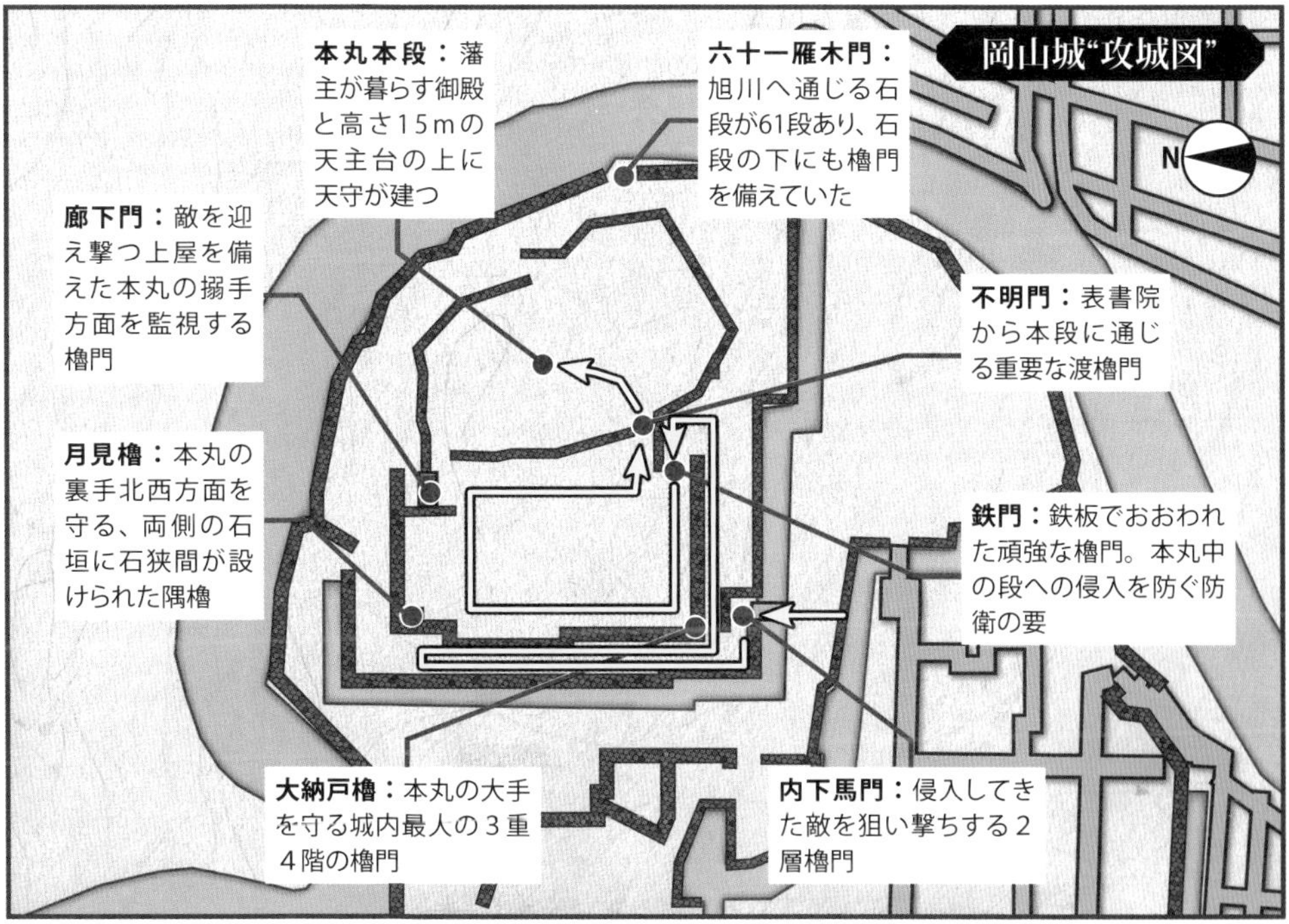
岡山城"攻城図"
N
本丸本段：藩主が暮らす御殿と高さ15mの天主台の上に天守が建つ
六十一雁木門：旭川へ通じる石段が61段あり、石段の下にも櫓門を備えていた
廊下門：敵を迎え撃つ上屋を備えた本丸の搦手方面を監視する櫓門
不明門：表書院から本段に通じる重要な渡櫓門
月見櫓：本丸の裏手北西方面を守る、両側の石垣に石狭間が設けられた隅櫓
鉄門：鉄板でおおわれた頑強な櫓門。本丸中の段への侵入を防ぐ防衛の要
大納戸櫓：本丸の大手を守る城内最大の３重４階の櫓門
内下馬門：侵入してきた敵を狙い撃ちする２層櫓門

らは月を見るための縁側を備えた開放的な造り。城外からは間口が少ない軍事的な2層の櫓に見えるのが面白い。

月見櫓の手前には、石垣を削って造った鉄砲狭間が設けられている。本丸下ノ段から攻め込む敵を狙い撃ちすることができる、当時としては最新式の設備だ。

西に進むと、1966（昭和41）年に再建された廊下門が見える。搦手方面を守る櫓であり、中ノ段と本段を繋ぐ藩主専用の廊下であったことから、その名がある。

中ノ段から本段に入るには、不明門《あかずのもん》を通って進む。藩主しか通ることがなく、普段は開いていないので不明門と呼ばれる。

鉄で強化された扉や柱を破壊するのはかなりの時間がかかるだろう。

だが、守備兵からの攻撃は前方からだけになるので、破壊に伴う犠牲はこれまでよりは少なくて済みそうだ。守備兵にとっては、先ほどの鉄門が最後の砦だったのだろう。

不明門を突破して石段を上ると、いよいよ本丸に到達。岡山城天守は、一度見たら忘れられないフォルム。複合式望楼型4重6階の天守は、上部から、入母屋造の下に唐破風をあしらい、その下に入母屋破風を持たせる。その下の大入母屋屋根が破風を支え、左側に塩倉が繋がる構造となっている。築城400年記念事業で、鯱や鯱に金箔が施されたこともあり、黒とゴールドの他にはないコントラストが美しい。

この天守の最大の特徴は、五角形の天守台にある。織田信長が創建した安土城の石垣をまねた可能性も指摘されるが、多角形をした石垣の上に天守が建つのは全国でもここ岡山城だけなので、外側からもじっくり観察することをお薦めしたい。

神奈川

小田原城《おだわらじょう》

天下統一の総仕上げとなった惣構えの巨大城郭

日本100名城 No.23

【別名】小峰城【城郭構造】平山城【築城】15世紀中頃【廃城】1871（明治4）年【築城主】大森氏【主な城主】大森氏、北条氏、大久保氏、稲葉氏【現在の天守】復興天守。複合式層塔型 3重4階【主な遺構】石垣・土塁・水堀・空堀【指定文化財】国史跡【所在地】神奈川県小田原市城内6－1【アクセス】JR東海道本線・東海道新幹線・小田急小田原線「小田原」駅より徒歩約10分

初代は北条早雲

1495（明応4）年、伊豆国を支配していた伊勢盛時《もりとき》（北条早雲）は、鹿狩りと偽って箱根山から夜襲を仕掛け、大森氏から小田原城を奪った。以後、小田原城は北条氏（後北条氏）の関東支配の拠点として整備・拡張されていく。永禄年間（1558～1570）には上杉謙信や武田信玄の侵攻も退けており、難攻不落の堅城として全国に名を知らしめた。

さらに圧巻だったのは、豊臣秀吉の侵攻に備えて築いた惣構えだ。小田原の町全体を総延長約9キロの土塁と空堀で囲んでおり、その規模は後に豊臣秀吉が築いた大阪城を凌いだ。現在も町には惣構えの痕跡がいくつか残っており、城の西方にある「小《こ》峰《みね》御《お》鐘《かね》ノ《の》台《だい》大《おお》堀《ほり》切《きり》東堀」は、土塁頂上から深さ約12メートル、斜度50度の空堀が当時の堅城ぶりを伝えている。しかし、天下統一を目前にした秀吉は21万の大軍で陸海から小田原城を包囲するとともに、別動隊が関東各地の支城を攻略。城を見下ろす位置に石垣山城まで築かれたことで北条氏政《うじまさ》・氏直《うじなお》父子は開城し、3ヶ月にわたった籠城戦が終結すると同時に、秀吉の天下統一事業が完成した。

江戸時代に入ると、徳川家康は重臣の大久保忠世《ただよ》を入城させ、惣構えを解体して城の規模を縮小させた。次の稲葉氏の代には現在に残る総石垣造に改修され、関東の西の防御として重視された。

愛知

犬山城《いぬやまじょう》

三天下人が狙った天下の要衝

日本100名城 No.43

【別名】白帝城【城郭構造】平山城【築城】1537（天文6）年【廃城】1871（明治4）年【築城主】織田信康【主な城主】成瀬氏【現在の天守】現存天守 複合式望楼型 3層4階地下2階【主な遺構】天守・石垣・土塁【指定文化財】国宝、国史跡【所在地】愛知県犬山市犬山北古券65－2【アクセス】名鉄犬山線「犬山遊園」駅より徒歩約15分／名鉄犬山線「犬山」駅より徒歩約20分

木曽川を背にした堅城

木曽川を挟んで美濃と接する犬山城は、織田信長、豊臣秀吉、徳川家康それぞれの軍勢に攻略された歴史を持つ。1537（天文6）年に、信長の叔父・織田信康が木曽川南岸の小高い丘に築城したのが始まりで、天守の下層部分は現存最古とされる。往時は背後を木曽川に守られた「後堅固《うしろけんご》」の構えに加え、本丸の前面（南側）に二の丸、三の丸を順に配した「連郭式縄張り」の堅城だった。石垣を合わせて高さ24メートルの天守は、横矢《よこや》を射かける付櫓《つけやぐら》や石落としを備え、最終防衛線としての姿を今に伝える。

築城主である信康の死後、子の信清が信長に反旗を翻したことで犬山城は攻略され、代わって信長の家臣・池田恒興《つねおき》が入城した。その後、城主は入れ替わったが、小牧《こまき》・長久手《ながくて》の戦いでは秀吉方についた旧城主の恒興が、木曽川を渡って背後を衝く奇襲で攻略。秀吉は犬山城を本陣として約10キロ南に位置する小牧山城の家康と対峙した。現在、天守4階の望楼《ぼうろう》からは、秀吉も眺めたであろう360度のパノラマが望める。

関ヶ原の戦いでは西軍方の拠点となった犬山城だが、井伊直政の調略で諸武将が東軍に寝返ると、当時の城主・石川貞清《さだきよ》も退去を余儀なくされた。江戸時代に入ると、小笠原氏、平岩氏に次いで、1617（元和3）年からは尾張藩付家老《つけがろう》の成瀬氏が城主となり、明治まで存続した。

高知

高知城《こうちじょう》

本丸建築物のほぼすべてが現存する唯一の城

日本100名城 No.84

【別名】鷹城【城郭構造】梯郭式平山城【築城】1601（慶長6）年【廃城】1871（明治4）年【築城主】山内一豊【主な城主】山内氏【現在の天守】現存天守。独立式望楼型 4重6階【主な遺構】天守・御殿・櫓・門・石垣・堀【指定文化財】重要文化財、国史跡【所在地】高知県高知市丸の内1-2-1【アクセス】JR土讃線「高知」駅より徒歩約25分

地名の由来となった山内氏居城

関ヶ原の戦いの論功行賞で土佐一国を与えられた山内一豊は、南北朝時代に大高坂山《おおたかさかやま》城があった標高約40メートルの大高坂山で築城に着手した。当初は、外堀として利用した鏡川と江ノ口川に挟まれていたため河中山《こうちやま》城と称したが、水害が繰り返されることで「河中《こうち》」の字を改めた高《こう》智山《ちやま》城となり、略して高知城となった。

城は18世紀前半に起きた大火でほとんどの建物が焼失したが、1753（宝暦3）年に再建が完了。現存する建造物はこの時のもので、天守や御殿など本丸の建造物がほぼすべて現存しているのは全国でも高知城だけである。そのため、防御施設としての縄張りの工夫や意味などがよくわかるようになっている。

入口にあたる東側の追手門から見上げると天守を望むことができるが、そこに取りつくまでにはいくつも枡形を通り、折れ曲がった階段を登らなければならず、各種の門や櫓、三の丸、二の丸からの攻撃に晒《さら》される。また、直下から天守を見上げると、初層には「忍び返し」の鉄串が並んで威圧するほか、矢狭間、鉄砲狭間、石落としなども備えられている。二の丸と本丸を繋ぐ詰門《つめもん》上階の廊下橋を渡るとようやく本丸にたどり着くことができ、「咸臨閣《かんりんかく》」の別称を持つ天守閣の最上階からは、かつての城下町を一望することができる。

佐賀

名護屋城《なごやじょう》

20万人が集まった大陸侵攻基地

日本100名城 No.87

【別名】なし【城郭構造】梯郭式平山城【築城】1591（天正19）年【廃城】1598（慶長3）年【築城主】豊臣秀吉【主な城主】豊臣秀吉【現在の天守】なし【主な遺構】石垣・空堀・井戸【指定文化財】特別史跡【所在地】佐賀県唐津市鎮西町名護屋【アクセス】JR筑肥線「唐津」駅よりバス約40分・徒歩約5分

6年で姿を消した「夢」の城

1590（天正18）年に天下統一を成した豊臣秀吉は、次の事業として大陸進出を目指した。肥前名護屋城は、その前線基地として築かれた城である。

築城地には玄界灘を望む東松浦半島突端の台地が選ばれ、黒田孝高（如水《じょすい》）に縄張りを、加藤清正、寺沢広高らに普請奉行を担わせた上で、九州を中心とした諸大名に手伝普請《てつだいぶしん》を命じた。突貫工事の結果、約8ヶ月という早さで完成した名護屋城だが、天下人の号令の下で築かれただけあって、城域は周囲1・5キロに及び、当時、大阪城に次ぐ規模を誇った。台地の頂上には金箔瓦を用いた5層7階の天守を擁する本丸を構え、二の丸、三の丸、山里丸、水の手曲輪などが石垣造で配されていた。さらに、周囲には城下町も築かれ、全盛期には全国から集められた武士や商人たちで人口は20万人を超えたといわれる。

しかし、1598（慶長3）年に秀吉が死去し、遠征軍が撤収すると、役割を終えた名護屋城は廃城となり、秀吉の辞世《じせい》と同様「夢のまた夢」と姿を消している。

現在の城跡には建物遺構がなく、石垣も多くが破却されているが、縄張りの規模の大きさや玄界灘の眺望が楽しめる。また、城の周囲には徳川家康や前田利家、上杉景勝《かげかつ》などの陣跡が点在しており、京や大阪に匹敵するといわれた当時の賑わいを偲《しの》ぶことができる。

熊本

熊本城《くまもとじょう》

〃築城の名人〃加藤清正の最高傑作

日本100名城 No.92

【別名】銀杏城【城郭構造】梯郭式平山城【築城】1601（慶長6）年【廃城】1874（明治7）年【築城主】加藤清正【主な城主】加藤氏、細川氏【現在の天守】復興天守。連結式望楼型　3重6階地下1階【主な遺構】櫓・門・石垣・堀・塀【指定文化財】重要文化財、特別史跡【所在地】熊本県熊本市本丸1-1【アクセス】JR鹿児島本線「熊本」駅より熊本市電約10分「熊本城前」より徒歩約10分

西南戦争で証明された防衛力

関ヶ原の戦い後、肥後一国を領有した加藤清正は、茶臼山《ちゃうすやま》丘陵一帯で熊本城の築城を開始し、6年後の1607（慶長12）年に完成した。縄張りは築城の名手と称された清正自身の手によるもので、周囲約5・3キロに及ぶ広大な敷地の最高所に本丸を構え、それを取り囲むように平左衛門《へいざえもん》丸、数寄屋《すきや》丸、飯田丸などが配される。

本丸には6階の大天守と4階の小天守が築かれたほか、各曲輪（郭）にも重層櫓《じゅうそうやぐら》など合計49の櫓があった。現在も「三の天守」と呼ばれる3層5階地下1階の宇土櫓《うとやぐら》をはじめ、11の櫓と城門、長塀《ながべい》が現存している。

城郭の主要部分は高石垣で造られており、上方に行くに従って勾配が急になる「武者返し《むしゃがえし》」や、一段一段の歩幅を違えた石段、どこからでも十字砲火を浴びせられる連続枡形、本丸御殿の床下に設けられた地下通路「闇り《くらが》通路」など、防衛上の工夫が随所に取り入れられていた。1877（明治10）年の西南戦争では、熊本城に拠った明治政府軍3500人が西郷隆盛軍1万3000人に包囲されたが、50日間の籠城戦の末に西郷軍を撃退しており、近代兵器による実戦でその防衛力の高さを証明した。

なお、2016（平成28）年に起きた熊本地震では多くの石垣が崩れるなど大被害を受けたが、天守など一部は2021（令和3）年に復旧が完了した。

北海道

松前城《まつまえじょう》

日本100名城 No.3

幕末に築かれた最後の和式城郭

蝦夷地《えぞち》(北海道)の南西部を領した松前藩は、城を持たない大名家だった。しかし、19世紀に入って異国船の出没が頻繁になると、幕府の命を受けた松前氏が福山館《やかた》を拡張して松前城を築いた。これ以後の城は五《ご》稜郭《りょうかく》など西洋式城郭だったため、和式城郭としては最後の建築となる。

海防目的の城のため、海に向けた砲台を多数備えており、戊辰《ぼしん》戦争では旧幕府軍の軍艦を退けた。続く土方歳三《ひじかたとしぞう》率いる陸戦部隊の猛攻で落城するが、翌1869(明治2)年、新政府軍の総攻撃の過程で松前藩士たちが城を奪還。その後、天守は本丸御門とともに国宝指定されたが、1949(昭和24)年に焼失した。

【別名】福山城【城郭構造】平山城【築城】1854(安政元)年【廃城】1875(明治8)年【築城主】松前崇広【主な城主】松前氏【現在の天守】独立式層塔型3重3階【主な遺構】本丸御門・御殿玄関・石垣・堀・土塁【指定文化財】重要文化財、国史跡【所在地】北海道松前郡松前町松城129【アクセス】JR津軽海峡線「木古内」駅よりバス約1時間30分

岩手

盛岡城《もりおかじょう》

日本100名城 No.6

東北随一の総石垣造の城

元は三戸《さんのへ》城(青森県三戸町)を拠点としていた南部信直《のぶなお》だが、豊臣政権下で岩手県南部まで所領が広がると、所領の中心に近い不来方《こずかた》の丘陵地に居城を築くことにした。しかし、北上川と中津川の合流地点だった不来方はたびたび洪水に見舞われ工事は難航。信直の子・利直《としなお》の代の1615(元和元)年にようやく三戸から居城を移し、「二度と来ない」を意味する不来方から「盛《さか》れる岡」の意の盛岡に改名した。

竣工は利直の子・重直《しげなお》の代の1633(寛永10)年とされるが、二の丸西側や三の丸の石垣整備はその後も続けられ、「東北随一の総石垣の城」と称される姿になったのは17世紀後半のことだった。

【別名】不来方城【城郭構造】連郭式平山城【築城】1598(慶長3)年【廃城】1871(明治4)年【築城主】南部信直【主な城主】南部氏【現在の天守】独立式層塔型 3重3階【主な遺構】石垣・土塁・堀・門【指定文化財】国史跡【所在地】岩手県盛岡市内丸1-37【アクセス】JR東北新幹線「盛岡」駅より徒歩約15分

秋田

久保田城《くぼたじょう》

日本100名城 No.9

名門大名家の質素な居城

関ヶ原の戦いで中立の姿勢を見せたことで、常陸《ひたち》54万石の名門・佐竹氏は秋田20万5800石へ転封された。しかし、同地にあった湊《みなと》城は手狭だったため、初代藩主・佐竹義宣《よしのぶ》が標高約40メートルの新明山《しんめいざん》に新たな居城を築くこととした。頂上の本丸を中心に、高低差を巧みに利用した縄張りは秀逸だが、天守はなく、石垣もほぼ使われなかった。これは幕府を憚《はばか》ったためとされるが、土塁中心の築城は常陸の伝統を踏襲したものともいわれる。

戊辰戦争では新政府側についたため、奥羽《おうう》越《えつ》列藩同盟軍に迫られたが、実戦に至ることはなかった。江戸期の建物としては、御物《おもの》頭《がしら》御番所《ごばんしょ》が現在も残っている。

【別名】窪田城、矢留城、葛根城、秋田城【城郭構造】平山城【築城】1604(慶長9)年【廃城】1880(明治13)年【築城主】佐竹義宣【主な城主】佐竹氏【現在の天守】なし【主な遺構】番所・土塁・堀・門【指定文化財】市名勝【所在地】秋田県秋田市千秋公園1-10【アクセス】JR秋田新幹線「秋田」駅より徒歩約10分

山形

上山城《かみのやまじょう》

豪奢すぎた「羽州の名城」

1535(天文4)年、天童《てんどう》氏一門の上山氏(武衛《ぶえい》氏)当主・武衛義忠《よしただ》は、父の代に伊達稙宗《たねむね》に奪われた上山の地を奪還して上山城を築いた。その後、義忠の孫・上山満兼《みつかね》は最上義光《もがみよしみつ》に攻め滅ぼされ、1622(元和8)年の最上氏改易後は、能見《のうみ》松平氏や土岐《とき》氏、金森氏と城主が目まぐるしく入れ代わって明治を迎えた。

当初、大守はなかったが、土岐氏の時代に3層の天守や櫓門、庭園も造られ、その壮麗さで「羽州の名城」と呼ばれた。しかし、土岐氏が移封し、金森氏が入封した1692(元禄5)年、その豪奢さが小藩に似つかわしくないとして、幕府によって天守や庭園は破却された。

【別名】月岡城【城郭構造】平山城【築城】1535(天文4)年【廃城】1873(明治6)年【築城主】武衛義忠【主な城主】上山氏、土岐氏など【現在の天守】模擬天守。望楼型　3重5階【主な遺構】石垣・堀・土塁【指定文化財】市史跡【所在地】山形県上山市元城内3-7【アクセス】JR山形新幹線・奥羽本線「かみのやま温泉」駅より徒歩7分

宮城

白石城《しろいしじょう》

続日本100名城 No.105

政宗が奪取した一国一城令の例外

11世紀末、後三年《ごさんねん》の役の戦功で白石を領した刈田経元《かりたつねもと》による築城が白石城の始まりとされる。戦国時代には伊達氏の勢力下に入るが、1590(天正18)年の奥《おう》州《しゅう》仕置《しおき》で蒲生氏郷が領有すると、伊達氏牽制の橋頭堡《きょうとうほ》として大改修が施され、本丸大手口が北向きに造られるなど、白石城は北方への備えが強い城となった。その後、会津に入った上杉景勝の属城となったが、1600(慶長5)年には徳川家康の上杉征伐に呼応した伊達政宗が白石城を奪取。政宗側近の片倉小十郎景綱《こじゅうろうかげつな》が入城し、江戸時代に入っても一国一城令の例外として存続を認められた。

戊辰戦争では、東北諸藩が白石城に集結し、奥羽越《おううえつ》列藩同盟が結ばれている。

【別名】益岡城、枡岡城【城郭構造】梯郭式平山城【築城】不明【廃城】1874(明治7)年【築城主】刈田経元【主な城主】片倉氏【現在の天守】復元天守。複合式層塔型　3重3階【主な遺構】石垣【指定文化財】市史跡【所在地】宮城県白石市益岡町1-16【アクセス】JR東北本線「白石」駅より徒歩約10分

福島

白河小峰城《しらかわこみねじょう》

日本100名城 No.13

激戦地となった東北三名城の一つ

南北朝時代に築城した白河結城《しらかわゆうき》氏が奥《おう》州《しゅう》仕置《しおき》で改易されて以後、蒲生氏、上杉氏、榊原《さかきばら》氏などめまぐるしく城主が代わった。なかでも1632(寛永9)年に完成した丹羽長重《にわながしげ》による大改修では、天守にあたる三重櫓、総石垣造の本丸、二の丸などが築かれ、盛岡城、会津若松城と並んで「東北三名城」の一つに数えられた。阿武隈《あぶくま》川を改修し、本丸北辺を守る天然の堀としたのも丹羽氏だったとされる。

古代白河関以来の要衝である同地は戊辰戦争でも激戦地となり、会津藩家老・西郷頼母《たのも》や新選組の斎藤一《はじめ》らが一時城を奪取して奮戦したが、板垣退助率いる新政府軍に攻略され、大半が焼失した。

【別名】白河城、小峰城【城郭構造】梯郭式平山城【築城】1340(興国元・暦応3)年【廃城】1871(明治4)年【築城主】結城親朝【主な城主】白河結城氏、蒲生氏、丹羽氏【現在の天守】復元天守。複合式層塔型　3重3階【主な遺構】石垣・土塁・水堀【指定文化財】国史跡【所在地】福島県白河市郭内【アクセス】JR東北本線「白河」駅より徒歩約5分

福島

二本松城《にほんまつじょう》

日本100名城 No.11

二本松少年隊悲劇の舞台

15世紀前半、室町幕府の奥州探題《おうしゅうたんだい》だった畠山《はたけやま》氏(二本松氏)が、標高345メートルの白《しら》旗ケ峰《はたがみね》に築城。戦国時代には伊達政宗の攻撃を受け、政宗が拉致された父・輝宗《てるむね》もろとも二本松義継《よしつぐ》を射殺する「粟之巣《あわのす》の変」などを経て落城した。

1643(寛永20)年に丹羽光重《みつしげ》が二本松藩主として入城すると、3重の天守や本丸石垣が築かれ、10万700石の格にふさわしい偉容が整えられた。丹羽氏は戊辰戦争で奥羽越列藩同盟に参加したため、二本松城は新政府軍の攻撃を受けて落城し、多くの建物が焼失した。約300名の戦死者には十数名の少年兵も含まれ、二本松少年隊の悲劇として語られている。

【別名】霞ケ城、白旗城【城郭構造】梯郭式平山城【築城】15世紀前半【廃城】1872(明治5)年【築城主】畠山満泰【主な城主】畠山氏、伊達氏、蒲生氏、上杉氏、丹羽氏【現在の天守】なし【主な遺構】天守台・石垣【指定文化財】国史跡【所在地】福島県二本松市郭内3-164-1【アクセス】JR東北本線「二本松」駅より徒歩約20分

茨城

水戸城《みとじょう》

日本100名城 No.14

幕末尊皇攘夷思想の中心地

12世紀末築城の水戸城を近世城郭として改修したのは、1594(文禄3)年に入城した佐竹氏で、那珂川《なか》と千波湖《せんば》に挟まれた台地に、本丸、二の丸、三の丸などを直線的に配する連郭式構造を整えた。

江戸時代に入ると、徳川家康の11男・頼《より》房《ふさ》が御三家・水戸徳川家の藩祖となる。ただし、水戸藩主は江戸定府《じょうふ》のため水戸城は藩主の居城としては用いられなかった。そのため天守はなく、代わりに二の丸に3階櫓が造られたが、太平洋戦争で焼失した。幕末には藩校弘道館《こうどうかん》が尊皇攘夷《そんのうじょうい》思想の中心地となったが、藩内の保革対立も激化。内訌戦《ないこうせん》(天狗党《てんぐとう》の乱)で城内の多くの建物が焼失した。

【別名】水府城、馬場城【城郭構造】連郭式平山城【築城】建久年間(1190~99年)【廃城】1871(明治4)年【築城主】馬場資幹【主な城主】佐竹氏、徳川氏【現在の天守】なし【主な遺構】藩校・土塁・空堀【指定文化財】特別史跡【所在地】茨城県水戸市三の丸2-9【アクセス】JR常磐線「水戸」駅より徒歩約15分

千葉

佐倉城《さくらじょう》

日本100名城 No.20

歴代閣老が入った「老中の城」

江戸幕府を開いた徳川家康は、戦国大名・千葉氏が着工しながら頓挫していた佐倉城の築城を、幕府老中の土井利勝《としかつ》に命じた。家康自身が縄張りを行ったともいわれる新たな佐倉城は、築城再開から7年後の1617(元和3)年に竣工。3層の天守や銅櫓《あかがねやぐら》、角櫓《すみやぐら》、9つの城門、4層5重の空堀などを備える、江戸城東方の守りの要としてふさわしい威容を誇った。

土井氏以降も、老中や大老を輩出する譜代の名門が歴代城主として封じられ、「老中の城」ともいわれた佐倉城だが、江戸後期には盗賊の失火で天守を失い、明治には陸軍駐屯地となったことで建物のほとんどが撤去された。

【別名】鹿島城【城郭構造】連郭式平山城【築城】1610(慶長15)年【廃城】1873(明治6)年【築城主】土井利勝【主な城主】土井氏、堀田氏【現在の天守】なし【主な遺構】曲輪・土塁・空堀【指定文化財】市史跡【所在地】千葉県佐倉市城内町官有無番地【アクセス】JR総武本線「佐倉」駅より徒歩約20分、京成線「京成佐倉」駅より徒歩約20分

千葉

本佐倉城《もとさくらじょう》

続日本100名城 No.121

千葉氏9代が本拠地とした古城

平安時代に下総《しもうさ》で勢力を築いた千葉氏の後期の本拠地。1455(康正元)年に起きた一族の内訌《ないこう》戦を平定した千葉輔胤《すけたね》が築いて以後、9代にわたる居城となった。土塁や空堀を配した東西700メートル、南北800メートルの規模を誇り、当時は縄張りと接していた印旛《いんば》沼を天然の堀とするとともに、印旛沼水運の要衝でもあった。

1590(天正18)年の小田原の役で北条方についた千葉氏は豊臣秀吉に改易されて滅亡し、本佐倉城は廃城となったが、江戸時代に入ると佐倉藩の本拠として小笠原吉《よし》次《つぐ》、次いで土井利勝《としかつ》が再興。その後、利勝が新たに佐倉城を築いたことで再び廃城となった。

【別名】将門山城【城郭構造】連郭式平山城【築城】文明年間(1469~87)【廃城】1615(元和元)年【築城主】千葉輔胤【主な城主】千葉氏【現在の天守】なし【主な遺構】堀・土塁・櫓台・虎口【指定文化財】国史跡【所在地】千葉県印旛郡酒々井町本佐倉字城ノ内【アクセス】京成本線「大佐倉」駅より徒歩約10分、JR成田線「酒々井」駅より徒歩約15分

東京

滝山城《たきやまじょう》

続日本100名城 No.123

複雑な迷路のような縄張り

山内《やまのうち》上杉氏重臣で武蔵《むさし》国守護代の大石氏の居城だったが、1546(天文15)年の河越《かわごえ》夜戦で山内上杉氏が北条氏に敗れたため、北条氏康《うじやす》の3男・氏照《うじてる》が養子となって大石氏の家督を継いだ。氏照はのちに北条姓に復帰している。その氏照によって城は大改修され、丘陵地帯の複雑な地形を生かしつつ土塁や空堀を大規模に整備。枡形虎口や馬出を巧みに配して縄張り全体を複雑な迷路のように整備した。

しかし、1569(永禄12)年の武田信玄による小田原攻撃に際し、小山田信茂《おやまだのぶしげ》率いる別動隊に三の丸まで攻め込まれ、支城として不十分であることが露呈。八王子城の築城・移転の契機となった。

【別名】なし【城郭構造】連郭式平山城【築城】1521(大永元)年【廃城】1587(天正15)年頃【築城主】大石定重【主な城主】大石氏、北条氏【現在の天守】なし【主な遺構】土塁・空堀など【指定文化財】国史跡【所在地】東京都八王子市高月町~丹木町2~3丁目【アクセス】JR中央線「八王子」駅/京王電鉄京王線「京王八王子」駅よりバス約20分

埼玉

鉢形城《はちがたじょう》

日本100名城 No.18

信玄、謙信を退けた堅城

長尾景春《かげはる》が主家・山内上杉氏に対する反乱の拠点として築いたとされる鉢形城だが、北条氏の関東支配が確立すると、1564(永禄7)年には北条氏康《うじやす》の子・氏邦《うじくに》が入城し、北関東支配の拠点とした。

荒川と深沢川に浸食された断崖上という天然の要害に築かれた鉢形城の守備は極めて堅固で、1569(永禄12)年には武田信玄の、1574(天正2)年には上杉謙信の攻撃を退けている。しかし、豊臣秀吉による小田原の役では、北条氏の主要支城として前田利家、上杉景勝、浅野長政、真田昌幸、本多忠勝、鳥居元忠《もとただ》ら3万5000の軍勢に包囲され、約1ヶ月の籠城の末に開城を余儀なくされた。

【別名】なし【城郭構造】連郭式平山城【築城】1476(文明8)年【廃城】1590(天正18)年【築城主】長尾景春【主な城主】長尾氏、上杉氏、北条氏【現在の天守】なし【主な遺構】土塁・堀・土橋【指定文化財】国史跡【所在地】埼玉県大里郡寄居町鉢形2496-2【アクセス】JR八高線・秩父鉄道・東武東上線「寄居」駅より徒歩約25分

埼玉

岩槻城《いわつきじょう》

江戸城の守護となった浮城

扇谷《おうぎがやつ》上杉氏の重臣・太田道真《どうしん》・道灌《どうかん》父子が、古河公方《こがくぼう》を牽制するために築いたとされる一方、古河公方方の忍《おし》城主・成田氏が1478（文明10）年に築いたとの説もある。いずれにしても、両勢力の境界付近に築かれた重要な城であった。築城された台地はかつて沼に囲まれていたことから浮城《うきしろ》とも呼ばれ、さらに元荒川を天然の外堀として利用した惣構えの縄張りで造営されていた。

江戸時代に入ると、江戸城北方の守護として代々譜代大名が入城したが、9代将軍・徳川家重の側用人・大岡忠光以後は、明治まで大岡氏が城主を務めた。

【別名】岩付城、岩附城、白鶴城、浮城、竹束の城【城郭構造】梯郭式平山城【築城】1457（長禄元）年【廃城】1871（明治4）年【築城主】太田道真・太田道灌【主な城主】太田氏、北条氏、大岡氏など【現在の天守】なし【主な遺構】土塁・曲輪・空堀・土橋など【指定文化財】県史跡【所在地】埼玉県さいたま市岩槻区太田3-4【アクセス】東武野田線「岩槻」駅より徒歩約15分

群馬

箕輪城《みのわじょう》

日本100名城 No.16

大大名が奪い合った角逐の舞台

西の榛名白川《はるなしらかわ》と南の榛名沼を天然の堀とした段丘上に建つ堅城。その城主・長野業《なり》正《まさ》は、上杉氏の後ろ盾もあって在郷武士団「箕輪衆」をよく束ね、度重なる武田信玄の侵攻を防いでいた。しかし、業正の死後、間もなく箕輪城は落ち、武田氏の上野《こうずけ》経営の拠点とされた。

武田氏滅亡後は、織田家の滝川一益《かずます》が入城したが、本能寺の変が起きると、北条氏《うじ》康《やす》の子・氏邦《うじくに》が箕輪城を奪取する。しかし、小田原の役で北条氏が滅びると、関東に入った徳川家康の家臣・井伊直政が城主となった。直政は城郭の改修にあたったものの、1598（慶長3）年に高崎城に移封され、箕輪城は廃城となった。

【別名】なし【城郭構造】梯郭式平山城【築城】1512（永正9）年【廃城】1598（慶長3）年【築城主】長野業尚【主な城主】滝川一益、井伊直政【現在の天守】なし【主な遺構】石垣・土塁・空堀【指定文化財】国史跡【所在地】群馬県高崎市箕郷町東明屋638-1【アクセス】JR信越本線・上越新幹線「高崎」駅よりバス約30分・徒歩約20分

山梨

新府城《しんぷじょう》

続日本100名城 No.127

甲斐武田氏最後の居城

1575（天正3）年、長篠の戦いで大敗した武田氏は急速に衰退。領国の立て直しを迫られた武田勝頼が穴山信君《のぶきみ》（梅雪）の進言で行ったのが、新府城の築城だった。釜無《かまなし》川と塩川の浸食で形成された七里岩と呼ばれる断崖上の台地に新城の普請を命じられた真田昌幸は、武田（甲州）流築城術の特徴とされる丸馬出《まるうまだし》や三日月堀などを多く取り入れた新府城を完成させた。

1582（天正10）年、家臣団の反対を押し切った勝頼は躑躅ケ崎館《つつじがさきやかた》（武田氏館）を破却して新府城に移るが、直後に織田・徳川連合軍が甲斐に侵攻。城に火を放って退却したが、小山田信茂《のぶしげ》の裏切りもあって天目山《てんもくざん》で自害した。勝頼が新府城にいたのはわずか68日間だったとされる。

【別名】韮崎城【城郭構造】連郭式平山城【築城】1582（天正10）年【廃城】1590（天正18）年【築城主】武田勝頼【主な城主】武田勝頼【現在の天守】なし【主な遺構】土塁・堀【指定文化財】国史跡【所在地】山梨県韮崎市中田町中條字城山【アクセス】JR中央本線「新府」駅より徒歩約15分

山梨

甲府城《こうふじょう》

日本100名城 No.25

関東の西方を守る要衝

武田氏滅亡後、徳川家康が武田氏館城下町の南端にあった一条《いちじょう》小山《こやま》で着工。その後、豊臣氏が甲斐国を領すると、関東に封じた家康への備えとして、浅野長政・幸長父子が1593(文禄2)年に総石垣造の城を完成させた。江戸時代に入ると、逆に関東防御の要衝として徳川一門や柳沢吉保《よしやす》が入部し、江戸中期以降は幕府直轄領となる。戊辰戦争では、近藤勇や土方歳三らが東進する新政府軍に対する防衛拠点にしようとしたが、僅差で板垣退助率いる新政府軍に入城・接収された。

なお、1734(享保19)年には、城内の公金約1400両が盗まれる「甲府城御金《ごきん》蔵《ぞう》破り事件」が起きたことでも知られる。

【別名】甲斐府中城、一条小山城、舞鶴城、赤甲城【城郭構造】梯郭式平山城【築城】1583(天正11)年【廃城】1873(明治6)年【築城主】徳川家康【主な城主】浅野氏、徳川氏、柳沢氏【現在の天守】なし【主な遺構】石垣・堀【指定文化財】国史跡【所在地】山梨県甲府市丸の内1-5-4【アクセス】JR中央本線「甲府」駅より徒歩約5分

長野

小諸城《こもろじょう》

日本100名城 No.28

城下町より低い位置にあった「穴城」

大井氏の鍋蓋《なべぶた》城や乙女城があった場所を攻略した武田信玄が、軍師の山本勘助らに命じ、諸城を取り込む形で築城したとされる。豊臣政権時代には仙石秀久《ひでひさ》・忠政《ただまさ》父子が大改修を行い、3重天守のほか、重要文化財の大手門や三之門を整備した。関ケ原の戦いでは、徳川秀忠が上田城攻めの拠点としたことでも知られる。江戸時代になると仙石氏、松平氏、青山氏、酒井氏を経て1702(元禄15)年以降は牧野氏が城主を務めた。

千曲《ちくま》川の河岸段丘上に建つが、城郭域が城下町より低い位置にあったため「穴城」と呼ばれ、その弱点を克服するように、3重4重の巨大な空堀がめぐらされていた。

【別名】酔月城、白鶴城、穴城【城郭構造】平山城【築城】1554(天文23)年【廃城】1873(明治6)年【築城主】武田信玄【主な城主】武田氏、仙石氏、牧野氏など【現在の天守】なし【主な遺構】大手門・天守台・石垣・空堀【指定文化財】重要文化財【所在地】長野県小諸市丁311【アクセス】JR小海線・しなの鉄道「小諸」駅より徒歩約3分

長野

高遠城《たかとおじょう》

日本100名城 No.30

信州を代表する桜の名所

1545(天文14)年、諏訪氏一門の高遠氏が拠る高遠城を落とした武田信玄は、山本勘助、秋山信友に改修を指示。三《み》峰《ぶ》川の断崖を背に各曲輪を空堀で区切るなど武田流築城術で堅城に仕上げ、信濃攻略の足掛かりとした。1582(天正10)年には織田信長の嫡男・織田信忠が5万の軍勢で侵攻。対する信玄の5男・仁科盛信《もりのぶ》は3000の兵で奮戦したが、激闘の末に落城した。この時、盛信の妹で信忠の婚約者でもあった松姫も命を落としている。

明治の廃城後、高遠藩内藤家の旧家臣たちが、かつて馬場にあった桜を移植したのを始まりに、現在は約1500本が咲き誇る桜の名所となっている。

【別名】兜山城【城郭構造】平山城【築城】不明【廃城】1872(明治5)年【築城主】不明【主な城主】武田氏、仁科氏、内藤氏【現在の天守】なし【主な遺構】石垣・土塁・空堀・門・藩校【指定文化財】国史跡【所在地】長野県伊那市高遠町東高遠2300-1【アクセス】JR飯田線「伊那市」駅よりバス約25分・徒歩約20分

新潟

村上城《むらかみじょう》

続日本100名城 No.131

日本海を見晴らす山頂の本丸

16世紀初頭に国人《こくじん》領主の本庄氏が築いたとされ、当時は本庄城と呼ばれていた。1598（慶長3）年、本庄氏が主家・上杉氏とともに会津転封になると、堀秀治の家臣・村上勝頼《かつより》が入城。石垣を用いた近世城郭への改修に着手し、村上城と呼ばれるようになった。次の堀直寄《なおより》の代には、3重の天守や渡櫓《わたりやぐら》、多聞櫓《たもんやぐら》が造られたほか、山麓の城下町も整備された。

縄張りは大きく山域と山麓域に分けられ、山域は日本海を望む臥牛《がぎゅう》山（標高135㍍）山頂の本丸を中心に、二の丸、三の丸が配された。しかし、山域は非常に狭小だったため、居館や武家屋敷は3重の堀で区切られた山麓域に配されていた。

【別名】鶴舞城、舞鶴城、臥牛城【城郭構造】梯郭式平山城【築城】16世紀初頭【廃城】1871（明治4）年【築城主】本庄氏【主な城主】本庄氏、村上氏、堀氏、松平氏、内藤氏【現在の天守】なし【主な遺構】石垣・堀【指定文化財】国史跡【所在地】新潟県村上市二之町【アクセス】JR羽越本線「村上」駅より車で約10分

石川

大聖寺城《だいしょうじじょう》

「お止め山」が保存した曲輪たち

標高約65㍍の錦城《きんじょう》山（古城山）山頂に築かれた城で、戦国時代には加賀一向一揆の重要拠点となったが、越前・朝倉氏の侵攻で落城。朝倉氏滅亡後は織田信長の命で柴田勝家が修復し、上杉謙信の南下に備えた。しかし、1577（天正5）年の手取川の戦いでは織田勢が敗れ、大聖寺城も一時上杉氏が奪取している。

関ヶ原の戦い当時の城主・山口宗永《むねなが》は西軍に属したため、前田利長の侵攻を受けて落城した。1615（元和元）年の一国一城令で廃城となって以後は「お止め山（入山禁止）」となったため、各曲輪の造形が良好な状態で保存されていた。また、北麓には小堀遠州《こぼりえんしゅう》設計の茶室「長流亭《ちょうりゅうてい》」が残る。

【別名】錦城【城郭構造】連郭式平山城【築城】鎌倉時代【廃城】1615（元和元）年【築城主】狩野氏【主な城主】狩野氏、一向一揆勢、朝倉氏、前田氏【現在の天守】なし【主な遺構】曲輪・土塁・空堀・茶室【指定文化財】市史跡【所在地】石川県加賀市大聖寺錦町【アクセス】JR北陸本線「大聖寺」駅より徒歩約15分

福井

丸岡城《まるおかじょう》

日本100名城 No.36

復旧された北陸唯一の現存天守

柴田勝家の甥・柴田勝豊《かつとよ》が築城した。城内には徳川家康麾下《きか》の猛将・本多重次《しげつぐ》が陣中から妻に送った書状の文言「一筆啓上 火の用心 お仙泣かすな 馬肥やせ」の碑文がある。この「お仙」が1624（寛永元）年に入城した初代丸岡藩主の本多成重《なりしげ》（幼名・仙千代）で、北陸唯一の現存天守も成重の代に築かれたと考えられている。往時はこの天守を擁する本丸や腰曲輪《こしぐるわ》、二の丸などを、外形が五角形の幅広い水堀が取り囲んでいた。

天守は1948（昭和23）年の福井地震で倒壊したが、足羽《あすわ》山産の笏谷石《しゃくだにいし》を加工した石瓦《いしがわら》など、倒壊前の部材を70％以上用いて再建された。

【別名】霞ヶ城【城郭構造】連郭式平山城【築城】1576（天正4）年【廃城】1871（明治4）年【築城主】柴田勝豊【主な城主】柴田氏、本多氏、有馬氏【現在の天守】現存天守　望楼型　2重3階【主な遺構】天守・石垣【指定文化財】重要文化財【所在地】福井県坂井市丸岡町霞町1－59【アクセス】JR北陸本線「福井」駅よりバス約40分

福井

越前大野城《えちぜんおおのじょう》

続日本100名城 No.138

雲海に浮かぶ「天空の城」

1575（天正3）年、越前一向一揆平定の戦功により、織田信長から所領を与えられた金森長近《ながちか》が築城。金森氏の後は頻繁に城主が代わったが、1682（天和2）年に土井氏が入り、明治まで続いた。

往時は、標高249㍍の亀山丘陵山頂に構えた本丸を中心に、二の丸、三の丸を配した梯郭式の縄張りで、本丸には野面積みの天守台に、大天守、小天守、天狗之間からなる連結式天守が建てられていた。現在の天守は史実に基づいた再現天守ではないものの、天候によって雲海に浮かぶような光景が見られ、「天空の城」などと呼ばれている。

【別名】亀山城【城郭構造】梯郭式平山城【築城】1580（天正8）年頃【廃城】1873（明治6）年【築城主】金森長近【主な城主】金森氏、松平氏、土井氏【現在の天守】復興天守。望楼型　2重4階【主な遺構】石垣・天守台・土塁・堀【指定文化財】県史跡【所在地】福井県大野市城町3‐109【アクセス】JR九頭竜線「越前大野」駅よりバス約3分・徒歩約20分

静岡

二俣城《ふたまたじょう》

浜松平野の入口を守る要害

大きく蛇行した天竜川の内側にある標高約80㍍の小山に築かれた城で、さらに支流の二俣川を含めて3方を川に囲まれた天然の要害。今川氏の属城だったが、その滅亡後は徳川家康が領有した。甲斐・信濃《しなの》から山間部を抜けて浜松平野に至る玄関口に位置し、家康にとっては居城・浜松城を守る北の最終防衛線であった。

1572（元亀3）年、西上を開始した武田信玄は勝頼に二俣城を攻撃させたが、なかなか落ちない。しかし、城兵が井戸《いど》櫓《やぐら》を築いて天竜川から水を汲み上げているのを見つけ、この櫓を破壊して水を絶ったことで落城させた。この3日後に家康は三方ケ原《みかたがはら》の戦いで惨敗する。家康の嫡男・松平信康が切腹した城としても知られる。

【別名】蜷原城【城郭構造】平山城【築城】不明【廃城】1600（慶長5）年【築城主】不明【主な城主】松井氏、中根氏、大久保氏【現在の天守】なし【主な遺構】石垣・土塁【指定文化財】国史跡【所在地】静岡県浜松市天竜区二俣町二俣【アクセス】天竜浜名湖鉄道「二俣本町」駅より徒歩約20分

静岡

興国寺城《こうこくじじょう》

続日本100名城 No.145

後北条氏興隆の起点

愛鷹山《あしたかやま》南麓から延びた丘陵上に、北の丸、本丸、二の丸、三の丸が順に配され、南は沼沢地《しょうたくち》が天然の堀となっていた。

築城主、築城年代ともに不明だが、1487（長享元）年に今川氏のお家騒動を解決した伊勢新九郎盛時《もりとき》（北条早雲）に与えられたことで知られる。初めて城持ちの武将となった盛時は、ここを足掛かりに伊豆・相模へと支配を拡大した。盛時の相模進出後に城は今川氏に戻されたが、興国寺城を含む東駿河は武田氏、今川氏、北条氏が領有を争う地域となり、城主は目まぐるしく入れ代わった。武田氏滅亡後は徳川家康の属城となったが、江戸時代に入るとその役割を終え、廃城となった。

【別名】根古屋城、杜若城【城郭構造】連郭式平山城【築城】不明【廃城】1607（慶長12）年【築城主】不明【主な城主】北条氏、今川氏、武田氏、天野氏【現在の天守】なし【主な遺構】石垣・土塁・天守台・空堀【指定文化財】国史跡【所在地】静岡県沼津市根古屋【アクセス】JR東海道本線「原」駅よりバス約7分

静岡

浜松城《はままつじょう》

続日本100名城 No.148

徳川家康が整備した「出世城」

築城主、築城年とも定かではないが、16世紀初頭には今川氏配下の飯尾氏が城主を務めていた。今川氏滅亡後、1570（元亀元）年には徳川家康が入城し、曳馬《ひきうま》城から浜松城に改称して改修に着手。野面積みの石垣整備や梯郭式の縄張りを行った。以後、1586（天正14）年に駿府城に入城するまで、家康は28～44歳までの16年間を同地で過ごしている。

江戸時代には城主が目まぐるしく入れ代わったが、家康ゆかりの城であることに加え、城主を務めた後に老中や大阪城代など幕府要職に就く者が多かったため、「出世城」と呼ばれる。

【別名】曳馬城、出世城【城郭構造】梯郭式平山城【築城】不明【廃城】1871（明治4）年【築城主】不明【主な城主】飯尾氏、徳川家康、松平氏、水野氏【現在の天守】復興天守。望楼型　3重4階【主な遺構】石垣・天守台・曲輪【指定文化財】市史跡【所在地】静岡県浜松市中区元城町100-2【アクセス】JR東海道新幹線・東海道本線「浜松」駅よりバス約10分・徒歩約5分

静岡

横須賀城《よこすかじょう》

家康が築かせた高天神城攻略の拠点

徳川家康が家臣・大須賀康高に命じ、武田氏が支配する高天神城攻略の拠点として築かせた。山城から平城へと時代が移る中間期に造られたこの城は、中世城郭と近世城郭の特徴を併せ持つ平山城である。大手門が東西に2つあるため、「両頭城」とも呼ばれる。

横須賀城築城と並行して、家康は高天神城を取り囲む「高天神六砦」を構築。万全の包囲網を築いた上で、1580（天正8）年に自ら出陣し、「難攻不落」とされた高天神城を翌年に攻め落とした。以降、遠州南部の拠点となった横須賀城は、江戸時代に入ると横須賀藩の居城となり、徳川譜代大名が城主を歴任。1682（天和2）に入封した西尾氏が8代続いて明治維新を迎えた。

【別名】松尾城、両頭城、鶴岡城【城郭構造】平山城【築城】1578（天正6）年【廃城】1868（明治元）年【築城主】大須賀康高【主な城主】大須賀氏、松平氏、井上氏、西尾氏【現在の天守】なし【主な遺構】石垣・土塁【指定文化財】国史跡【所在地】静岡県掛川市山崎1-1【アクセス】JR東海道本線「袋井」駅よりバス約25分・徒歩5分

静岡

沼津城《ぬまづじょう》

江戸中期に建てられた新城

武田勝頼が1579（天正7）年に築いた三枚橋城がもとになっている。その前年に武田氏が上杉氏と甲越同盟を結ぶと、従来の北条氏との甲相同盟は決裂。両者は駿河国と伊豆国の国境付近で戦闘を繰り返すようになり、その過程で築城された。江戸時代に入ると、同城は沼津藩主・大久保忠佐《ただすけ》の居城となったが、大久保氏が無嗣断絶となった1614（慶長19）年に廃城となり、以後は荒廃した。

そんな三枚橋城跡に再び城が築かれたのは、10代将軍・徳川家治の側用人の水野忠友が新たな沼津藩主として移封された1777（安永6）年だった。一部、三枚橋城の縄張りを再利用した城は2年後に完成し、幕末まで水野氏の居城となった。

【別名】観潮城【城郭構造】梯郭式平山城【築城】1777（安永6）年【廃城】1868（明治元）年【築城主】水野忠友【主な城主】水野氏【現在の天守】なし【主な遺構】石垣【指定文化財】なし【所在地】静岡県沼津市大手町4-185-4【アクセス】JR東海道本線「沼津」駅より徒歩約10分

愛知

小牧山城《こまきやまじょう》

続日本100名城 No.149

美濃攻めの拠点とした4年間の城

1563（永禄6）年、美濃攻略を本格化させた織田信長は、小牧山《こまきやま》（標高約86メートル）に城を築いて清洲城から本拠を移した。そして、4年後の1567（永禄10）年には斎藤氏の稲葉山城を攻略し、岐阜城と改めた同城に入る。そのため、小牧山城は美濃攻略の臨時拠点と考えられていたが、近年の調査では、主郭《しゅかく》を石垣で囲み、多数の曲輪と重臣の居館を配して城下町も移転させていたことが判明。本格的な城郭であるとともに、政治的拠点の意味合いを持つ近世城郭の嚆矢《こうし》だったとされている。

なお、廃城後の小牧山は、1584（天正12）年の小牧・長久手《ながくて》の戦いで徳川家康が拠点として利用。江戸時代には入山禁止となったため、多くの遺構が残された。

【別名】火車輪城【城郭構造】平山城【築城】1563（永禄6）【廃城】1567（永禄10）年【築城主】織田信長【主な城主】織田信長【現在の天守】模擬天守3層4階【主な遺構】土塁・堀・曲輪【指定文化財】国史跡【所在地】愛知県小牧市堀の内1-1【アクセス】名古屋鉄道小牧線「小牧」駅よりバス約10分

愛知

西尾城《にしおじょう》

二の丸に配された唯一の天守

鎌倉時代に足利義氏が築いた西条城が前身。戦国時代には今川氏の所領となっていたが、その滅亡後は徳川家康の家臣・酒井正親《まさちか》が入城した。家康の関東移封後は豊臣秀次の家老・田中吉政が岡崎城に入り、その支城として西尾城を整備した。

縄張りは最奥の本丸を中心に、二の丸、姫の丸、北の丸、三の丸などを配し、城下町を土塁が取り囲む惣構えだった。特徴的なのは、天守が二の丸に築かれていたことで、本丸には丑寅《うしとら》（北東）の隅に丑寅櫓があった。その理由はわかっていないが、本丸に櫓を構えながら天守を二の丸に配した縄張りは全国でも唯一とされる。

【別名】鶴城、鶴ヶ城、錦丘城【城郭構造】梯郭式平山城【築城】1590（天正18）年【廃城】1878（明治11）年【築城主】田中吉政【主な城主】田中氏、本多氏、井伊氏、大給松平氏【現在の天守】復興天守。望楼型　2重3階【主な遺構】曲輪・堀・石垣・土塁【指定文化財】市史跡【所在地】愛知県西尾市錦城町231-1【アクセス】名古屋鉄道西尾線「西尾」駅より徒歩約15分

岐阜

高山城《たかやまじょう》

安土城を範とした近世城郭

標高約687メートルの城山（臥牛山《がぎゅうざん》）に築かれた。前身は、文安年間（1444～1449）年に飛騨国守護代の多賀氏が築いた城館だ。16世紀に入ると、高山外記が山頂に天神山城を築き、その外記を討った三木自綱《よりつな》が領有していた。本能寺の変後、豊臣（羽柴）秀吉に飛騨攻略の命を受けた金森長近が自綱を退け、天神山城跡で築城を開始。1603（慶長8）年までの16年間で本丸、二の丸、三の丸を築いている。

築城に際して、長近は安土城の影響を受けたとされ、御殿風の城郭形式に2層3階の天守を設けていた。また、京都を模して東山には、金森氏ゆかりの寺社を配した。しかし、1695（元禄8）年に飛騨が幕府直轄領となったことで廃城となっている。

【別名】天神山城【城郭構造】平山城【築城】1588（天正16）年【廃城】1695（元禄8）年【築城主】金森長近【主な城主】金森氏【現在の天守】なし【主な遺構】土塁・堀・石垣・曲輪【指定文化財】県史跡【所在地】岐阜県高山市城山【アクセス】JR高山本線「高山」駅より徒歩約20分

岐阜

小倉山城《おぐらやまじょう》

幼君に引き継がれた隠居城

金森長近が、関ヶ原の戦いの功績として加増された上有知《こうずち》に築いた。1605（慶長10）年、養子としていた金森可重《よししげ》に家督を譲り、本拠の高山城を退いた長近が、自身の隠居城として築城した。標高約159メートルの小《お》倉《ぐら》山の中腹に、本丸、二の丸を、山麓に三の丸を構え、城下町も整備されている。その城下町は現存しており、「うだつの上がる町並み」として重要伝統的建造物群保存地区となっており、本丸跡には模擬櫓《やぐら》が建てられている。

1608（慶長13）年に長近が死去すると、可重は満3歳になる長近の実子・長光に2万石を分知して上有知藩が成立したが、長光が満6歳で夭逝《ようせい》したため改易《かいえき》となり、小倉山城も廃城となった。

【別名】小倉居館【城郭構造】平山城【築城】1605（慶長10）年【廃城】1611（慶長16）年【築城主】金森長近【主な城主】金森氏【現在の天守】なし【主な遺構】石垣・土塁【指定文化財】市史跡【所在地】岐阜県美濃市泉町小倉山【アクセス】長良川鉄道「梅山」駅より徒歩約10分

三重

亀山城《かめやまじょう》

間違いで破却された天守

前身は関実忠《さねただ》が1264（文永元）年に築いた若山城で、以後、300年にわたって関氏の居城だった。豊臣政権下で蒲生氏郷の配下となった関一政《かずまさ》が氏郷の会津転封に従うと、代わって入った岡本良勝《よしかつ》が鈴鹿川北岸の台地上に天守を備えた近世城郭を築いた。関ヶ原の戦い後は、西軍に属した良勝に代わって一政が旧領に復したが、まもなく伯耆《ほうき》黒坂に移封され、以後は目まぐるしく城主が入れ代わった。

1632（寛永9）年、幕府に丹波亀山城の天守を解体するよう命じられた堀尾忠晴の聞き間違いにより、天守が破却される事故が起きた。現存する多聞櫓は、この時天守の代わりに建てられたものだ。

【別名】粉蝶城、伊勢亀山城【城郭構造】梯郭式平山城【築城】1590（天正18）年【廃城】1873（明治6）年【築城主】岡本良勝【主な城主】岡本氏、関氏、本多氏、石川氏【現在の天守】なし【主な遺構】多聞櫓・曲輪・堀・石垣・土塁【指定文化財】県史跡【所在地】三重県亀山市本丸町575－2【アクセス】JR関西本線「亀山」駅より徒歩約10分

三重

田丸城《たまるじょう》

続日本100名城 No.154

織田信雄が改修した伊勢の要地

南北朝時代の初期、南朝側の拠点の一つとして北畠《きたばたけ》氏が築城したが、伊勢神宮を押さえる要衝として南朝・北朝の争奪戦が絶えず、1342（康永元・興国3）年には足利尊氏によって落城させられた。

戦国時代には北畠氏庶流の北畠顕晴《あきはる》が入城して田丸氏を名乗っていたが、織田信長の侵攻後、北畠氏の養嗣子《ようしし》となった織田信《のぶ》雄《かつ》が1575（天正3）年に田丸城に入る。信雄は石垣造の本丸や穴蔵《あなぐら》（地階）3層の天守を築くなど大改修を行ったが、5年後に火災で天守を焼失すると本拠を松ヶ島城に移した。江戸時代に入ると紀州徳川家の属城となり、付家老《つけがろう》の久野氏が代々の城主を務めた。

【別名】玉丸城【城郭構造】平山城【築城】1336（延元元）年【廃城】1869（明治2）年【築城主】北畠親房【主な城主】北畠氏、田丸氏、織田氏、久野氏【現在の天守】なし【主な遺構】土塁・堀・石垣【指定文化財】県史跡【所在地】三重県度会郡玉城町田丸【アクセス】JR参宮線「田丸」駅より徒歩約10分

三重

赤木城《あかぎじょう》

続日本100名城 No.155

一揆勢を寄せ付けなかった堅城

熊野地方で発生した一揆鎮圧後の1589(天正17)年頃、領主の羽柴秀長が藤堂高虎に築かせた。比較的小規模な城郭だが、比高30〜40メートルのY字形の丘陵の尾根伝いに各郭が配置され、高さ4メートルに達する石垣がめぐらされていた。

入口では2つの東郭から侵入者を攻撃することができ、そこを突破しても、主郭入口には枡形虎口に出枡形を併設した2重枡形が設けられ、十字砲火が浴びせられる。主郭にたどり着いても櫓や横矢掛りからの攻撃を受けるという鉄壁の守りだった。1614(慶長19)年、一揆勢は当時の領主・浅野氏が大坂冬の陣で不在の隙をつき、再び蜂起したが、赤木城をはじめとする城を落とすことはできなかった。

【別名】なし【城郭構造】平山城【築城】1589(天正17)年頃【廃城】1615(元和元)年頃【築城主】藤堂高虎【主な城主】藤堂氏など【現在の天守】なし【主な遺構】石垣・土塁【指定文化財】国史跡【所在地】三重県熊野市紀和町赤木字城山【アクセス】JR紀勢本線「熊野市」駅より車で約40分

京都

伏見城《ふしみじょう》

豊臣秀吉の「桃山城」

豊臣秀吉が築いた指月山《しづきさん》の隠居城が1596(慶長元)年の慶長伏見地震で倒壊したため、後背地の木幡山《こはたやま》に再建した。後に桃山城と呼ばれ、織田信長の安土城と併せて安土桃山時代の名の由来となった。

天守が建つ本丸を中心に、二の丸、松の丸、名護屋丸など12の曲輪を構える壮大な縄張りの城だった。この城で秀吉が没すると、代わって徳川家康が入ったが、2年後、家康が上杉征伐で東下した隙をついて石田三成が蜂起。伏見城は4万の軍勢に囲まれたが、城代・鳥居元忠《もとただ》以下約2000の城兵がよく守り、内応者による放火で落城するまで敵を寄せつけなかった。

【別名】桃山城、木幡山伏見城【城郭構造】梯郭式平山城【築城】1592(文禄元)年【廃城】1623(元和9)年【築城主】豊臣秀吉【主な城主】豊臣秀吉、徳川家康など【現在の天守】望楼型　5重6階模擬天守【主な遺構】天守台・堀・石垣・土橋【指定文化財】明治天皇伏見桃山陵(宮内庁治定)【所在地】京都府京都市伏見区桃山町大蔵45【アクセス】JR奈良線「桃山」駅より徒歩約12分

京都

福知山城《ふくちやまじょう》

続日本100名城 No.158

明智光秀が築いた惣構えの城郭

丹波の国人・横山氏が築いた横山城跡に明智光秀が築城した。江戸時代には福知山藩朽木《くつき》氏13代の居城となった。

由良《ゆら》川と土師《はぜ》川の合流点にある比高約25メートルの丘陵頂上に本丸を構え、西に向けて二の丸、三の丸が配置されていたが、現在、二の丸は削り取られている。本丸の後背は川水を利用した堀と断崖に守られた後堅固《うしろけんご》の城だった。また、堀が城下町を二重三重に取り囲む惣構えだったため、籠城戦にも強い。城下町や各曲輪を越えてたどり着く本丸の大小天守(復興天守)も、多くの石落としなどが配され、往時の堅城ぶりを再現している。

【別名】臥龍城、掻上城、八幡城【城郭構造】連郭式平山城【築城】1579(天正7)年【廃城】1873(明治6)年【築城主】明智光秀【主な城主】明智氏、小野木氏、朽木氏など【現在の天守】復興天守。連結望楼型　3重3階(大天守)・2重2階(小天守)【主な遺構】曲輪・石垣・門【指定文化財】市史跡【所在地】京都府福知山市字内記5【アクセス】JR福知山線「福知山」駅より徒歩約15分

京都

園部城《そのべじょう》

明治になって整備された城

大坂の陣で功績があった初代園部藩主・小出吉親《こいでよしちか》が築いた。小出氏は無城主という最も低い大名格だったために天守の建設は許されず、園部陣屋と呼ばれた。戊辰戦争が始まった1868(明治元)年からは、いざという時に明治天皇を匿う行在所《あんざいしょ》とされ、方形の本丸の四隅に巽櫓や太鼓櫓《たいこやぐら》などを建造する改修が行われ、ようやく園部城と呼ばれるようになった。

陣屋だったとはいえ、小麦山東麓《こむぎやまとうろく》台地を中心に園部川を天然の堀として利用し、加えて約2キロにわたる水堀で囲まれるなど、東西400メートル、南北600メートルの堂々たる規模だった。また、本丸には天守の代わりに3層櫓が建ち、塀には多数の狭間が設けられるなど、防御面でも優れていた。

【別名】なし【城郭構造】平山城【築城】1619(元和5)年【廃城】1872(明治5)年【築城主】小出吉親【主な城主】小出氏【現在の天守】なし【主な遺構】巽櫓・太鼓櫓・櫓門・番所・石垣・堀【指定文化財】市史跡【所在地】京都府南丹市園部町小桜町【アクセス】JR山陰本線「園部」駅より徒歩約20分

京都

亀山城《かめやまじょう》

秀吉、家康が重視した拠点

1582(天正10)年6月、明智光秀は丹波経営の拠点として築いた亀山城から1万3000の軍勢を率いて出陣し、毛利氏のいる中国とは反対方向にある京都の本能寺に向かった。

その光秀の死後は、豊臣秀吉や徳川家康が重要拠点として重臣たちを入城させた。特に家康は、1609(慶長14)年に西国大名を動員した天下普請による大改修を命じ、築城の名人・藤堂高虎に縄張りを行わせ、5重5階の天守を備えた壮大な城を完成させた。正確な資料がなく全容はわかっていないが、明治初期に撮影された写真には、壮大な石垣の上に狭間を備えた塀や層塔型の天守が写っている。

【別名】亀岡城、亀宝城【城郭構造】平山城【築城】1577(天正5)年【廃城】1877(明治10)年【築城主】明智光秀【主な城主】明智氏、豊臣氏、小早川秀秋、岡部氏、形原(かたのはら)松平氏など【現在の天守】なし【主な遺構】天守台・堀・石垣・土塁【指定文化財】なし【所在地】京都府亀岡市荒塚町内丸【アクセス】JR嵯峨野線「亀山」駅より徒歩約10分

奈良

多聞山城《たもんやまじょう》

華麗な多聞櫓の起源

乱世の梟雄《きょうゆう》・松永久秀が、奈良北郊にある比高《ひこう》約30メートルの山に築いた。城に多聞天を祀ったことから「多聞山城」と呼ばれるようになったという。石垣端に沿って建てられる長屋形式の櫓を多聞櫓と呼ぶのは、この城に最初に築かれたことに由来する。

久秀が大和支配の拠点とした堅城で、1567(永禄10)年には筒井順慶《じゅんけい》と三好三人衆の連合軍に攻められたが、撃退している。しかし、1573(天正元)年の織田信長による攻撃では、降伏して開城。その後、信長によって廃城とされた。城郭内部に障壁画を描くなど華麗なことでも知られた城で、信長が安土城を建設する際に参考にしたともいわれる。現在は市立若草中学校の敷地になっている。

【別名】多聞城【城郭構造】平山城【築城】1559(永禄2)年【廃城】1576(天正4)年【築城主】松永久秀【主な城主】松永氏など【現在の天守】なし【主な遺構】土塁・空堀【指定文化財】なし【所在地】奈良県奈良市法蓮町1416-1【アクセス】近鉄奈良線「近鉄奈良」駅より徒歩約20分

奈良

大和郡山城《やまとこおりやまじょう》

続日本100名城 No.165

壮大な100万石の城

織田信長から大和一国を与えられた筒井順慶が築いた後、豊臣秀長（秀吉の弟）が大和・和泉《いずみ》・紀伊の太守《たいしゅ》として入封。100万石の本拠にふさわしい壮大な城へと大改修された。5層6階の天守が建つ本丸を取り囲むように、毘沙門曲輪《びしゃもんぐるわ》や法印曲《ほういんぐる》輪《わ》などが構えられ、水堀が幾重にもめぐらされていた。さらに、増田長盛《ながもり》の時代には城下町を周囲約5キロの堀と土塁で囲む惣構えの城となる。関ケ原の戦い後に一時廃城となるが、江戸時代に入ると本丸や二の丸、三の丸などが修復された。

大和は石材に乏しく、石垣には墓石や石地蔵、平城京羅城門《らじょうもん》の礎石と伝わる石などが転用されているのが特徴だ。

【別名】雁陣之城【城郭構造】輪郭式平山城【築城】1580（天正8）年【廃城】1873（明治6）年【築城主】筒井順慶【主な城主】筒井順慶、豊臣秀長、柳沢氏【現在の天守】なし【主な遺構】天守台・石垣・堀【指定文化財】国史跡【所在地】奈良県大和郡山市城内町2【アクセス】近鉄橿原線「近鉄郡山」駅より徒歩約10分

和歌山

新宮城《しんぐうじょう》

続日本100名城 No.167

太平洋まで見晴らす眺望

紀伊藩主・浅野幸長《よしなが》の一族・浅野忠吉《ただよし》が築城に着手したが、浅野氏が移封となり、代わって入った徳川頼宣《よりのぶ》の付家老《つけがろう》・水野重《しげ》仲《なか》・重良《しげよし》父子が完成させた。一国一城令後も存続が許された例外の一つ。

熊野川河口に突き出した丹鶴《たんかく》山上に築かれており、大小の天守があった本丸からは、城下だけではなく太平洋まで見晴らすことができる。山麓の二の丸から松の丸、鐘の丸、本丸まで総石垣造で、切込み接ぎや打込み接ぎの石垣がそびえる姿が往時の威容を伝える。各曲輪の間には枡形が設けられるなど、真っ直ぐ本丸まではたどり着けないようになっており、上方から攻撃しやすい工夫も施されていた。

【別名】丹鶴城、沖見城【城郭構造】平山城【築城】1618（元和4）年【廃城】1873（明治6）年【築城主】浅野忠吉【主な城主】浅野氏、水野氏【現在の天守】なし【主な遺構】天守台・石垣・曲輪【指定文化財】国史跡【所在地】和歌山県新宮市新宮7691-1【アクセス】JR紀勢本線「新宮」駅より徒歩約10分

兵庫

出石城《いずしじょう》

山を背にしたシンプルな堅城

1574（天正2）年に山名氏が築いた有子山《ありこやま》城は、山頂の天守（詰城《つめじろ》）と山裾《やますそ》の居館《きょかん》からなっていた。江戸時代に入部した小出吉英《こいでよしひで》は、このうち詰城を廃して居館部分を出石城として改修した。新たに築いた平地の三の丸は水堀で囲まれ、城下町も整備された。その城下町は、現在「但馬の小京都」とも呼ばれる国の重要伝統的建造物群保存地区になっている。

三の丸から二の丸下の曲輪、二の丸、本丸、稲荷《いなり》曲輪が階段状に並べられた梯郭式の縄張りで、下層の曲輪に侵入した敵を上層部から狙う、シンプルだが堅固な造りだ。本丸には隅櫓や狭間を備えた塀が復元されており、二の丸から見上げると往時の攻城兵の気分が味わえる。

【別名】高城【城郭構造】梯郭式平山城【築城】1604（慶長9）年【廃城】1871（明治4）年【築城主】小出吉英【主な城主】小出氏、仙石氏【現在の天守】なし【主な遺構】石垣・堀【指定文化財】市史跡【所在地】兵庫県豊岡市出石町内町【アクセス】JR山陰本線「豊岡」駅よりバス約30分・徒歩約5分

兵庫

篠山城《ささやまじょう》

日本100名城 No.57

天下普請で築かれた堅城

大阪城の豊臣氏攻略のため、徳川家康が山陰道の要衝である篠山盆地の丘陵に建てさせた。普請奉行を池田輝政に、縄張りを藤堂高虎に任せ、西国大名に工事を命じた天下普請で、約1年で竣工した。

本丸と二の丸を内堀で囲み、その外側の三の丸を一辺約400㍍の外堀で囲んだほぼ正方形の縄張りで、規模は大きくないが、当時の最新技術が使われた。外堀、内堀の虎口には馬出を設け、守城側の動きを把握しづらくしてあり、二の丸の土塁は死角をなくすために屏風《びょうぶ》折りの箇所が設けられた。本丸天守台は急勾配の高石垣で造られたが、必要以上に堅固すぎるとの理由で天守は築かれなかったという。

【別名】桐ヶ城【城郭構造】輪郭式平山城【築城】1609（慶長14）年【廃城】1871（明治4）年【築城主】徳川家康【主な城主】松平氏、青山氏【現在の天守】なし【主な遺構】天守台・石垣・堀【指定文化財】国史跡【所在地】兵庫県丹波篠山市北新町2-3【アクセス】JR福知山線「篠山口」駅よりバス約20分・徒歩約5分

岡山

津山城《つやまじょう》

日本100名城 No.67

桜の合間に見える圧巻の高石垣

初代津山藩主・森忠政《ただまさ》（森蘭丸の弟）が、比高約50㍍の鶴山に、13年の年月をかけて築いた。丘陵全体を石垣で覆った総石垣造で、頂上の本丸を取り囲むように二の丸、三の丸が階段状に配された「一二三段《ひふみだん》」と呼ばれる縄張りになっている。往時は5重5階の層塔型天守を中心に、櫓や城門などが80棟近く林立していたが、明治の廃城令でことごとく破却された。

現在は桜の名所としても知られ、「扇の勾配」が美しい10㍍超の高石垣を背景に、約1000本の桜が咲き乱れる光景は圧巻だ。本丸南面には備中櫓《びっちゅうやぐら》や太鼓櫓が復元されており、白漆喰《しろしっくい》塗りの外壁にいくつも配された狭間を見上げると、往時の堅守ぶりを偲ぶことができる。

【別名】鶴山城【城郭構造】梯郭式平山城【築城】1604（慶長9）年【廃城】1873（明治6）年【築城主】森忠政【主な城主】森氏、松平氏【現在の天守】なし【主な遺構】天守台・石垣・堀【指定文化財】国史跡【所在地】岡山県津山市山下135【アクセス】JR津山線「津山」駅より徒歩約15分

岡山

沼城《ぬまじょう》

宇喜多秀家誕生の地

備前の戦国武将・浦上宗景《うらがみむねかげ》配下の国人領主である中山信正《のぶまさ》が、砂川《すながわ》中流域のほとりに築いた城だったが、1559（永禄2）年、信正は娘婿《むすめむこ》にあたる宇喜多直家《なおいえ》に謀殺された。その後、直家は約1・5㌔南東の新庄《しんじょう》山《やま》城から沼城に移って本拠地とし、美作《みまさか》、備中《びっちゅう》へと勢力を拡大して戦国大名へとのし上がっていく。後に豊臣政権の五大老に名を連ねた宇喜多秀家はこの城で生まれたとされる。

東西に並ぶ小丘陵上に建てられており、東丘陵に本丸と二の丸が、西丘陵に西の丸が構えられていた。岡山城本丸に建てられていた大納戸櫓《おおなんどやぐら》は、沼城の天守を移築したものと伝えられている。

【別名】亀山城【城郭構造】平山城【築城】天文年間（1532～1555）【廃城】1601（慶長6）年【築城主】中山信正【主な城主】中山氏、宇喜多氏【現在の天守】なし【主な遺構】土塁・空堀【指定文化財】市史跡【所在地】岡山県岡山市東区沼1801【アクセス】JR山陽本線「上道」駅より車で約5分

広島

福山城《ふくやまじょう》

日本100名城 No.71

伏見城から移築された建築物

陸海交通の要地である芦田川デルタ地帯の常興寺山《じょうこうじ》（標高約20メートル）に建つ。西国外様大名への押さえとして代々譜代大名が城主（福山藩主）を務めた。

本丸を二の丸、三の丸が取り囲む輪郭式の縄張りで、自然河川を利用した北方以外の3面は2重の水堀で囲まれ、瀬戸内海に抜ける運河も整備されていた。総石垣造の曲輪には5重の天守に加えて20以上の櫓があったほか、総延長約５７３メートルの多聞櫓がめぐらされ、侵入者を寄せ付けない造りだった。京都伏見城から多くの建物が移築されており、そのうち伏見櫓と筋鉄御門《すじがねごもん》が現存している。

【別名】久松城、葦陽城【城郭構造】輪郭式平山城、海城【築城】１６２０（元和６）年【廃城】１８７４（明治7）年【築城主】水野勝成【主な城主】水野氏、松平氏、阿部氏【現在の天守】復元天守　複合式層塔型　5重6階【主な遺構】櫓・鐘楼・門・石垣【指定文化財】国史跡、重要文化財【所在地】広島県福山市丸之内1－8【アクセス】ＪＲ山陽本線・山陽新幹線「福山」駅より徒歩約5分

鳥取

米子城《よなごじょう》

続日本100名城 No.169

海城でもあった平山城

15世紀半ばに山名氏が築いた砦《とりで》跡に築城を始めた吉川広家《きっかわひろいえ》だが、その後転封となり、代わった中村氏が完成させた。

中海《なかうみ》を見晴らす湊山《みなとやま》（標高約90メートル）の山頂に置かれた本丸を中心に、北西峰の丸山に内藤丸、東の飯山《いいやま》に采女丸《うねめまる》という出丸を構え、その合間の山麓に二の丸、三の丸が配された。城郭を取り囲む堀には中海の水を取り込んでいたほか、海に面した南麓には水軍の軍港である深浦《ふかうら》を設けた海城でもあった。２０１５（平成27）年度からの発掘調査では、敵が山腹を回り込むのを防ぐ登り石垣や竪堀《たてぼり》など、山の地形をうまく利用した防御設備の遺構が多数発掘された。

【別名】久米城、湊山金城【城郭構造】梯郭式平山城、海城【築城】１５９１（天正19）年【廃城】１８７１（明治４）年【築城主】吉川広家【主な城主】中村氏、池田氏、荒尾氏など【現在の天守】なし【主な遺構】石垣・枡形虎口・登り石垣・竪堀【指定文化財】国史跡【所在地】鳥取県米子市久米町【アクセス】ＪＲ山陰本線「米子」駅より徒歩約20分

鳥取

鹿野城《しかのじょう》

珍しいオランダ櫓と朝鮮櫓

築城年代は不明だが、国人領主の志加奴《しかの》（鹿野）氏の居城だった。１５８０（天正8）年に豊臣秀吉配下の亀井茲矩《これのり》が入城すると、江戸時代初期までに近世城郭へと改修。標高１４８メートルの山の頂に設けた本丸から、二の丸、三の丸、四の丸、西の丸が階段状に配置されており、麓の平地には水堀が残る。茲矩は朱印船貿易を行う進取の気性にあふれた人物で、詳細は不明だが、中腹の曲輪にはオランダ櫓、朝鮮櫓と名づけられた櫓があった。

麓から天守のある本丸までの標高差は約90メートルあり、その急峻さと各曲輪の防御施設で守りの堅い城だったが、１６４４（正保元）年の火災で事実上の廃城となった。

【別名】王舎城、志加奴城、鹿奴城【城郭構造】平山城【築城】不明【廃城】１６４４（正保元）年頃【築城主】志加奴氏【主な城主】志加奴氏、亀井氏、池田氏【現在の天守】なし【主な遺構】天守台・石垣・水堀・土塁・曲輪【指定文化財】市史跡【所在地】鳥取県鳥取市鹿野町鹿野【アクセス】ＪＲ山陰本線「浜村」駅よりバス約20分・徒歩約10分

島根

浜田城《はまだじょう》

続日本100名城 No.170

長州征伐で自焼退却

1619(元和5)年、大坂の陣で功績があった伊勢国松阪城主の古田重治が、浜田5万4000石を与えられて入部。翌年から築城を始めて約3年で完成した。

標高約67メートルの亀山は浜田川が大きく湾曲して松浦湾に注ぐ河口に位置し、北を松浦湾、西と南を浜田川に囲まれた天然の要害だ。その山頂部に3重3階の天守を構える本丸を置き、中腹に二の丸、山麓に三の丸が配されていた。三の丸の東に広がる平地には、内堀、外堀を築いて御殿や家臣たちの屋敷が置かれていた。

1866(慶応2)年の第二次長州征伐では、大村益次郎《ますじろう》率いる長州軍が破竹の勢いで進軍。浜田藩兵は城や城下に火をつけての退却を余儀なくされた。

【別名】亀山城【城郭構造】梯郭式平山城【築城】1620(元和6)年【廃城】1866(慶応2)年【築城主】古田重治【主な城主】古田氏、本多氏、松平氏など【現在の天守】なし【主な遺構】石垣・土塁【指定文化財】県史跡【所在地】島根県浜田市殿町【アクセス】JR山陰本線「浜田」駅より徒歩約20分

山口

萩城《はぎじょう》

日本100名城 No.75

20の櫓が配された長州藩庁

日本海に注ぐ三角州の北西端にそびえる指月《しづき》山南麓に、本丸、二の丸、三の丸を構えた長州藩毛利氏の居城。水堀で囲まれた本丸には5重5階の天守や御殿が築かれ、城郭全体では20棟の櫓が配されるなど、防御機能に優れていた。さらに、万が一に備えて指月山山頂には詰丸も用意されており、戦国時代的な思想で築かれた城となっている。

現在、本丸跡には石垣と堀が残るのみだが、二の丸入口付近には家臣の詰め所などに利用された厚狭《あさ》毛利家萩屋敷長屋が現存しているほか、武家屋敷の地割《じわり》を残す堀内地区全体は、全国初の重要伝統的建造物群保存地区に選ばれている。

【別名】指月城【城郭構造】梯郭式平山城、海城【築城】1604(慶長9)年【廃城】1874(明治7)年【築城主】毛利輝元【主な城主】毛利氏【現在の天守】なし【主な遺構】石垣・水堀・長屋【指定文化財】国史跡・重要文化財【所在地】山口県萩市堀内字旧城1-1【アクセス】JR山陰本線「萩」駅よりバス約45分・徒歩約5分

徳島

徳島城《とくしまじょう》

日本100名城 No.76

「阿波の青石」を用いた石垣

豊臣秀吉に阿波一国を与えられた蜂須賀《はちすか》家政《いえまさ》が、吉野川の河口デルタにある標高62メートルの猪山《いのやま》(渭山《いのやま》)に築いた。山頂の本丸から東二の丸、西二の丸、西三の丸が階段状に配置され、麓に居館部を構えていた。当初、天守は本丸に建てられていたが、のちに東二の丸に建て直された。

城内の石垣には「阿波の青石」と呼ばれる緑色片岩が用いられ、独特の雰囲気を醸し出している。石垣の各所には「舌石」と呼ばれる突出部が設けられているが、これは石垣上に張り出して築かれた屏風折塀《びょうぶおりべい》を支える柱の受け台だ。往時はこの屏風折塀の狭間から死角なく横矢が掛けられ、侵入者を防いだと考えられる。

【別名】渭山城、渭津城【城郭構造】梯郭式平山城【築城】1585(天正13)年【廃城】1873(明治6)年【築城主】蜂須賀家政【主な城主】蜂須賀氏【現在の天守】なし【主な遺構】石垣・水堀・庭園【指定文化財】国史跡・国名勝【所在地】徳島県徳島市徳島町城内1【アクセス】JR高徳本線・徳島線「徳島」駅より徒歩約5分

香川

丸亀城《まるがめじょう》

日本100名城 No.78

丘陵全体を覆う〝石垣の城〟

16世紀末に生駒氏が築城を始めたものの、領主の交代などでたびたび中断し、17世紀後半の京極氏時代に竣工した。現存する天守や大手一の門、大手二の門もこの頃に建造されたものとされる。

丸亀城の最大の特徴は、丘陵全体を覆う石垣だ。各曲輪にめぐらされた4重の石垣の総高は60メートルにおよび、日本一の高さを誇る。また、築城に歳月を費やしたため、野面積みや打込み接ぎ、切込み接ぎなど各時代の石垣を見ることができる。なかでも、三の丸北側の高石垣は20メートル以上の高さがあり、算木《さんぎ》積《づ》みの隅部《すみぶ》などが造り出す「扇《おうぎ》の勾配」の美しさは必見だ。

【別名】亀山城、蓬莱城【城郭構造】梯郭式平山城【築城】1597（慶長2）年【廃城】1871（明治4）年【築城主】生駒親正【主な城主】生駒氏、山崎氏、京極氏【現在の天守】現存天守。独立式層塔型3重3階【主な遺構】天守・門・石垣・堀・長屋・番所【指定文化財】国史跡・重要文化財【所在地】香川県丸亀市一番丁【アクセス】JR予讃線「丸亀」駅より徒歩約10分

愛媛

宇和島城《うわじまじょう》

日本100名城 No.83

装飾性の高い現存天守

築城の名手といわれた藤堂高虎が中世城郭の跡地に築いた城。リアス式海岸の最奥部にあった城山標高約80メートル頂上の本丸を中心に、二の丸、長門丸《ながとまる》などを階段状に構えていた。麓の平地部は平面が五角形になる惣構えが設けられ、往時は北側と西側の二辺が直接海に面していた。

本丸に残る現存天守は、高虎に代わって入部した伊達氏が1671（寛文11）年に完成させたもの。すでに平和な時代に建てられたため、狭間や石落としなどの防御施設はなく、唐破風や切妻破風《きりつまはふ》を用いた装飾性の高い天守となっている。このほか、南麓の搦手口に現存する「上《のぼ》り立《た》ち門」は、高虎時代の遺構とされる。

【別名】鶴島城【城郭構造】梯郭式平山城、海城【築城】1596（慶長元）年【廃城】1871（明治4）年【築城主】藤堂高虎【主な城主】藤堂高虎、伊達氏【現在の天守】現存天守。独立式層塔型　3重3階【主な遺構】天守・石垣・門【指定文化財】国史跡・重要文化財【所在地】愛媛県宇和島市丸之内【アクセス】JR予讃線「宇和島」駅より徒歩約20分

愛媛

大洲城《おおずじょう》

日本100名城 No.82

櫓と連結された木造天守

14世紀に築かれた城を、豊臣秀吉の四国平定後に入部した藤堂高虎や脇坂安治《やすはる》が、近世城郭として整備した。丘陵頂上の本丸は北東を流れる肱川《ひじがわ》を天然の堀としており、二の丸、三の丸はそれぞれ肱川から取水した内堀と外堀に守られていた。

城内には江戸時代から現存する櫓が4つあり、なかでも本丸に残る2層2階の高欄《こうらん》櫓《やぐら》と台所櫓《だいどころやぐら》は、2004（平成16）年に復元された4層4階の木造天守と多聞櫓で連結されており、石落としなどを備えた壁面を見上げると攻城の難しさがよくわかる。逆に、天守からは肱川やかつての城下町が一望できる。

【別名】地蔵ヶ嶽城、大津城、比志城【城郭構造】梯郭式平山城【築城】1331（元徳3）年【廃城】1873（明治6）年【築城主】宇都宮豊房【主な城主】宇都宮氏、藤堂高虎、脇坂安治、加藤氏など【現在の天守】復興天守。連結式層塔型　4重4階【主な遺構】櫓・石垣・堀【指定文化財】重要文化財、県史跡【所在地】愛媛県大洲市大洲903【アクセス】JR予讃線「伊予大洲」駅より徒歩約20分

愛媛

湯築城《ゆづきじょう》

日本100名城 No.80

戦国期に加えられた2重の水堀

道後《どうご》温泉の入口にある比高約30メートルの丘陵地に湯築城を建てたのは、足利尊氏《たかうじ》によって伊予国の守護に任じられた河野通盛《みちもり》だとされる。その後、約250年にわたって河野氏の本拠となったが、戦国時代に入ると高さ5メートルほどの土塁を伴う2重の水堀が築かれ、より堅固な城になった。

しかし、1585（天正13）年の四国平定では、小早川隆景《たかかげ》軍約3万に包囲され、当時の城主・河野通直《みちなお》は籠城戦の末に降伏した。河野氏滅亡後は隆景、次いで福島正則《まさのり》が入城したが、正則が居城を今治《いまばり》の国分山《こくぶやま》城に移したため廃城となり、石垣や礎石などは松山城築城の際に持ち去られ、城跡は荒廃した。

【別名】湯月城【城郭構造】梯郭式平山城【築城】1336（建武3）年【廃城】1587（天正15）年【築城主】河野通盛【主な城主】河野氏、小早川隆景、福島正則【現在の天守】なし【主な遺構】土塁・水堀【指定文化財】国史跡【所在地】愛媛県松山市道後公園【アクセス】JR予讃線「松山」駅より市電で約20分・徒歩約1分

愛媛

松山城《まつやまじょう》

日本100名城 No.81

敵兵を退ける数々の"ギミック"

加藤嘉明《よしあき》が標高132メートルの勝山《かつやま》の地形を利用して築いた。山頂に本丸を構え、南西麓に二の丸、三の丸を配した城郭には、天守や櫓など21棟の現存建築が残る。

城内は敵を撃退する仕掛けにあふれ、まず本丸入口の筒井門《つついもん》には敵を側面から奇襲する隠門《かくしもん》があった。その直前の扉がない戸《と》無門《なしもん》は敵を油断させるためといわれる。門を避けて高石垣を登っても、死角のない屏《びょう》風折《ぶおり》の石垣では横矢《よこや》が掛かる。どうにか天守にたどり着いても、多聞櫓などで繋いだ連結式天守の曲輪は迷路のようで、各門の攻略に手間取り枡形で足止めを食うと、弓や鉄砲の餌食になった。

【別名】金亀城、勝山城【城郭構造】連郭式平山城【築城】1602（慶長7）年【廃城】1873（明治6）年【築城主】加藤嘉明【主な城主】蒲生氏、松平氏【現在の天守】現存天守。連立式層塔型　3重3階地下1階【主な遺構】天守・櫓・門・石垣・塀・堀【指定文化財】国史跡・重要文化財【所在地】愛媛県松山市丸之内1【アクセス】JR予讃線「松山」駅より市電約10分・徒歩約5分でロープウェイ乗り場

福岡

福岡城《ふくおかじょう》

日本100名城 No.85

総延長3キロに及ぶ石垣

筑前52万石を与えられた黒田長政が博多湾を見晴らす丘陵に築き、一族の故地である備前国福岡にちなんで福岡城と名づけた。長政の父・黒田孝高（如水）の手による縄張りで、頂上の本丸を二の丸、東二の丸、南二の丸が取り囲むように配され、三の丸の外側は水堀で囲まれていた。

東西約1キロ、南北約700メートルの城内には47の櫓が建てられていたが、移築されずに現存するのは南丸《みなみのまる》多聞櫓《たもんやぐら》だけだ。2層の隅櫓と54メートルの平櫓からなり、寄せ手を阻む石落としや狭間が並ぶ。主要部は総石垣造で、その総延長は3キロ。本丸には大中小3つの天守台があるが、天守はない。当初からなかったともされるが、一度築いて解体されたとの説も出ている。

【別名】舞鶴城【城郭構造】梯郭式平山城【築城】1601（慶長6）年【廃城】1871（明治4）年【築城主】黒田長政【主な城主】黒田氏【現在の天守】なし【主な遺構】櫓・石垣・堀【指定文化財】国史跡・重要文化財【所在地】福岡県福岡市中央区城内【アクセス】市営地下鉄空港線「赤坂」駅より徒歩約5分

福岡

秋月城《あきづきじょう》

長屋門が残る陣屋形式の城

福岡藩主・黒田長政《ながまさ》の遺言によって秋月5万石を分封された3男・長興《ながおき》が築いた、陣屋形式の小さな城。かつての領主・秋月氏が古処山《こしょざん》城の西麓に築いた居館跡を利用して建てられたとされ、築城には古処山城や居館の資材が用いられたという。城の正面にあたる西側に一筋に堀を構え、背後は山を天然の要害としていた。堀とほぼ平行に築かれた石垣の上には二重櫓や平櫓が5棟建てられていた。

通用門として使われていた長屋門は、江戸時代前期に造られたもので、かつてと同じ場所に建てられている唯一の現存遺構だ。また、城のすぐ南にある長興を祀った垂裕《すいよう》神社の参道に建つ黒門は、大手門を移築したものである。

【別名】なし【城郭構造】平山城【築城】1624（寛永元）年【廃城】1871（明治4）年【築城主】黒田長興【主な城主】黒田氏【現在の天守】なし【主な遺構】石垣・堀・門【指定文化財】県史跡【所在地】福岡県朝倉市秋月野鳥【アクセス】甘木鉄道「甘木」駅よりバス約20分・徒歩約5分

福岡

久留米城《くるめじょう》

続日本100名城 No.183

本丸高石垣が残す往時の面影

九州平定後の豊臣秀吉に封じられた毛利秀包《ひでかね》が筑後川《ちくごがわ》左岸の小丘陵に築いた城。その後、柳川《やながわ》藩の支城となり、元和の一国一城令で一時廃城となった。1621（元和7）年、丹波福知山《たんばふくちやま》から移封された初代久留米藩主の有馬豊氏《とようじ》が、荒廃した久留米城の再建に着手。秀包時代に東を正面としていた本丸を南向きに変え、二の丸、三の丸を直線的に配する連郭式城郭へと改築した。

城郭には筑後川から取水した堀がめぐり、本丸には多聞櫓で連結した7棟の3重櫓が築かれていた。建築物は明治維新後にすべて破却されたが、現在も本丸の高石垣が残り、往時の威容を伝えている。

【別名】笹原城、篠原城、篠山城【城郭構造】連郭式平山城【築城】1587（天正15）年【廃城】1871（明治4）年【築城主】毛利秀包【主な城主】毛利秀包、田中氏、有馬氏【現在の天守】なし【主な遺構】石垣・堀【指定文化財】県史跡【所在地】福岡県久留米市篠山町444【アクセス】JR鹿児島本線「久留米」駅より徒歩約20分

佐賀

唐津城《からつじょう》

続日本100名城 No.185

海岸線から立ち上る高石垣

関ヶ原の戦い後に入部した寺沢広高《ひろたか》が、松浦川河口から半島状に海に突き出した満《みつ》島山《しまやま》に築いた。山域は頂上に本丸を置いて一段下に二の曲輪、さらに山麓を腰曲輪が囲っていた。平地部は西方に二の丸、三の丸が連なる連郭式平山城だが、かつては内堀や外堀が半島部分を切り離す形で築かれていたため、郭内は独立した島となっており、海城としての側面もあった。

腰曲輪は海岸沿いに高石垣をめぐらせたうえ、櫓や塀で防御を固めていた。本丸には模擬天守が建てられているが、櫓門から多聞櫓と連結され、石落としなども備えており、往時の雰囲気を味わえる。

【別名】舞鶴城【城郭構造】連郭式平山城、海城【築城】1608（慶長13）年【廃城】1871（明治4）年【築城主】寺沢広高【主な城主】寺沢氏、大久保氏、土井氏、小笠原氏【現在の天守】模擬天守。複合式望楼型　5層5階地下1階【主な遺構】石垣・堀【指定文化財】なし【所在地】佐賀県唐津市東城内8-1【アクセス】JR唐津線・筑肥線「唐津」駅よりバス約8分

長崎

平戸城《ひらどじょう》

山鹿流軍学で築かれた城

初代平戸藩主・松浦鎮信《まつらしげのぶ》が、幕府による改易を恐れて自ら破却した日之嶽《ひのだけ》城跡に、5代藩主・松浦棟《たかし》が築いた。一国一城令発布後の築城は異例だったが、棟が寺社奉行に抜擢されたことや東シナ海防備の必要性から幕府に認められたとされる。

三方を海に囲まれた亀岡山山頂に本丸を構え、一段下に二の丸、山麓には舟入《ふないり》（船着場）を備えた三の丸が配された。縄張りの指導は先代藩主と親交があった軍学者の山《やま》鹿素行《がそこう》が行ったとされ、石狭間《ざま》や本丸北斜面に延びる登り石垣などに特徴がみられる。現存遺構は北虎口門と狸櫓《たぬきやぐら》だけだが、本丸には3重5階の模擬天守や複数の櫓、塀などが造られている。

【別名】亀岡城【城郭構造】梯郭式平山城、海城【築城】1704（元禄17）年【廃城】1871（明治4）年【築城主】松浦棟【主な城主】松浦氏【現在の天守】模擬天守。複合式層塔型　3重5階【主な遺構】石垣・櫓・門【指定文化財】なし【所在地】長崎県平戸市岩の上町1458‐1【アクセス】松浦鉄道「たびら平戸口」駅よりバス約10分・徒歩約10分

長崎

原城《はらじょう》

続日本100名城 No.188

世界遺産になった悲劇の舞台

有明海に突き出した標高30メートルほどの丘陵上に、本丸以下の各曲輪を配した周囲約4キロの城郭で、三方を海に囲まれ、残る西側が低湿地帯となる天然の要害だった。天正年間（1573〜1592）にはキリシタン大名・有馬晴信の下、一帯は南蛮貿易などで栄えたが、その後入部した松倉氏は島原城を新築して原城を廃城とした。

松倉氏は、島原城建設のため領民に過酷な賦役《ふえき》を課したうえ、キリシタン弾圧を強化。1637（寛永14）年、耐えかねた領民3万7000人が原城跡に立て籠もって島原の乱を起こしたが、12万超の幕府軍に殲滅された。城跡は2018（平成30）年に世界遺産の構成資産に登録されている。

【別名】日暮城、有馬城【城郭構造】連郭式平山城、海城【築城】1496（明応5）年【廃城】1616（元和2）年【築城主】有馬貴純【主な城主】有馬氏【現在の天守】なし【主な遺構】石垣・空堀・枡形【指定文化財】国史跡、世界遺産【所在地】長崎県南島原市南有馬町【アクセス】島原鉄道「島原」駅よりバス約1時間・徒歩約15分

大分

日出城《ひじじょう》

穴太衆による野面積みの石垣

関ヶ原の戦い後に木下延俊《のぶとし》が3万石で入部し、日出藩16代の居城として明治を迎えた。築城にあたり、延俊は当時中津藩40万石を領した義兄・細川忠興《ただおき》の支援を受け、小藩に似合わない堅城となった。

別府湾に突き出した台地の南端に海を背にして本丸を構え、残る三方を囲むように二の丸を、その東に三の丸が配された。本丸には3重の天守と5棟の2重櫓が建てられていた。現存遺構としては、他家に移されていた裏門櫓と鬼門櫓が移築されている。鬼門櫓は北東（鬼門）隅を欠く五角形のめずらしい構造だ。本丸の石垣は木下氏家臣の穴太理右衛門《あのうりえもん》が築いたもので、石垣職人集団「穴太衆」による野面積み（穴太積み）を見ることができる。

【別名】暘谷城【城郭構造】梯郭式平山城、海城【築城】1602（慶長7）年【廃城】1874（明治7）年【築城主】木下延俊【主な城主】木下氏【現在の天守】なし【主な遺構】石垣・堀・天守台【指定文化財】なし【所在地】大分県速見郡日出町2610‐1【アクセス】JR日豊本線「暘谷」駅より徒歩約5分

大分

杵築城《きつきじょう》

島津氏の猛攻にも耐えた堅城

室町時代初期に大友氏の一族である木付氏が築いた。もとは木付城だったが、18世紀初頭に幕府の朱印状に「杵築」と誤記されて以降、杵築城となった。

築城地の台山《だいやま》は、南北を八坂川と高山川に、東を守江《もりえ》湾に囲まれた天然の要害で、空堀で4区画に分けられた台山山頂の主郭部に天守を構えていた。1586（天正14）年には、豊後に侵攻した島津氏の攻撃を受けたが、2ヶ月の籠城戦の末に撃退した。天守は慶長年間（1596～1615）に地震、暴風雨、落雷で損壊しても再建されたが、一国一城令で解体され、台山北麓の居館に城郭機能が移された。

【別名】木付城、勝山城【城郭構造】連郭式平山城、海城【築城】1394（明徳5）年【廃城】1871（明治4）年【築城主】木付頼直【主な城主】木付氏、細川氏、小笠原氏、松平氏【現在の天守】模擬天守。独立式望楼型　3重3階【主な遺構】石垣・堀・土塁【指定文化財】国史跡【所在地】大分県杵築市杵築16-1【アクセス】JR日豊本線「杵築」駅よりバス約12分・徒歩約10分

熊本

宇土城《うとじょう》

加藤清正が改修した隠居城

平安時代、古くから交通の要衝だった宇土半島付け根の西岡台という丘陵地に宇土城（宇土古城）が築かれていたが、豊臣秀吉の九州征伐で城主の名和《なわ》氏が滅亡。代わって入部した小西行長《ゆきなが》が、宇土古城東隣の城山に新たな城を築いた。しかし、関ヶ原の戦いで西軍についた小西氏が滅亡すると、熊本藩主となった加藤清正が小西領を併合。清正は自身の隠居城とするために宇土城の大改修を行った。

以後、宇土城は3重天守を備えた本丸に二の丸、三の丸を構え、堀や運河で城下町も囲む惣構えになったが、1611（慶長16）年に清正が急死すると、翌年、廃城となった。なお、熊本城の宇土櫓は宇土城の天守を移築したものと伝わる。

【別名】鶴城【城郭構造】平山城【築城】1588（天正16）年【廃城】1612（慶長17）年【築城主】小西行長【主な城主】小西氏【現在の天守】なし【主な遺構】石垣・堀【指定文化財】国史跡（宇土古城）【所在地】熊本県宇土市古城町【アクセス】JR鹿児島本線・三角線「宇土」駅より車で約10分

熊本

人吉城《ひとよしじょう》

日本100名城 No.93

相良氏35代670年の本拠

1205（元久2）年、畠山重忠《しげただ》の乱の戦功で人吉の地頭に任じられた相良長頼《ながより》が築城したとされる。以後、明治まで35代670年にわたって相良氏が居城とした。

球磨《くま》川と支流の胸《むね》川を天然の堀とした台地に築かれた城は、1589（天正17）年からの大改修で石垣造の近世城郭へと整備された。本丸、二の丸、三の丸を階段状に配したほか、全国にも例がない井戸を備えた地下室も造られていた。1862（文久2）年の火災からの復興時には、石垣最上段を外側に張り出す「桿出《はりだし》工法」という西洋の築城技術を取り入れた武者返《むしゃがえ》しが設けられた。こちらも五稜郭や品川台場など全国に数例しかない。建築物は西南戦争時にほぼすべて焼失している。

【別名】球麻城、三日月城、繊月城【城郭構造】梯郭式平山城【築城】1205（元久2）年頃【廃城】1871（明治4）年【築城主】相良長頼【主な城主】相良氏【現在の天守】なし【主な遺構】石垣・土塁【指定文化財】国史跡【所在地】熊本県人吉市麓町【アクセス】JR肥薩線「人吉」駅より徒歩約10分

宮崎

高鍋城《たかなべじょう》

平安時代から続く古城

平安時代の豪族・土持《つちもち》氏が築城して長らく本拠としたが、1457（長禄元）年に伊東氏の攻撃で落城。戦国時代には伊東氏を退けた島津氏が支配し、耳川《みみがわ》の戦いで最前線基地となるなど、大友氏平定後は秋月氏が封じられ、江戸時代には高鍋藩秋月氏の藩庁として明治維新を迎えた。

近世城郭へと改修したのはこの秋月氏で、茶臼原《ちゃうすばる》台地と呼ばれる洪積《こうせき》台地の東端に、詰丸《つめのまる》、本丸、二の丸を階段状に配する縄張りを確定させた。

なお、1673（延宝元）年に秋月氏によって「高鍋城」に改称されるまでは「財部《たからべ》城」と呼ばれていた。

【別名】舞鶴城、財部城【城郭構造】梯郭式平山城【築城】斉衡年間（854～857年）頃【廃城】1871（明治4）年【築城主】土持氏【主な城主】土持氏、伊東氏、島津氏、秋月氏【現在の天守】なし【主な遺構】石垣・堀・曲輪【指定文化財】町史跡【所在地】宮崎県児湯郡高鍋町上江1345【アクセス】JR日豊本線「高鍋」駅よりバス約10分・徒歩約10分

宮崎

延岡城《のべおかじょう》

続日本100名城 No.195

九州随一の高石垣

初代延岡藩主の高橋元種《もとたね》が、五ヶ瀬《ごかせ》川と大瀬《おおせ》川を天然の外堀とした標高53メートルの丘陵上に築いた。山頂の天守台を中心に、本丸、二の丸、三の丸を配していたが、天守は築かれず、天守台の脇に代用の3階櫓が建てられていた。さらに、その櫓も1683（天和3）年に焼失し、以後は再建されなかった。

城の中心部には石垣がめぐらされているが、なかでも二の丸の高石垣は高さ約19メートルと九州屈指の威容を誇る。最下段の隅石《すみいし》を外すことで石垣全体を崩し、攻め寄せた敵を殲滅する仕掛けの「千人殺しの石垣」ともいわれるが、これは明治以降に創作された話という説もある。

【別名】亀井城、縣城【城郭構造】梯郭式平山城【築城】1603（慶長8）年【廃城】1870（明治3）年【築城主】高橋元種【主な城主】高橋氏、牧野氏、内藤氏【現在の天守】なし【主な遺構】石垣・天守台【指定文化財】なし【所在地】宮崎県延岡市東本小路【アクセス】JR日豊本線「延岡」駅より徒歩約25分

宮崎

飫肥城《おびじょう》

日本100名城 No.96

100年にわたって争われた要衝

土豪の土持《つちもち》氏が酒谷《さかたに》川北岸に延びたシラス台地に城を築いたのは、南北朝時代だとされる。戦国時代には島津氏と伊東氏が約100年にわたって飫肥城を争ったが、最終的には豊臣秀吉の九州平定に従った伊東氏が領有し、明治まで存続した。

縄張りは、本丸を中心に中の丸や松尾の丸などの独立曲輪を配する、戦国期の南九州によく見られる「群郭式《ぐんかくしき》」だ。江戸時代に入り、地震で被災した飫肥城は1686（貞享3）年から大修築されるとともに近世城郭の体裁を整えた。現存建造物はないが、シラス（火砕流堆積物《かさいりゅうたいせきぶつ》）の凝灰岩《ぎょうかいがん》である「飫肥石《おびいし》」を用いた切込み接ぎの石垣上に大手門や土塀などが復元されており、往時の枡形などが再現されている。

【別名】舞鶴城【城郭構造】群郭式平山城【築城】南北朝時代【廃城】1871（明治4）年【築城主】土持氏【主な城主】土持氏、島津氏、伊東氏など【現在の天守】なし【主な遺構】石垣・土塁【指定文化財】市史跡【所在地】宮崎県日南市飫肥10-1-2【アクセス】JR日南線「飫肥」駅より徒歩約15分

鹿児島

鶴丸城《つるまるじょう》

城山に築かれた薩摩藩の藩庁

島津77万石の簡素な居城

初代薩摩《さつま》藩主の島津家久・忠《ただ》恒《つね》が、標高１０７ﾒｰﾄﾙの城山東麓に築いた城で、江戸時代を通して薩摩藩の藩庁となった。縄張りは南北に本丸と二の丸が並び、北・東・南の三方を水堀が囲むシンプルなもので、本丸御殿などが建つ中世以来の屋形造であった。ただし、江戸時代の絵図には、かつて上山《うえやま》城があった背後の城山に「本丸」や「二の丸」の記述があり、「後詰《ごづ》めの城」と認識されていた。

とはいえ、郭内には天守や櫓などの高層建築も高石垣もなく、77万石の本拠地としては簡素に過ぎる。関ケ原の戦いで西軍についた負い目から幕府を憚《はばか》ったためともいわれるが、鶴丸城以前に島津本家が居城としていた内《うち》城や清水《しみず》城も、屋形造の平城と、後詰めの山城という組み合わせであった。本拠が簡素である代わりに、島津氏は領内を１００以上の「郷《ごう》」という区画に分け、それぞれに外城《とじょう》（支城）と呼ばれる城砦《じょうさい》を備え、戦時には各郷が外敵に対処する「外城制度」を敷いていた。一国一城令発布後も薩摩では外城を「麓《ふもと》」と言い換えてこの制度を存続させていたので、本拠を堅固にする必要がなかったのである。

現在、かつての建造物は西南戦争で焼失して見られないが、国内最大級の城門である「御楼《ごろう》門《もん》」が復元されている。

【別名】鹿児島城【城郭構造】平山城【築城】１６０２（慶長７）年【廃城】１８７２（明治５）年【築城主】島津家久【主な城主】島津氏【現在の天守】なし【主な遺構】石垣・堀・石橋【指定文化財】国史跡【所在地】鹿児島県鹿児島市城山町７-２【アクセス】ＪＲ日豊本線「鹿児島」駅より徒歩約15分

沖縄

首里城《しゅりじょう》

独自技術が見られる琉球王城

日本100名城 No.100

初代琉球王の王城

築城年代は定かではないが、初代琉球王の尚巴志《しょうはし》が琉球を統一する過程の１４０６（応永13）年に首里城を攻略している。その後、１４２９（永享元）年に統一を果たした巴志は、居城と定めた首里城を王城にふさわしい城として改修した。

城の規模は東西最長４００ﾒｰﾄﾙ、南北最長２７０ﾒｰﾄﾙ。正殿や門は朱塗《しゅぬ》りで、屋根には琉球赤瓦《あかがわら》が葺《ふ》かれるなど、建築には中国や日本の影響を受けながらも琉球独自の技術や様式が用いられていた。なかでも特徴的なのは、ところどころで湾曲して美しい曲面を見せる城壁だ。隅《すみ》石《いし》部分も角を立てるのではなく、丸みを帯びた角面に仕上げられている。石積みは琉球石灰岩を平行に並べた布積みや、多角形に切った石を噛み合わせる相方《あいかた》積《づ》みという技法が用いられた。城内は大きく外郭と内郭に分けられ、外部から外郭への入城門は湾曲させた城壁の中央をアーチ形に開け、上部に櫓を備えている。内郭は、正殿とその正面の御庭《うなー》という行政空間を中心に、祭祀空間や居住空間があった。

２０００年（平成12）年に「首里城跡」として世界遺産の構成資産となったが、２０１９（令和元）年の火災で正殿などが焼失。２０２６（令和８）年の再建を予定している。

【別名】御城【城郭構造】梯郭式平山城【築城】14世紀頃【廃城】１８７９（明治12）年【築城主】不明【主な城主】尚氏【現在の天守】なし【主な遺構】石垣【指定文化財】国史跡、世界遺産【所在地】沖縄県那覇市首里当蔵町３【アクセス】ゆいレール「儀保」駅・「首里」駅より徒歩約15分

第三章

平城《ひらじろ》 55城の歩き方

55/200

安土桃山時代終盤から江戸時代初期に多く築かれた城です。築城技術の発達に伴い、平野部に石垣を築き、巨大な堀を造るなど、思い通りの軍事施設が造れるようになったため、武家屋敷や商人たちが住む城下町を取り込んだ巨大な軍事と政治の拠点を持つ平城が誕生します。築城には莫大な費用がかかるため、平城を築城できた大名は限られました。
主な平城に、大阪城、名古屋城（写真）、江戸城があります。

長野

松本城《まつもとじょう》

常に進化を続けた国宝の平城

日本100名城 No.29

【別名】深志城【城郭構造】梯郭式・輪郭式平城【築城】1504（永正元）年【廃城】1871（明治4）年【築城主】小笠原貞朝【主な城主】山川氏、石川氏、松平氏、堀田氏、水野氏、松平氏（戸田氏）【現在の天守】現存天守。複合連結式層塔型 5重6階【主な遺構】天守・石垣・土塁・堀・二の丸土蔵【指定文化財】国宝、国史跡【所在地】長野県松本市丸の内4-1【アクセス】JR篠ノ井線「松本」駅より徒歩約20分

重厚で神秘的な現存天守

1504（永正元）年、信濃守護・小笠原貞朝《さだとも》が「深志城《ふかしじょう》」として築城したのが始まりとされる。その後、同地を支配した武田家が滅亡したことにより、1582（天正10）年に徳川家家臣の小笠原貞慶《さだよし》が旧領を回復し、城名を「松本城」に改名。豊臣秀吉の時代になると、家康から離反して秀吉の家臣となった石川数正を配し、息子・康長との2代にわたる大改修が行われ、近世城郭へと整備された。

戦国時代から江戸時代にかけて、武田家、豊臣家、徳川家と多くの戦国大名が領地を奪い合った松本城は、武田支配下では上杉家との対戦に備えた武田流の縄張りが張られ、豊臣支配下には徳川家を監視するために、秀吉好みの黒天守が建てられ、平和な江戸時代以降は余興を楽しむ櫓が造られるなど、時代による変化を遂げてきた。

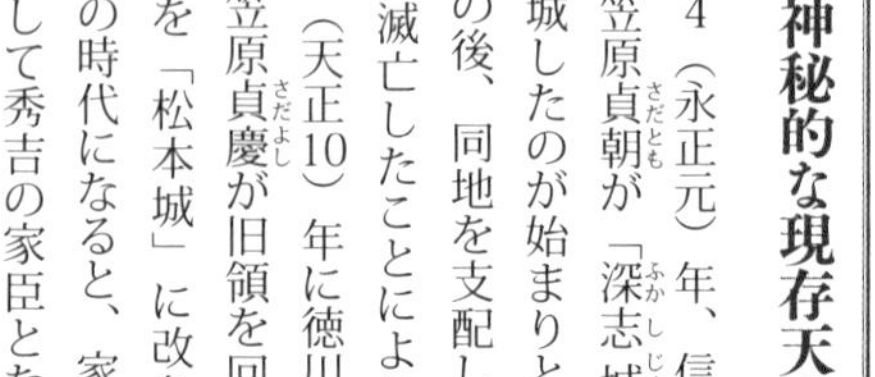

信州松本城之図（松本城管理事務所蔵）

国宝に指定されている5つの城の中で、唯一の平城である点、姫路城同様に5層の大天守を持つ点などから常に人気の高い城

で、内堀に浮かぶ大天守とその両脇に小天守と櫓を持たせるバランスの取れた天守群は、昼は黒漆の重厚さが空との絶妙なコントラストを放ち、夜はライトアップされた天守群が神秘的な空間を作り出している。

　城郭は、ほぼ中心に天守を有する本丸を置き、その周りを内堀で囲み、東・西・南面にくぼんだ形で二の丸、さらにその周りを外堀、三の丸、総堀の順に囲んでいく梯郭式・輪郭式平城である。

松本城編
埋橋（うずみばし）
1955年（昭和30）に架けられた埋門に架かる橋
本丸と三の丸を繋ぐ朱塗の埋橋

　城の南側に流れる女鳥羽《めとば》川の間に正門となる大手門を配置し、北・東・西に合計4つの武田流の丸馬出が設けられている。「深志城」と呼ばれていた1550年頃から、この地を支配した武田家によって形成されたようだ。この4つの丸馬出のうち、1つでも残っていれば、現在登録を目指している世界遺産にもっと近づいたと思われる。

　当時の縄張図に現在の地図を重ねてみると、かつての三の丸に、松本市役所や松本銀行が建てられている城下町となっており、本丸と二の丸が松本城公園になっていることがわかる。外堀は南西の一部が埋め立てられ、総堀も東側に一部を残すのみで、大手門や丸馬出はすべて破却されている。

　1936（昭和11）年に天守群5棟が国宝に指定され、1990（平成2）年には黒門と二の門が、1999（平成11）年には太鼓門枡形が復元され、現在に至っている。

三方向から敵兵を狙撃

　現在の松本城公園の正門は、もともとの松本城にはなかった門のため、城内東側の太鼓門から入って本丸を目指す。太鼓門とは、備えつけられた鐘と太鼓によって時を知らせるなど、家臣への情報伝達の役割を果たした門である。枡形の太鼓門は、まず正面に高麗門があり、枡形内の食い違い先に二の門の太鼓門が設けられている。櫓門である二の門は丈夫に造られているので、破壊するには相当な時間がかかる。その間、枡形内にいる敵を、三方向の矢狭間や鉄砲狭間から狙う。

　二の門の左手には、城内で一番大きい玄蕃石と呼ばれる石が置かれている。その重さは何と22・5トンだ。

　太鼓門を突破すると二の丸である。右手の門先が、1876（明治9）年に不審火によって全焼してしまった二の丸御殿跡で、建坪約500坪、部屋数約50という大規模な御殿が建てられていたという。現在は、御殿内の各部屋の区画が煉瓦で区切られており、その規模をしっかりと伝えてくれている。

松本城編
太鼓門 枡形内
食い違い先に二の門の太鼓門が現れる
三方向から守備兵に狙われる枡形構造の太鼓門

松本城編
玄蕃石（げんばいし）
22.5トンもある松本城の中で一番大きい石
重さ22.5トンの巨岩・玄蕃石

目的の違う建物が融合

来た道を戻り、今度は西方面に向かうと、右手に黒門一の門が見えてくる。当時の最高の色調である黒の名を冠して「黒門」と呼ばれていた重厚感のある門で、この先が本丸である。そのまま本丸へ入る前に、内堀沿いを左方面に歩きながら、大守群の見え方の変化を楽しみたい。野面積みと打込み接ぎが混在した高さ3メートルほどの石垣が繋がり、その南西角に複合連結式の天守群がどっしりと乗っている姿は圧巻である。特に大天守が2方向から眺められる角度がお薦め。

真ん中に構えるのが層塔型5重6階の大天守で、入母屋造の屋根の下には開放の少ない5階があり、その下の南面には唐破風出窓、東西面には千鳥破風、その下にも大きな千鳥破風を飾り、1階のあちこちに石落としを設けている。また、黒壁のためわかりにくいが、矢狭間や鉄砲狭間も多数設けられており、防衛のための城でもあることが確認できる。

松本城編
黒門 一の門
1990年（平成2）に復元
当時の最高の色調である黒の名を冠して「黒門」と呼ばれ
二の丸と本丸を繋ぐ格調高い門

大天守の左側には3層の乾小天守、右側には2層の辰巳附櫓、さらに月見櫓が建てられ、それらが繋がる見事な天守群となっている。ただし、すべてが同時に建てられたわけではなく、主に大天守と乾小天守は戦国時代、辰巳附櫓と月見櫓は江戸時代で、前者が戦いを想定した天守、後者が平和な時代の櫓というように、目的の違う建物が融合した珍しい天守群でもあるのだ。

松本城編
本丸御殿跡
建坪は830坪　部屋数は60余り　享保12年（1727）焼失
瓦で仕切られた芝生内に本丸御殿が建てられていたが、1727（享保12）年に焼失した

再び黒門前まで戻り、いよいよ本丸に突入する。枡形の門をくぐってすぐの右手に、松本城を解体から救い、現存天守として今に残すことに尽力した市川量造氏と小林有也氏のレリーフが建てられている。そのまま奥に進むと、左手に先ほどの天守群が見え、その前方に瓦で仕切られた芝生が広がっている。この瓦の区画内に建坪約830坪、部屋数約60余りの本丸御殿が建てられていたという。

月見や宴専用の櫓

天守群を正面に見て一番左側の月見櫓は、1630（寛永7）年前後、松平直政が城主の頃に建てられた櫓で、3代将軍・徳川家光を迎えるために増築したという。三方向が吹き抜けに開放されている朱塗の廻縁がある優雅な造りで、大天守や乾小天守と比べると明らかに合戦を想定していない、まさに月見や宴専用の櫓となっている。また、屋根も唯一、寄棟屋根となっており、他の櫓とは違うということを表現しているのかもしれない。

天守台石垣は3メートル程度で、積み方は打込み接ぎの乱積みに見えるが、野面積みであるという。

大天守と乾小天守を繋ぐ渡櫓下から天守内に入る。1階の矢狭間から西方向を眺めてみる。内堀の幅は50メートル以上あるため、堀のある方向へは長弓では厳しく、主に鉄砲での防衛であったことがわかる。そのまま2階に

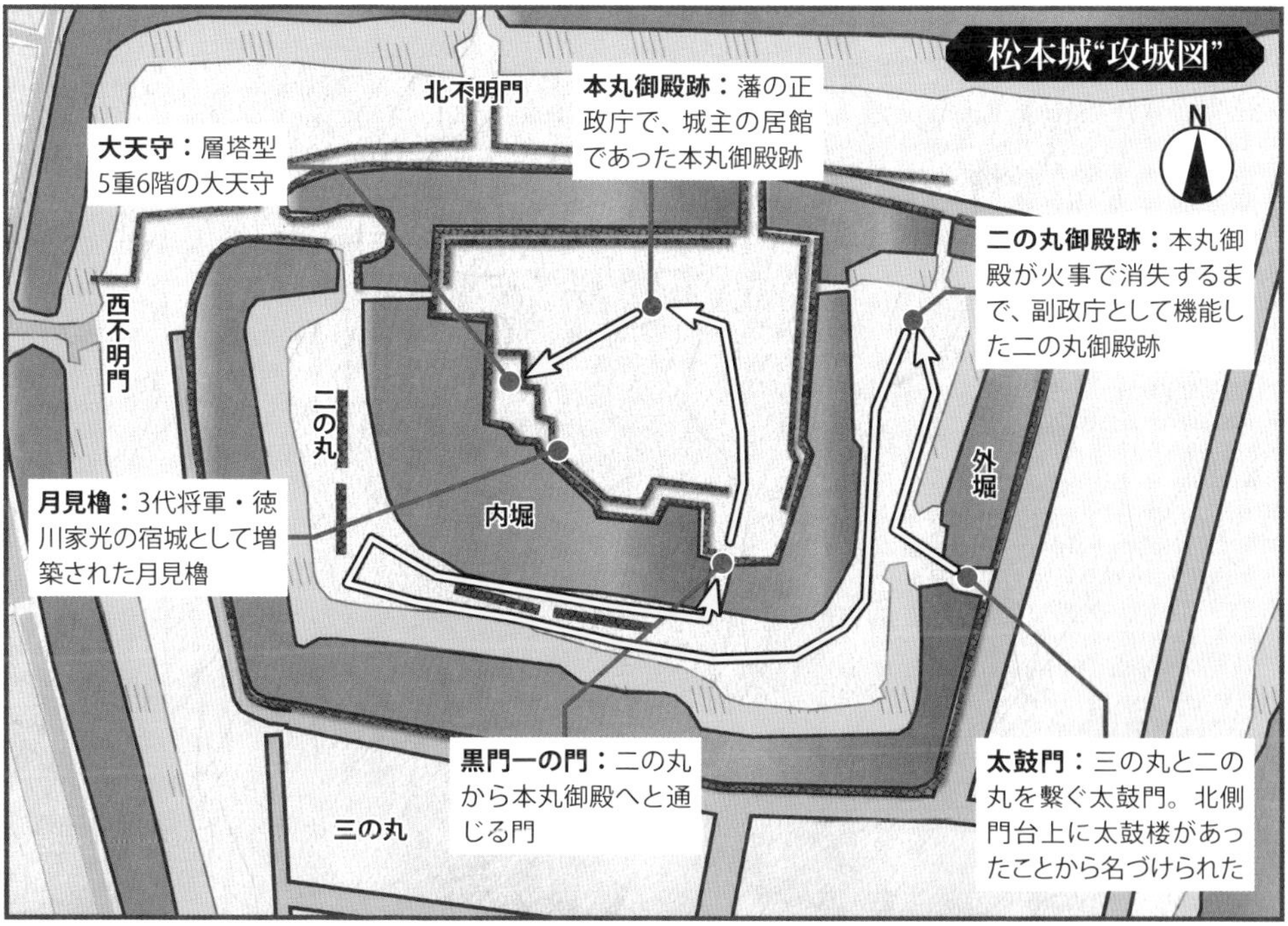
松本城“攻城図”
N
北不明門
本丸御殿跡：藩の正政庁で、城主の居館であった本丸御殿跡
大天守：層塔型5重6階の大天守
二の丸御殿跡：本丸御殿が火事で消失するまで、副政庁として機能した二の丸御殿跡
西不明門
二の丸
外堀
内堀
月見櫓：3代将軍・徳川家光の宿城として増築された月見櫓
黒門一の門：二の丸から本丸御殿へと通じる門
太鼓門：三の丸と二の丸を繋ぐ太鼓門。北側門台上に太鼓楼があったことから名づけられた
三の丸

月見や宴用の櫓として造られた月見櫓

上がるが、現存天守である松本城は、最上階まで急な階段が続くため、慎重に登っていくよう注意したい。2階の窓から辰巳附櫓と月見櫓の屋根が見え、前者には花頭窓がついている。さらに瓦を見ると、瓦の上に別の瓦が乗っていることがわかる。これは、上の屋根に積もった雪が滑り落ちてきた時の瓦保護のための「捨て瓦」であり、昭和の大修理時につけられたものだという。

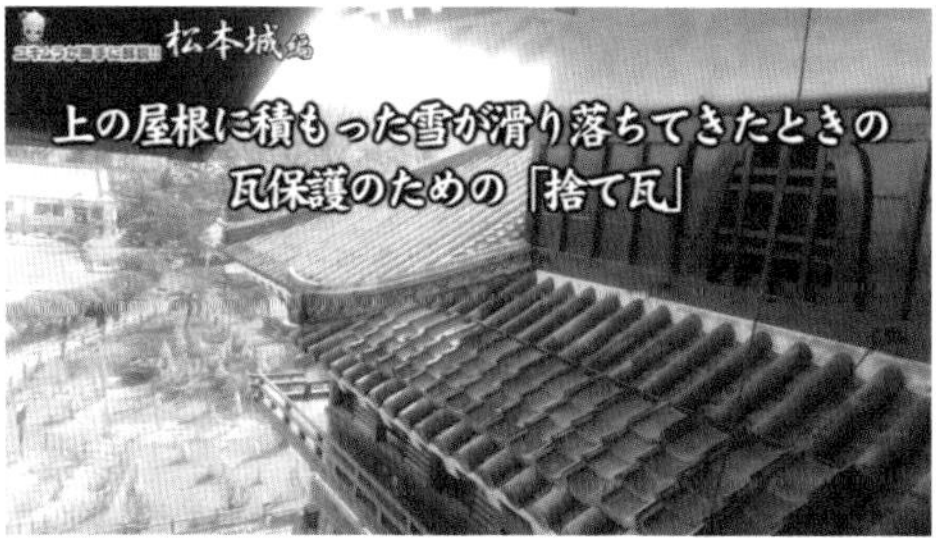
松本城編
上の屋根に積もった雪が滑り落ちてきたときの
瓦保護のための「捨て瓦」
屋根に積もった雪が滑り落ちてきた際の瓦保護としてつけられた捨て瓦

3階は天井の低い、窓のない空間が広がっている。これは大天守の構造上、できてしまう空間で、戦時は倉庫や避難所として使われていたと考えられている。4階には御座所と呼ばれる空間があり、ここに城主が座を構えた時は、いよいよ合戦も最終局面を迎えた段階ということになる。最上階の6階では桔木《はねぎ》構造の天井が確認でき、さらに月待ち信仰の二十六夜神が祀られている。

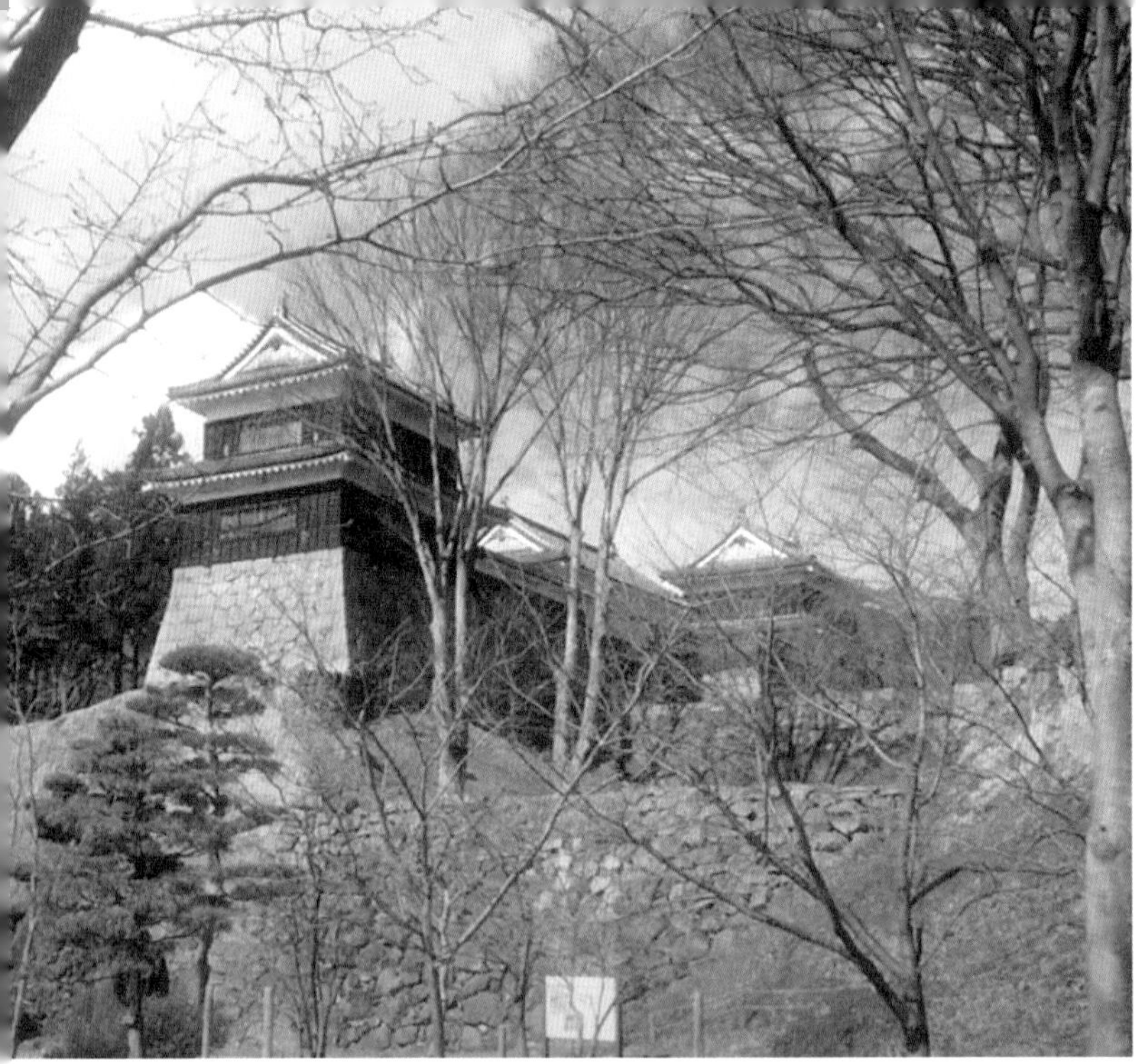

長野

上田城《うえだじょう》

地の利を生かした智将・真田昌幸の堅牢な城

日本100名城 No.27

【別名】尼ヶ淵城【城郭構造】梯郭式平城【築城】1583（天正11）年【廃城】1874（明治7）年【築城主】真田昌幸【主な城主】真田氏、仙石氏、松平氏【現在の天守】なし【主な遺構】櫓・石垣・土塁・堀【指定文化財】国史跡【所在地】長野県上田市二の丸11-12【アクセス】JR北陸新幹線「上田」駅より徒歩12分

天然の要害を活用した城

徳川の大軍を2度にわたって撃退し「不落城」の異名を持つ、智将・真田昌幸の居城。南に千曲川、北に太郎山、東に神川という天然の要害を活用した城は、北国街道が走る上田盆地中央に築かれた。

武田信玄家臣・信濃先方衆として活躍した昌幸は、1582（天正10）年、織田信長を筆頭に、織田軍・徳川軍・北条軍による「甲州征伐」によって武田氏が滅亡すると、独立の道を選んだ。戦国大名・真田氏の誕生である。その数ヶ月後、「本能寺の変」で信長が倒れると、徳川氏の傘下に入って同盟を結び、「上杉軍に備えて上田盆地には城が必要」の大義名分により、家康の力を使って1583（天正11）年に築城を開始する。ところがその後、北条氏との同盟を目論《もくろ》む家康から、「沼田領を北条に譲るように」という理不尽な命令が下る。これを拒絶した昌幸は、上杉景勝に次男・幸村を人質として差し出して援助を求め、家康と対立する道を選

信州上田城絵図（正保城絵図／国立公文書館蔵）

択。今度は、「対徳川軍に備えて」城造りを進め、1585（天正13）年に「上杉方の城」として上田城を完成させたのである。

関ヶ原の戦いで石田三成率いる西軍についた昌幸は、三成が敗れると幸村とともに幽閉され、上田城は跡形もなく破壊されてしまう。その後、東軍についた嫡男・信之が上田領を引き継いで城主となるも、城の修復はせず、三の丸に居館を構えて藩政を行った。

当時の城絵図は残されておらず、昌幸の造った名城の全貌はわかっていない。現在残されている絵図は、江戸期に仙石氏によって大改修された後のものである。

1874（明治7）年、廃城令によって、土地・建物が民間に払い下げられ、7棟あった櫓は、「西櫓」を残して移築・解体された。

現在は本丸・二の丸跡が上田城址公園となっており、移築されていた「北櫓」「南櫓」が現在地に再移築され、1994（平成6）年には、「東虎口櫓門」が復元された。

合格祈願に多くの参拝者が訪れる眞田神社

仙石氏が再建した平城

1622（元和8）年、信之が松代に転封されると、城主となった仙石忠政が城の再建に乗り出すも、わずか6年後に死没。再建は中断、再開されることはなかった。

縄張りを確認してみよう。本丸を囲うように7基の2層櫓と2基の櫓門があり、本丸を中心に南面以外の三方に内堀を介して二の丸があり、二の丸の外側を百間堀で囲み、東側に三の丸、西には小泉曲輪（郭）を配置する「梯郭式平城」だ。

本丸の目の前に千曲《ちくま》川の分流・尼ケ淵が流れ、広範囲にわたる湿地帯となっており、さらに北側には、「太郎丸」と呼ばれた険しい山が連なっていた、まさに天然の要害である。

眞田神社の裏手にある伝説の井戸「真田井戸」

また、東西を走る「北国街道」、三の丸から上州方面に至る「上田上州街道」、南は松本城へ繋がる「松本街道」が通る交通の要所であり、城下町は「上田宿」としても栄えた。

現在の地図と見比べてみると、湿地帯や堀はほとんど埋め立てられ、本丸・二の丸跡が上田城址公園となり、三の丸にあった信之の居館はそのままのスケール感で学校になっている。

上田城の今と昔を把握してから、今ある遺構と城下町を歩いてみると、城めぐりが何倍も楽しくなるはずだ。ぜひ試してみてほしい。

シンボルとなっている「南櫓」

現在は高校となっている「上田藩主屋敷跡門」

上田城攻城「いざ出陣」

最寄り駅・上田駅は北陸新幹線も停まる大きな駅だ。ロータリーには真田幸村騎馬像があり、地名看板やフラワーボックスなど、街のあちこちに真田家の家紋「六文銭」が描かれている。駅から左へ少し歩くと三の丸だった地域に入るので、三の丸の大きさを体感しながら進んでみよう。

「御屋形」と呼ばれた「上田藩主屋敷跡（御屋形跡）」には、1790（寛政2）年に再建された「薬医門」と堀が残されており、現在、敷地内は長野県立上田高校となっている。敷地を囲う堀は、ほぼ当時のままの姿を残しており、幅が狭められている。

本丸の南側、尼ヶ淵だった場所は埋め立てられ、上田城址公園駐車場となっている。現在ここから見える石垣の手前には、当時千曲川が流れており、絶壁の天然の堀となっていた。

左側には、「西櫓」が見える。仙石氏によって1626（寛永3）年頃建てられた、入母屋造の2層櫓だ。南・西方面の監視や防衛を担っていた櫓である。

この堀の向こうに本丸があるが、川の先にこの絶壁があるのでは、南からの進軍が非常に厳しいことがわかる。

ところどころに残っている南面の石垣は、昌幸が治めていた頃にはなかったものだ。大雨で川の水が崖を浸食していくのを防ぐために、1733（享保18）年頃築かれた。石や資金不足などの理由からか未完成で、石垣の途中から河原の石が野面積みとなっていることが確認できる。

この石垣を左手に、東方面に向かうと、石垣の上に見えてきたのは、1949（昭和24）年にこの地に戻ってきた「南櫓」だ。少し石垣から離れて見ると、南櫓・東虎口櫓門・北櫓と繋がる、上田城のシンボル的櫓群が確認できるお薦めの撮影ポイントだ。

東へ少し進むと二の丸土塁跡があり、川の浸食で削られた跡がはっきりと確認できる。北方向へ曲がると、左手に一直線にのびる遊歩道がある。この道が当時の二の丸堀である。

二の丸門跡には、立派な石垣が遺っている。切込み接ぎと打込み接ぎの石垣の構造から、仙石氏の時代に造られたことがわかる。勢いよく進ませない「食違虎口」形状だった。東虎口から入って右手に博物館があり、直進すると大きく開けた空間が広がる。出陣前の兵士が詰める「武者溜まり」と呼ばれる場所である。ここから内堀を挟んで、本丸に建つ櫓群が見える。

いよいよ本丸だ。

門手前の右の石垣に、城内で一番大きい巨石が使われている。大手の石垣に巨石を用いる例は多く、城主はその権力を示すために大きさを競った。この巨石は、「真田石」と呼ばれ、「信之が松代に転封を命じられた際に、

城内で一番大きい巨石「真田石」

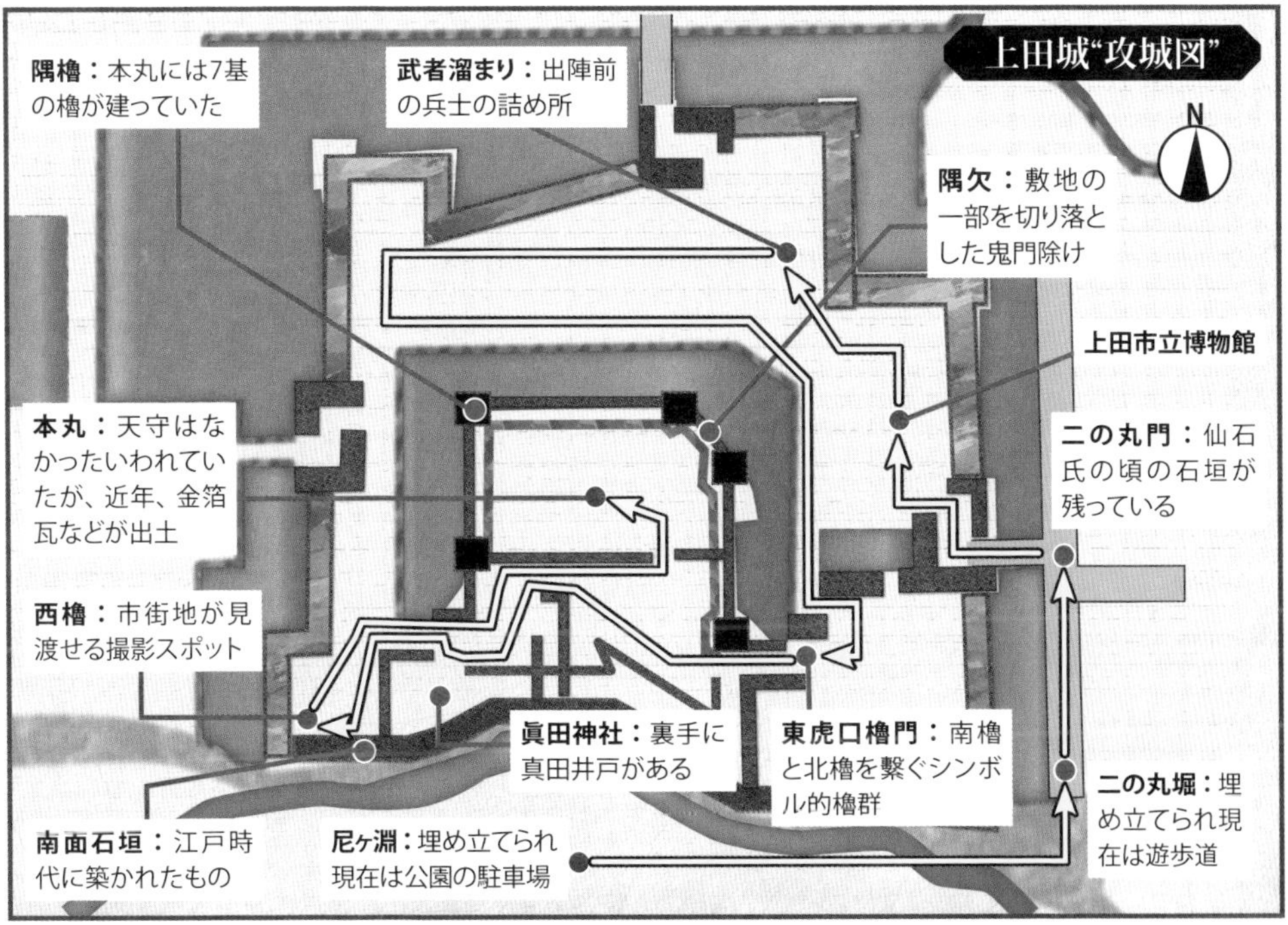

父の形見として持っていこうとしたが、微動だにしなかった」という伝承が残っている。

1994（平成6）年に再建された本丸入口の「東虎口櫓門」は、上田城で一番新しい城郭だ。

本丸は南北に、上ノ段、下ノ段の2段構造となっており、本丸下ノ段に建つ「眞田神社」は、1879（明治12）年に「松平神社」として建立され、その後「上田神社」「眞田神社」に改称された。「落ちない城」にあやかり、多くの参拝客が合格祈願に訪れている。

神社の裏手には、伝説の井戸「真田井戸」がある。「この井戸は城北の太郎山砦に通じていた。敵に包囲されても、兵糧を運び入れるにも不自由しなかった」と記されている。

その奥にある階段上に、西櫓が建っている。明治以降も移築・解体されずに残った唯一の櫓である。中に入ることはできないが、外観の雰囲気だけでも十分楽しめる。当時、ここからは眼下には川が流れ、遠く千曲川まで一望できた。

櫓門から北に向かい石段を登ると、本丸上ノ段だ。上田城に天守は建てられなかったといわれており、昌幸は、「天守なんぞは自分はここにいると敵に知らせるだけの物」だと考えていた。しかし、近年の発掘調査で、「金箔瓦」が数点見つかっている。この瓦は安土桃山時代に特有の瓦で、安土城・大阪城などに使われていた。実は上田城にも豪華な館があったのかもしれない。当時に思いを馳せながら本丸を散策すると、上田城の見え方が変わってくるだろう。

北側のアーチ状にくぼんでいる場所が、昌幸の時代からある、「隅欠《すみおとし》」といわれる遺構だ。北東の鬼門にあたる角を、曲げて切り落とし、鬼門除けとしていた。全国の城郭にも見られるものだが、これだけ巨大な隅欠は他に例がない。

長野

松代城《まつしろじょう》

武田流築城術を生かした天然要塞

日本100名城 No.26

【別名】海津城、貝津城、長野城【城郭構造】輪郭式平城【築城】1560（永禄3）年【廃城】1873（明治6）年【築城主】武田晴信（信玄）【主な城主】武田氏、田丸氏、森氏、真田氏【現在の天守】なし【主な遺構】石垣・土塁・堀【指定文化財】国史跡【所在地】長野県長野市松代町松代44【アクセス】JR東日本「長野」駅よりバスで約30分

北信濃攻略の重要拠点

1559（永禄2）年に甲斐の武田晴信（信玄）が、「海津《かいづ》城」として築城を開始。幾度かの改名を経て、「松代城」となったのは1711（宝永8）年のことである。

この城が脚光を浴びたのは、「第四次川中島の戦い」である。武田信玄と上杉謙信の最大の激戦において、武田軍の最前線基地となったのが海津城だった。逆にあまり知られていないのが、1622（元和8）年に真田幸村の兄・信之が松代藩主となって以降、この城が明治維新まで真田家の居城だったことである。上田城のイメージの強い真田家だが、実は松代城を治めていた期間のほうが圧倒的に長いのだ。

城郭は、本丸の北以外を内堀で守り、周囲に二の丸を配置し、その周りを外堀、新堀、百間堀で囲み、南側に三の丸、南西に花の丸を置き、その南側を三の堀で守る輪郭式平城。「丸馬出」や「三ケ月堀」など、武田家の高度な築城術（「甲州流築城術」）を多く採用した独特の縄張りである。

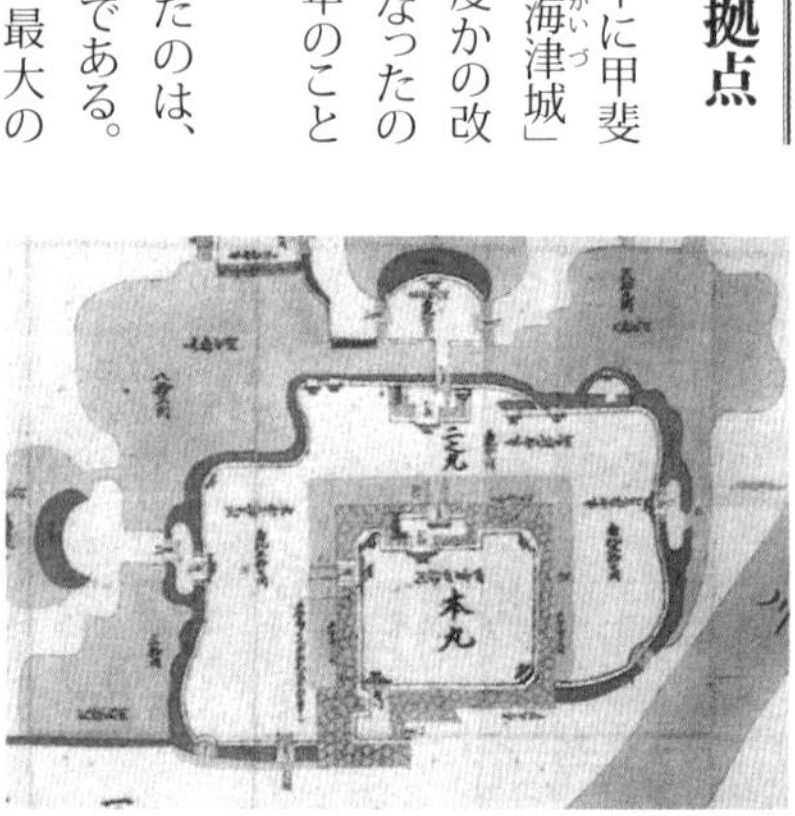

信濃国河中嶋松代城（長野県立歴史館蔵）

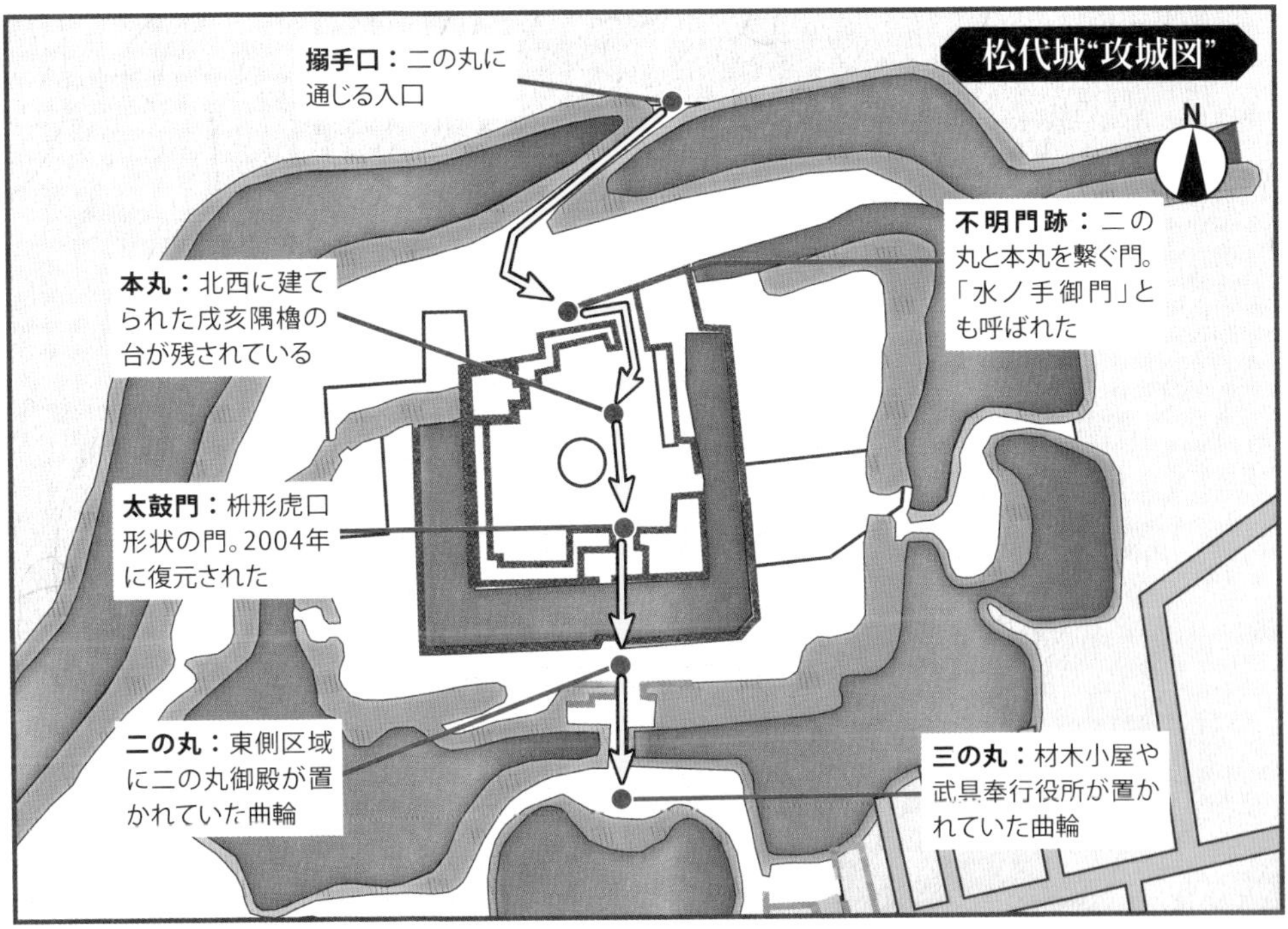
松代城“攻城図”
N
搦手口：二の丸に通じる入口
不明門跡：二の丸と本丸を繋ぐ門。「水ノ手御門」とも呼ばれた
本丸：北西に建てられた戌亥隅櫓の台が残されている
太鼓門：枡形虎口形状の門。2004年に復元された
二の丸：東側区域に二の丸御殿が置かれていた曲輪
三の丸：材木小屋や武具奉行役所が置かれていた曲輪

天守を代用した戌亥隅櫓

城内北側の搦手《からめて》口跡から本丸を目指す。ここで、裏門である搦手門が、なぜ北側に置かれているのかを不思議に思った人がいるかもしれない。というのも武田家の時代、海津城の北側には敵国の上杉家がいたからだ。この搦手門の配置に関する疑問は、当時の縄張図を見れば解決する。上杉家の領地と海津城の間には、自然の防衛線である千曲川が流れており、もともと北側は敵が攻め込みにくい構造となっていたのだ。そのため武田軍は、北側よりも南側の防衛に力を入れる必要があったのである。

そのまま南に進んでいくと、２００４(平成16)年に復元された不明門《あかず》跡、及び城壁が見えてくる。その先の立派な枡形の二の門を潜《くぐ》れば、本丸に到着だ。本丸自体はさほど大きくなく、学校の校庭くらいだろうか。すぐ左には大きな櫓があった石垣、反対側には本丸北西を守る戌亥隅櫓台が残されている。きれいな打込み接ぎで石垣が積まれている。天守が築かれなかった松代城にとって、天守の代わりを果たしていたのが、この戌亥隅櫓であった。

南側には重要な防衛施設であった太鼓門が復元されており、その先の前橋が本丸と二の丸を繋いでいる。二の丸から三の丸方面に南下していくが、大きな正門があった場所には商業施設が建っていて、当時の雰囲気は残っていない。当時の縄張図と現在の地図を重ねてみると、花の丸や三の丸など多くの曲輪が存在していないことがわかる。

ここから南方面に抜けて、５分ほど歩いたところに、国の史跡に指定されている真田邸がある。９代藩主・真田幸教《ゆきのり》が１８６４(元治元)年に建築した松代城の城外御殿で、江戸末期の御殿建築をよく残した貴重な建物なので、松代城と併せて見学をお薦めする。

静岡

駿《すん》府《ぷ》城《じょう》

徳川家康が晩年を過ごした隠居城

日本100名城 No.41

【別名】なし【城郭構造】輪郭式平城【築城】1585（天正13）年【廃城】1869（明治2）年【築城主】徳川家康【主な城主】徳川氏、中村氏、内藤氏（松平氏）【現在の天守】なし【主な遺構】石垣・堀【指定文化財】なし【所在地】静岡県静岡市葵区追手町【アクセス】JR「静岡」駅より徒歩約15分

火事に消えた幻の天守

征夷大将軍を嫡子・秀忠に譲り、「大御所」と呼ばれた徳川家康が、晩年を過ごした城が駿府城である。室町幕府の駿府守護であった今川家の館を、家康が近世城郭として築城し直したのが1585（天正13）年。将軍として過ごした江戸を去った家康が、隠居城として拡張し、1610（慶長15）年に巨大天守を完成させた。

城郭は、天守及び御殿を配置する本丸を中心に、内堀を挟んで二の丸、中堀を挟んで三の丸を配置する輪郭式平城で、非常にわかりやすい郭構造となっている。現在の地図と重ねると、内堀と外堀の一部が埋め立てられてしまっているが、中堀はそのまま残っており、駿府城公園となった現在でも当時の縄張りの大きさが体感できる。本丸に建てられていた層塔型7階の天守は、1635（寛永12）年の火災によって焼失して以降、再建されることはなかった。その高さは約33・5㍍と、国宝・姫路城よりも大きかったという。

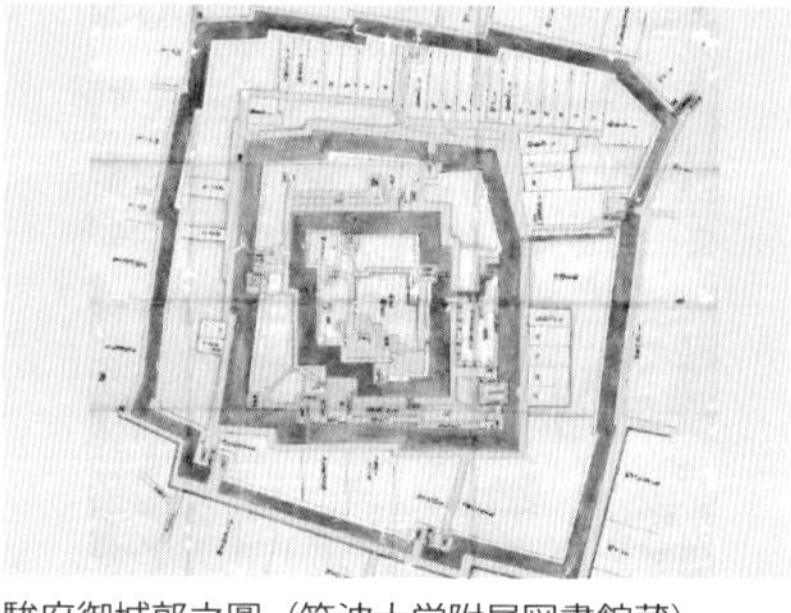

駿府御城郭之圖（筑波大学附属図書館蔵）

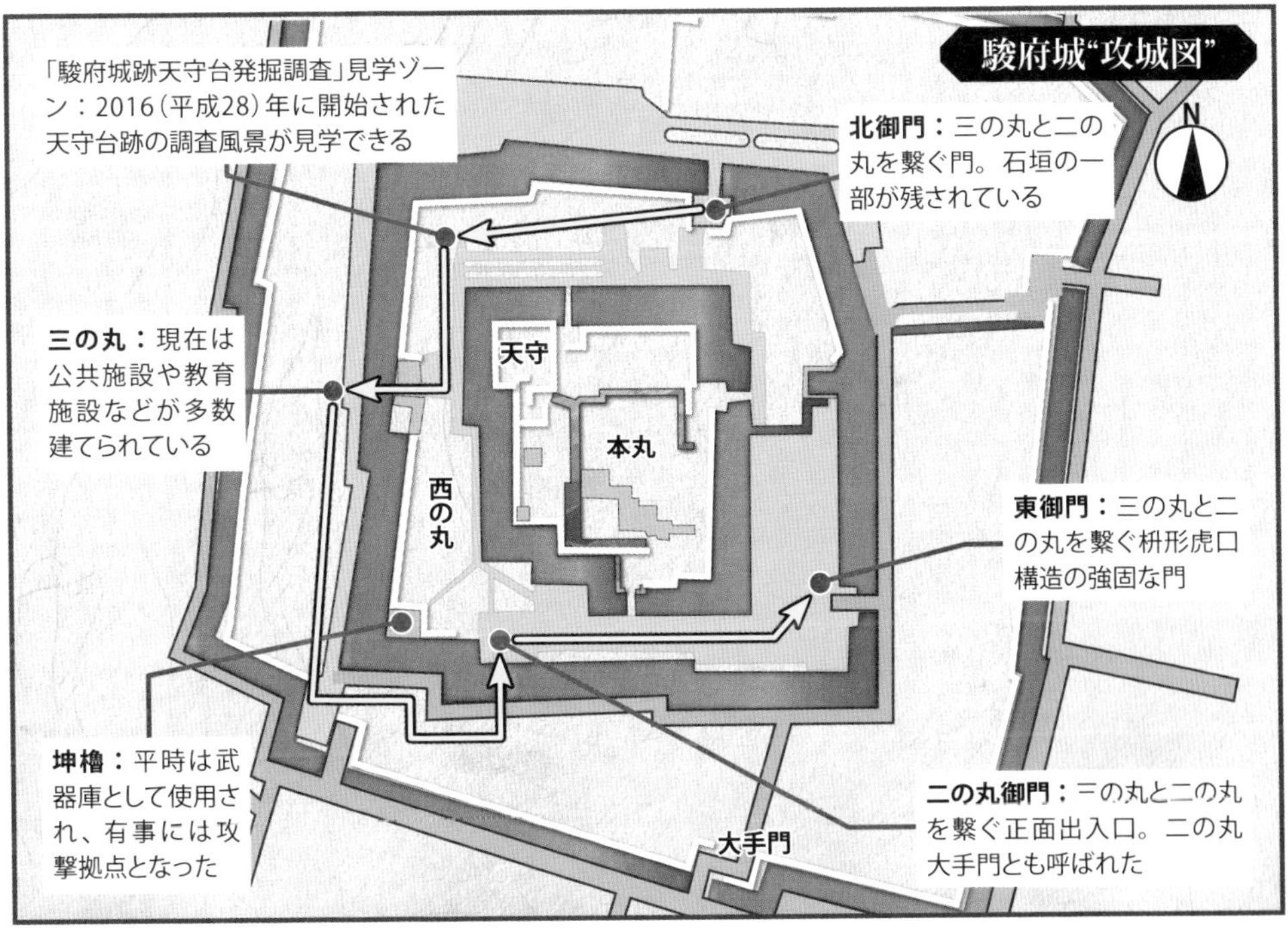
駿府城“攻城図”
「駿府城跡天守台発掘調査」見学ゾーン：2016（平成28）年に開始された天守台跡の調査風景が見学できる
北御門：三の丸と二の丸を繋ぐ門。石垣の一部が残されている
N
天守
本丸
三の丸：現在は公共施設や教育施設などが多数建てられている
西の丸
東御門：三の丸と二の丸を繋ぐ枡形虎口構造の強固な門
坤櫓：平時は武器庫として使用され、有事には攻撃拠点となった
二の丸御門：三の丸と二の丸を繋ぐ正面出入口。二の丸大手門とも呼ばれた
大手門

豊臣時代の遺構を発掘

三の丸北側の北御門橋から城内をめぐっていく。北御門跡の石垣は、野面積みと打込み接ぎ、角は算木積みで、当時のものと修繕したものとが混ざっていることがわかる。そのまま二の丸を右手に進むと、壁に「駿府城跡天守台発掘調査」と書かれている。西御門近くには、調査中の天守台跡を見学できるエリアがある。かつて7階建ての天守が建てられていたのはこの中央辺りで、その周囲を隅櫓や多聞櫓で囲む特殊な構造だったという。

もともとは江戸時代の天守台石垣の復元を目的とした調査だったが、その過程で豊臣時代の石垣や金箔瓦が大量に出土した。1590（天正18）年に小田原征伐を終えた秀吉が、家臣・中村一氏を駿府城に入城させ、豪華絢爛な天守を築かせていたことが明らかになったのだ。秀吉は江戸の家康を牽制する意味でも、大阪城に匹敵する〝金ピカ天守〟を建てていたのかもしれない。

ここでいったん西御門から三の丸に出て、中堀沿いを南方面へ歩いてみる。2014（平成26）年に復元された坤櫓《ひつじさる》が見えてきた。南西角を守る重要な防御施設で、その大きさは弘前城の天守に引けをとらない。入母屋造の3重櫓で、2階部分を千鳥破風で飾り、破風空間は石落としとして防衛力を高めていた。

東に進み、二の丸御門から二の丸に戻る。この先にはかつて二の丸御門が建っており、石垣の規模から見ても、かなり大きな櫓門であったことが想像できる。南東側に向かうと、1996（平成8）年に復元された東御門、巽櫓が現れる。枡形虎口の東御門は二の門を設け、東御門橋から入ってきた敵兵を、三方向から一気に狙い撃ちする仕組みになっている。ここまで強固な門構えの二の門は数少ないので、じっくりと観察してほしい。

愛知

長篠城《ながしのじょう》

長篠・設楽原の戦いの前哨戦に耐えた堅城

日本100名城 No.46

【別名】末広城、扇城【城郭構造】梯郭式平城【築城】1508（永正5）年【廃城】1576（天正4）年【築城主】菅沼元成【主な城主】菅沼氏、奥平氏【現在の天守】なし【主な遺構】曲輪・石垣・土塁・堀【指定文化財】国史跡【所在地】愛知県新城市長篠字市場22－1【アクセス】JR奥羽本線「弘前」駅よりバス約15分。

武田対徳川の激しい争奪戦

「長篠」と聞いて思い浮かぶのは、1575（天正3）年に起きた「長篠・設楽原《したらがはら》の戦い」（長篠の戦い）だろう。

織田信長と徳川家康の連合軍が、決戦の地となった設楽原の地形を利用して、柵や土塁を数日間で造り上げる野戦築城を行い、3000挺とも4000挺ともいわれる鉄砲隊で武田勝頼軍を迎撃。武田信玄時代からの重鎮を数多く討ち取って圧勝を収めた。〝戦国最強〟ともいわれた武田騎馬軍団が、鉄砲隊を主力とする織田・徳川軍に敗れたことは、武田氏滅亡のきっかけであるとともに、家康が天下人への第一歩を踏み出す大きな契機となった。

この野戦の発端が、長篠城だった。信濃と三河を結ぶ別所街道の重要拠点に位置する徳川氏の長篠城を、三河侵攻を狙う武田勝頼軍1万5000が攻撃した。わずか500の兵力で籠城する長篠城を救うべく、家康は信長に援軍を要

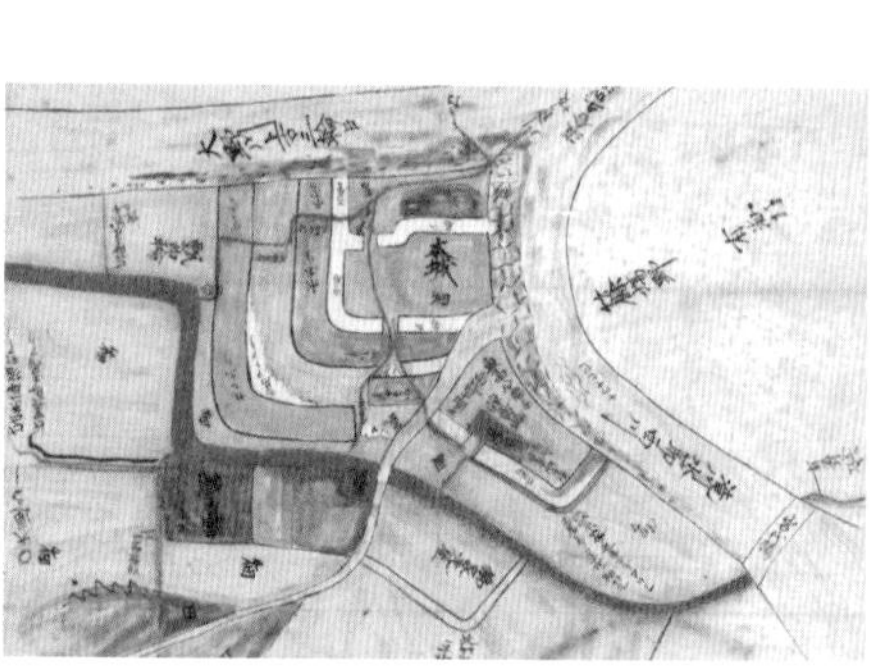

長篠城絵図（新城市長篠城址史跡保存館蔵）

請。織田・徳川連合軍3万が設楽原に到着し、「長篠・設楽原の戦い」となったのだ。

そんな長篠城の歴史を振り返ってみよう。1508（永正5）年、今川氏に従う菅沼元《もと》成《なり》が長篠城を築城。1560（永禄3）年の桶狭間の戦いで今川義元が討たれたため、長篠城は家康の支配下に入ったが、1571（元亀2）年に三河に侵攻した武田信玄が支配する。その2年後、家康が長篠城を攻略し、武田氏から徳川氏へ寝返った奥平信昌《のぶまさ》を城主とした。そして1575（天正3）年、武田勝頼が長篠城を攻め、織田・徳川連合軍が設楽原で激突したのである。

長篠・設楽原の戦いの後の1576（天正4）年、戦いで大きく破損した長篠城に代わり、信昌が新城城《しんしろじょう》を築城したことで長篠城は廃城となった。1929（昭和4）年には、城跡一帯が国の史跡となっている。

続いて、縄張りを確認する。長篠城は、西に寒狭川《かんさがわ》（豊川）、東に大野川（宇連川《うれがわ》）が流れ、その合流地点に突き出した断崖絶壁に造られた要害である。城域の南端、断崖に沿うように「野牛曲輪（郭）」があり、その北側に「本丸」、内堀を介して「二の丸帯《おび》曲輪」、西側に「弾正《だんじょう》曲輪」、その周りを土塁で囲むように「巴城《はじょう》曲輪」、さらにその周りを柵で囲い、西側に大手門を有する「大手曲輪」、東側に搦手門がある「瓢《ふくべ》曲輪」が配されていた。本丸を幾重もの曲輪で守る「梯郭式」の城である。断崖絶壁に建てられていたが、北側からは起伏がないために「平城」に分類されている。

鳥居強右衛門の活躍

大手曲輪から巴城曲輪に入った辺りに、鳥居強右衛門《とりいすねえもん》の磔《はりつけ》絵が大きく描かれた長篠城跡入口看板が設置されている。

1575（天正3）年5月、武田勝頼軍1万5000に長篠城を包囲された城主・奥平信昌は、足軽・強右衛門を密使として岡崎城へ送り、家康に援軍を要請することを決めた。命を受けた強右衛門は、武田軍の包囲を突破して岡崎に到着。救援を依頼して城に戻ろうとしたが、あと一歩のところで武田軍に捕らえられてしまう。そこで勝頼は強右衛門に、「援軍は来ない。すぐに城を明け渡せ」と城内に向けて説得すれば命は取らないと命じる。強右衛門はこの条件を受け入れたと見せかけて、城を見渡せる場所へ引き立てられると、「援軍は近い。それまで城を守れ！」と大声で叫んだ。これを聞いた城内の人々は歓喜し、強右衛門は武田軍によって磔にされた――。入口の看板には、長篠の戦いの勝敗を分けたともいわれる、強右衛門の最期の姿が描かれていたのだ。

合戦の後、信長は長篠城の城主・奥平信昌の戦いぶりを賞賛。家康は信昌に長女・亀姫を嫁がせている。

長篠城が建てられていた宇連川（右）と豊川（左）の合流地点

鳥居強右衛門磔死之址の碑

城址を横切るJR飯田線

　入口看板から南に200メートルほど進むと、かつての二の丸帯曲輪にあたる場所に無料駐車場があり、その隣に「長篠城址・史跡保存館」が建てられている。主に長篠・設楽原の戦いにまつわる資料や武具などが展示されており、なかなか興味深い。

　保存館を出て、長篠城本丸に向かう。右手に見える「史跡　長篠城址」という石碑の先が本丸だ。二の丸と本丸の間には、かつて内堀があり、橋が架けられていた。

合戦の資料が展示されている長篠城跡史跡保存館

　左手の階段を上ってみる。本丸と二の丸の境に位置する高台は、堀を掘った土を盛って築いた土塁の跡。そのまま南東に進むと突き当たりとなり、JR飯田線の線路が見える。城跡内に線路が走っているのは珍しく、現在はこの線路によって本丸と野牛曲輪とが分断されている。野牛曲輪跡には、殿井と呼ばれた井戸の跡地があり、石碑が建てられていた。

　本丸の周囲で見られる空堀には、当時は水が張られていた。この堀と土塁が、長篠城にとって最後の防衛設備だったのだろう。武田軍は、もしかしたらここまで攻め寄せていたのかもしれない。

　先ほどの突き当たりから階段を下りると、本丸に到着。城主の居館や櫓が建てられていた本丸だが、今は更地となっている。毎年5月5日には、長篠の戦いで倒れた両軍将士の霊を慰める「長篠合戦のぼりまつり」がこの地で開催され、火縄銃の実演などが見られるという。

　本丸の北西に位置する弾正曲輪から北に向かうと、家老屋敷跡に出る。そのまま西へ向かうと、「馬場美濃守信房《ばばみののかみのぶふさ》の墓」が遺されていた。信房は「武田四天王」の一人に数えられる武将で、長篠の戦いでは退却する勝頼軍の殿《しんがり》を務め、この地で戦死した。このほか、長篠・設楽原周辺には、山県昌景、五味貞氏、内藤昌豊など、武田家重臣の墓が多数点在している。

長篠・設楽原合戦地

　城郭を出て、「長篠・設楽原合戦地」へ向かう。長篠城から西へ4キロほどの場所に、合戦で討ち取った敵将の首を洗ったとされる「首洗い池」がある。その北側は、合戦での死者を埋葬した「信玄塚」と呼ばれる高台だ。長篠の戦いの際、信玄はすでに亡くなっていたのだが、信玄時代の重臣たちが多く亡くなったことから、その名が付けられたのではないだろうか。

　さらに北に進むと、「新城市《しんしろし》設楽原歴史資料館」がある。長篠・設楽原の戦いについての詳しい資料や、火縄銃、出土した弾などが展示されている。中でも、火縄銃・古式銃の展示は質量ともに日本一といわれているので、興味のある方にはお薦めしたい。

　資料館から西に200メートルほど進むと、「長篠の戦い 設楽原決戦場跡」に到着。小さな川に架けられている橋の両側には、武田側には騎馬隊、織田・徳川側には鉄砲隊の姿が描かれている。歴史好きには嬉しいおもてなしだ。

　さらに進めば、合戦屏風絵図が描かれた大型看板。そのまま北に歩いていくと、合戦時に織田・徳川連合軍が設置した馬防

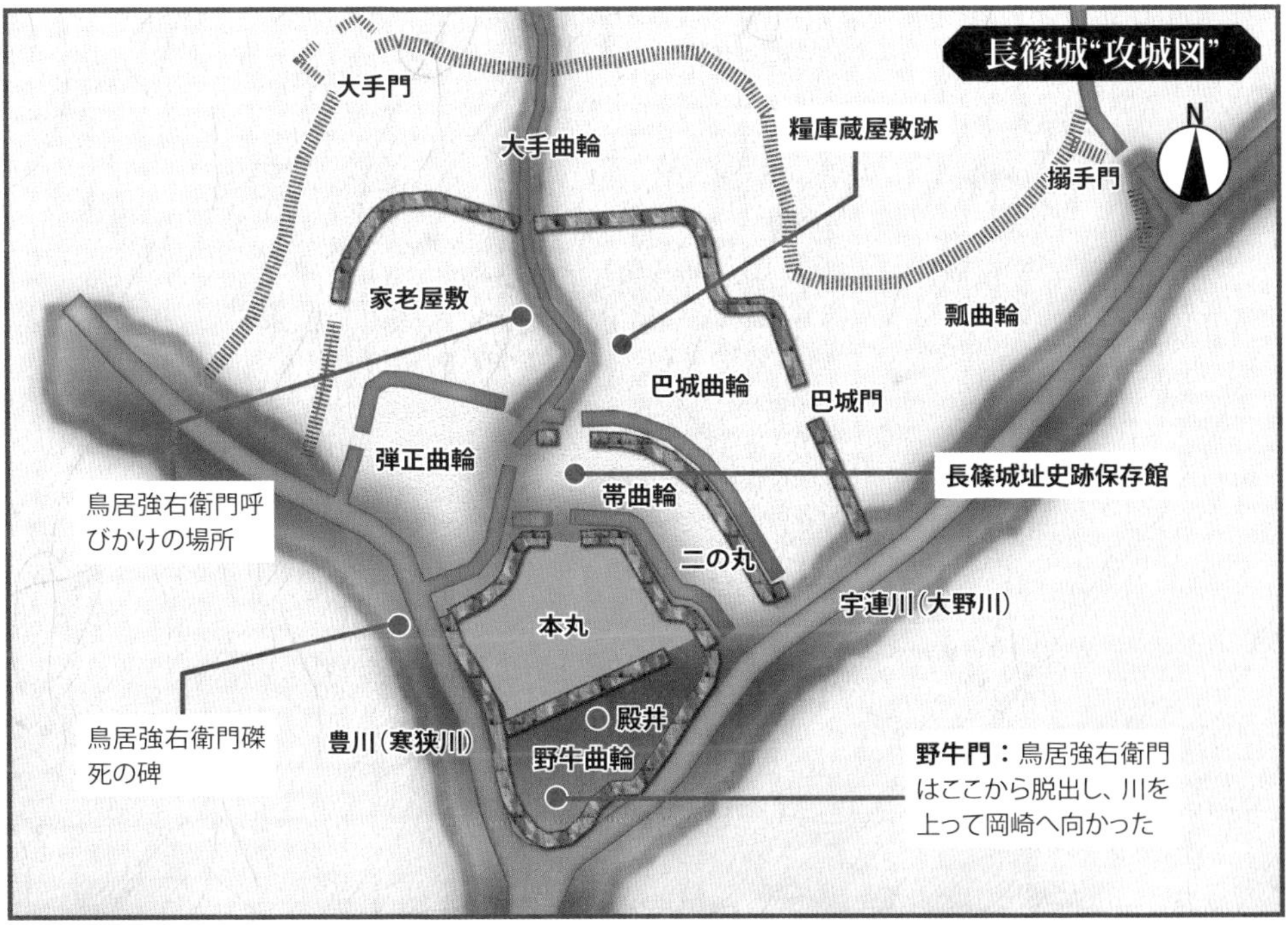

柵が再現されている。武田の騎馬隊を防ぐための馬防柵は、南北に約2㌔にわたって築かれたという。その中心部分に位置するこの場所から、3000挺もの鉄砲隊が一斉射撃を行ったのだ。信長は本陣を構えていた茶臼山にも野戦築城をしていたことから、鉄砲隊の攻撃だけでは決着はつかないと考えていたようだ。しかし、「戦国最強」と称された武田騎馬隊は、連合軍の挑発に乗って無策のままに突撃を繰り返し、自滅してしまったのである。

最後に、新東名高速道路新城インターチェンジのすぐ北にある「真田信綱・昌輝兄弟の墓」を紹介したい。信玄の時代から武田家に仕え、「武田二十四将」にも数えられる兄弟は、勝頼を無事に撤退させるため、連合軍の追撃部隊と衝突し、この地で戦死した。二人の死によって真田家の家督を相続したのが、幸村の父である昌幸であり、ここから大名・真田家の歴史が始まったのである。

合戦場に再現されている馬防柵

真田信綱・昌輝の墓

北海道

五《ご》稜《りょう》郭《かく》

旧幕府軍が占領した箱館戦争の遺構

日本100名城 No.2

【別名】亀田役所土塁、柳野城【城郭構造】稜堡式平城【築城】1864（元治元）年【廃城】1869（明治2）年【築城主】江戸幕府【主な城主】なし【現在の天守】なし【主な遺構】石垣・土塁・堀・兵糧庫【指定文化財】国史跡【所在地】北海道函館市五稜郭町【アクセス】函館市電「五稜郭公園前」駅より徒歩約20分

日本初・最大の西洋式城塞

箱館戦争の舞台として知られる五稜郭は、1854（安政元）年、日米和親条約によって下田と箱館を開港した江戸幕府が、箱館に設置した「箱館奉行」の奉行所であった。正式名称を「亀田役所土塁」という。

設計を命じられた伊予大洲藩の蘭学者、武田斐三郎《あやさぶろう》は、フランス軍艦の将官らから指導を受け、16世紀にフランスで考案された稜堡式城郭《りょうほしきじょうかく》を築城した。

城郭の周囲に、先の尖った稜堡を星型にめぐらせることで郭内からの死角をなくし、攻撃性とともに防御性も高められるという狙いがあったという。

1864（元治元）年に竣工し、蝦夷《えぞ》地《ち》の政治拠点である箱館奉行として機能し始めた五稜郭は、1868（明治元）年に榎本武揚《たけあき》率いる旧幕府軍に占領される。幕府軍には、元新選組副長・土方歳三もいた。

榎本軍は五稜郭を臨時政府の拠点として新政府との交渉を行うが、新政府は嘆願を拒否して討伐軍を派遣。新政府軍は箱館湾から砲撃を行い、五稜郭を包囲して総攻撃開始を通告した。土方の戦死の後、榎本軍は降伏し、五稜郭が戦闘の場となることはなかった。

五稜郭は幕府の威信をかけて築城した西洋式城塞であったが、幕府の資金不足と砲撃に対する設計の甘さから鉄壁とはいえなかった。5ヶ所造られる予定であった半月堡も、1ヶ所しか建造されていない。

愛知

名古屋城《なごやじょう》

家康の天下普請で築城された金鯱城

日本100名城 No.44

【別名】名城、金城、金鯱城、柳城、【城郭構造】梯郭式平城【築城】1610（慶長15）年【廃城】1871（明治4）年【築城主】徳川家康【主な城主】尾張徳川家【現在の天守】復元天守。層塔型　5層5階地下1階【主な遺構】石垣・堀・門・庭園・櫓【指定文化財】重要文化財【所在地】愛知県名古屋市中区本丸【アクセス】地下鉄名城線「名古屋城」駅より徒歩約5分

尾張徳川家の居城

御三家の筆頭・尾張徳川家の居城として名を馳せた名古屋城は、江戸城、大阪城と並び「日本三大名城」といわれた。

名古屋城が築かれた場所は、戦国時代に今川氏が築いた那《な》古《こ》野《や》城《じょう》があったところで、織田氏の持ち城となってからは、生後間もない信長も暮らしていたが、1555（弘治元）年に清洲城へと移ったために廃城となっていた。

名古屋城の築城は徳川家康の命により、豊臣家ゆかりの諸大名20家が費用と人手を工面して建設された。家康に対する忠誠を試し、財力を削ぐという目的があったという。

大坂にはまだ豊臣秀頼《ひでより》がいて、関ヶ原の戦いで西軍に加担した大名たちも勢力を保っていた。その状況下で家康は、自分ではなく9男・義直《よしなお》のために築城を命じたのである。1610（慶長15）年、徳川家の権威を示すための天下普請となった築城は、2年後に天守や櫓などが完成し、1615（元和元）年に徳川義直が入城している。

完成した名古屋城は5層5階の大天守に連結式の小天守がそびえ、12基の2層櫓に多くの多聞櫓が林立する壮大な構え。大坂の豊臣家に対する牽制の意味も大きく、家康は、待ちかねたように大坂の陣を開始した。

現在、天守を木造で復元する計画が進められている。

大阪

大阪城《おおさかじょう》

家康も攻めあぐねた〝太閤はんの城〟

日本100名城 No.54

【別名】金城・錦城【城郭構造】輪郭式平城【築城】１５８３（天正11）年【廃城】１８６８（明治元）年【築城主】豊臣秀吉【主な城主】豊臣氏、徳川氏【現在の天守】復興天守。独立式望楼型　５層８階【主な遺構】石垣・堀・櫓・門【指定文化財】国特別史跡・重要文化財【所在地】大阪府大阪市中央区大阪城【アクセス】ＪＲ大阪環状線「大阪城公園」駅より徒歩約10分

天下人を魅了した立地

大阪城は、大阪湾に面した台地の端。北、東、西を川や湿地に囲まれた天然の要害に建てられている。古くから政治や文化の拠点であった奈良や京都、貿易港として発展した堺にも近く、河川や瀬戸内海へと続く大阪湾を利用した水運にも恵まれている。この立地条件はいつの時代も人々を魅了し、古代には難波宮《なにわのみや》、中世には浄土真宗の石山本願寺と寺町が築かれていた。天下統一を目指す織田信長にとっても欠かすことのできない場所であり、石山本願寺との10年間の攻防の末、１５８０（天正８）年にようやく攻略。築城を計画するも本能寺の変で没したため、その翌年に豊臣秀吉が造営に取りかかった。

30ヶ国の大名を動員し、約16年の歳月を費やした大工事は、秀吉が没する１５９８（慶長３）年に終了。二重三重の堀で囲まれた面積約４００㌶の城郭は総延長12㌔の石垣で囲まれ、瓦まで金箔で飾られた壮麗な天守がそびえていた。

１６１４（慶長19）年からの大坂の陣では攻めあぐねた徳川軍が和睦の名のもとに外堀を埋めさせ、ようやく攻め落としたことはよく知られている。豊臣家滅亡後、大坂は幕府直轄領となり、２代将軍・徳川秀忠が豊臣時代の城郭を徹底的に破壊し、その上に新たな大阪城を築いた。現在の復興天守は１９３１（昭和６）年に建てられたものである。

青森

根城《ねじょう》

日本100名城 No.5

南部氏が築いた南朝の拠点

鎌倉幕府御家人の南部《なんぶ》氏が分属した根城。南部氏の4代・南部師行《もろゆき》が、建武の新政時に築城した。南朝の初代・後醍醐天皇に従った師行は、南朝方の拠点になる城という意味を込めて「根城」の名を付けたと伝わる。一方、南部宗家《そうけ》は北朝側に立っており、南朝が劣勢になると、宗家と同調しない根城南部氏は衰退。8代・政光《まさみつ》が再度根城を拠点として再興して「八戸」氏を名乗るようになり、安土桃山時代には南部宗家の家臣となった。

1590(天正18)年に豊臣秀吉が諸城破却令を発して根城は廃城となったが、館は残され、1627(寛永4)年、八戸氏22代の直義《なおよし》が移封された際、完全な廃城となっている。

【別名】八戸根城【城郭構造】連郭式平城【築城】1334(建武元)年【廃城】1627(寛永4)年【築城主】南部師行【主な城主】南部氏【現在の天守】なし【主な遺構】土塁・堀【指定文化財】国史跡【所在地】青森県八戸市根城【アクセス】JR東北新幹線「八戸」駅よりバス約15分

青森

浪岡城《なみおかじょう》

続日本100名城 No.103

堀と土塁に守られた北畠氏の居城

南北朝時代に後醍醐天皇を助けた北畠親房《きたばたけちかふさ》の子孫と伝わる北畠顕義《あきよし》が、陸奥国浪岡《むつのくになみおか》に築城した平城。近年の発掘調査で、幅20メートル、深さ5メートルの2重堀などで分けられた8つの郭が扇のように広がり、迷路のような土塁で守りが強化されていたことがわかっている。

浪岡北畠氏と呼ばれる顕義の子孫は、16世紀前半に最盛期を迎え、京都と盛んに交流して寺社の建設にも力を注いだので、浪岡御所と呼ばれていた。

浪岡北畠氏は、1562(永禄5)年に起きた親族間の争いを発端に衰退していき、1578(天正6)年に津軽統一を目指す大浦(津軽)為信《ためのぶ》に攻め落とされて滅亡。浪岡城はその後に廃城となった。

【別名】浪岡御所、北の御所【城郭構造】平城【築城】応仁年間(1467〜1469)【廃城】1578(天正6)年頃【築城主】北畠顕義【主な城主】浪岡北畠氏【現在の天守】なし【主な遺構】土塁・郭跡【指定文化財】国史跡【所在地】青森県青森市浪岡【アクセス】JR奥羽本線「浪岡」駅より徒歩約15分

山形

鶴ヶ岡城《つるがおかじょう》

続日本100名城 No.108

酒井氏が50年をかけて改修

後に大宝寺《だいほうじ》氏と称する武藤氏が築いた「大宝寺城」を起源とする。大宝寺氏滅亡後は越後上杉氏が居城とし、1601(慶長6)年に最上《もがみ》氏が庄内支配の拠点として入城。その後、鶴ヶ岡城と改称された。

1622(元和8)年、お家騒動によって改易となった最上氏に代わって、酒井忠《さかいただ》勝《かつ》が入封。以降、50年以上を費やして大改修が行われた。

忠勝・忠当《ただまさ》・忠義の3代にわたった大工事により、本丸を中心とする同心円状に二の丸と三の丸を配した輪郭式の縄張りに、多くの土塁と堀をめぐらせた近世城郭となり、今に残る鶴岡市の町割りもこの時代に整備された。

【別名】大宝寺城、鶴岡城【城郭構造】輪郭式平城【築城】室町時代初期【廃城】1871(明治4)年【築城主】武藤長盛【主な城主】最上氏、酒井氏【現在の天守】なし【主な遺構】土塁・石垣・堀【指定文化財】国史跡【所在地】山形県鶴岡市馬場町【アクセス】JR奥羽本線「鶴岡」駅より徒歩約30分

山形

米沢城《よねざわじょう》

続日本100名城 No.109

減封された上杉氏の居城

鎌倉幕府の重鎮であった大江広元《おおえひろもと》の次男・時広が、出羽国長井郷の地頭となって築いた居館が起源とされる。時広は長井姓を名乗った。

室町時代になって長井氏が伊達氏に滅ぼされると、1548（天文17）年、伊達晴宗《はるむね》がこの地に本拠を移して城郭を築いた。"独眼竜"政宗《まさむね》は米沢城で生まれている。

その後、豊臣秀吉の奥州仕置によって米沢は蒲生氏の所領となり、上杉景勝が越後から会津に転封されると、重臣・直江兼続《かねつぐ》が米沢城へ入城。関ヶ原の戦い後、減封された上杉氏の居城となって明治維新を迎えた。

城の外観よりも内政に力を注いだ上杉家らしく、土塁と水堀中心の質素な城郭で、天守は建てられなかった。

【別名】舞鶴城、松ヶ岬城【城郭構造】輪郭式平城【築城】1238（暦仁元）年【廃城】1871（明治4）年【築城主】大江時広【主な城主】長井氏、伊達氏、上杉氏【現在の天守】なし【主な遺構】土塁・水堀【指定文化財】なし【所在地】山形県米沢市丸の内【アクセス】JR奥羽本線「米沢」駅よりバス約10分

山形

松山城《まつやまじょう》

江戸時代の大手門が残る未完の城

山形県酒田市にあった松山城は、庄内藩主となった酒井忠勝《ただかつ》の遺言により、3男・忠恒《ただつね》に酒田一帯が与えられ、庄内藩の支藩として成立した出羽松山藩が拠点とした中山陣屋を起源とする。

中山陣屋は1662（寛文2）年に築かれたが、築城が開始されたのは100年以上後の1781（天明元）年のことだった。3代藩主・忠休《ただよし》が、5000石の加増とともに幕府に築城を許されて着工。ところが、その7年後に忠休が死去し、藩の財政が悪化したことから工事は中止となり、未完のまま明治を迎えて廃城となったのだ。

大手門は、江戸中期に落雷で焼失するも豪商が再建し、江戸時代の姿を残す。

【別名】出羽松山城、羽後松山城【城郭構造】連郭式平城【築城】1781（天明元）年【廃城】1868（明治元）年【築城主】酒井忠休【主な城主】酒井氏【現在の天守】なし【主な遺構】大手門・土塁・堀【指定文化財】県有形文化財【所在地】山形県酒田市新屋敷【アクセス】JR羽越本線「砂越」駅よりバス約20分・徒歩約15分

山形

新庄城《しんじょうじょう》

約250年間にわたる戸沢氏の本拠

山形藩主・最上氏が改易となった1622（元和8）年、常陸松岡《ひたちまつおか》藩主であった戸沢《とざわ》政盛《まさもり》が新庄藩6万石の藩主となり、もともと沼田城、鵜沼城《うぬまじょう》と呼ばれる小城があった地に築城した。

政盛は当初、最上郡の鮭延城《さけのべじょう》に入城したが、山城の不便さから幕府に築城を願い出て許され、3重の堀に囲まれた平城を構えた。この頃に建設された3層の天守は築城10年後の大火災で焼失し、以後は再建されていない。他の施設は復興されながら、戸沢氏11代の居城となった。

戊辰戦争では、新庄藩が奥羽越列藩同盟を脱退したので、庄内藩の激しい攻撃を受けて落城し、城内の建物は大部分が焼失してしまい、そのまま廃城となった。

【別名】沼田城、鵜沼城【城郭構造】平城【築城】1625（寛永2）年【廃城】1868（明治元）年【築城主】戸沢政盛【主な城主】戸沢氏【現在の天守】なし【主な遺構】石垣・土塁・堀【指定文化財】市史跡【所在地】山形県新庄市堀端町6【アクセス】JR奥羽本線「新庄」駅より徒歩約15分

山形

山形城《やまがたじょう》

日本100名城 No.10

57万石の大大名となった最上氏の居城

羽州探題《うしゅうたんだい》としてこの地に入った斯波兼頼《しばかねより》が館を築いたことに始まる。その後、兼頼は最上氏を名乗り、地名を山形と改名した。最上氏は出羽一帯に勢力を伸ばし、11代・義光《よしあき》の時代には戦国大名の勇として名を馳せ、1600（慶長5）年の慶長出羽合戦では上杉軍を撤退に追い込んだ。この働きにより、最上氏は山形藩57万石の藩主となったが、義光の死後に起きたお家騒動によって近江大森1万石へ転封される。

代わって城主となった鳥居忠政が山形城を改修し、輪郭式の縄張りが完成。以降、徳川譜代の大名が10回以上も交代して藩主となり、明治を迎えた。

【別名】霞城、霞ヶ城【城郭構造】輪郭式平城【築城】1356（正平11・延文元）年【廃城】1871（明治4）年【築城主】斯波兼頼【主な城主】最上氏、鳥居氏、松平（結城）氏、奥平氏、秋元氏【現在の天守】なし【主な遺構】石垣・塀・門【指定文化財】国史跡【所在地】山形県山形市霞城町3【アクセス】JR奥羽本線「山形」駅より徒歩約10分

栃木

足利氏館《あしかがしやかた》

日本100名城 No.15

鎌倉時代の武家屋敷を今に伝える寺

源義家《よしいえ》の3男である義国《よしくに》と、その子で足利氏初代となる義康《よしやす》が、下野国足利《しもつけのくにあしかが》に構えた邸宅が起源とされる。四方に門を設けた長方形の館は、幅約4メートルの水堀と土塁に囲まれていた。

1196（建久7）年には、2代・義兼《よしかね》が館内に持仏堂を建立し、大日如来を祀った。それが義兼の死後に「大御堂」となり、やがて「鑁阿寺《ばんなじ》」と称されるようになった。義兼の子・義氏が建立した本堂は1229（寛喜元）年の火災によって焼失。室町幕府の初代将軍となった尊氏の父・貞氏によって再建され、2013（平成25）年に国宝に指定された。鐘楼と経堂は重要文化財である。

【別名】鑁阿寺【城郭構造】平城【築城】平安時代末期【廃城】――【築城主】足利義国・義康・義兼【主な城主】足利氏【現在の天守】なし【主な遺構】土塁・水堀【指定文化財】国史跡【所在地】栃木県足利市家富町2220【アクセス】JR両毛線「足利」駅より徒歩約10分

茨城

土浦城《つちうらじょう》

続日本100名城 No.113

5重の水堀に囲まれた亀城

平将門の砦だったという伝承もあるが、室町時代の豪族・小田氏に属した若泉三郎が築城したとの説が有力である。若泉氏の土浦城は、1506（永正3）年に、同じ小田氏の家臣・菅谷勝貞の攻撃によって落城。時代が下って豊臣秀吉の小田原攻めの際には、小田氏、菅谷氏が滅亡した。1590（天正18）年には、徳川家康の次男・結城秀康《ゆうきひでやす》が城主となり、関ヶ原の戦い後に越前福井に移った秀康に代わり松平信一が入封。以降、徳川譜代の西尾氏、朽木《くちき》氏、松平氏の城となり、土屋氏11代で明治維新を迎えた。

かつて5重の水堀に囲まれていた土浦城の姿は、水に浮かぶ亀にたとえられた。

【別名】亀城【城郭構造】平城【築城】永享年間（1429～1441）【廃城】1869（明治2）年【築城主】若泉三郎【主な城主】松平氏、西尾氏、朽木氏、土屋氏【現在の天守】なし【主な遺構】石垣・堀・土塁・櫓門【指定文化財】県史跡【所在地】茨城県土浦市中央1-13【アクセス】JR常磐線「土浦」駅より徒歩約15分

茨城

逆《さかさ》井《い》城《じょう》

北条氏が進出拠点として改修した城

南北朝時代に下野《しもつけ》の武将であった小山義政《おやまよしまさ》の5男・常宗《つねむね》が、この地に移って逆井氏を名乗り、1454（享徳3）年に築城したという。この逆井城は1536（天文5）年、小田原北条氏の武将・大道寺盛昌《だいどうじもりまさ》の攻撃を受けて落城し、城主は討ち死にした。

1577（天正5）年には、小田原北条氏の家臣・北条氏繁《うじしげ》がこの地に入り、北関東進出の拠点とすべく「飯沼城」を築いた。当初、この城は逆井城とは別の城だと考えられていたが、近年の発掘調査によってほぼ同じ場所に建てられていたことがわかっている。1590（天正18）年、豊臣秀吉による小田原征伐により、逆井城は廃城となった。

【別名】飯沼城【城郭構造】平城【築城】1454（享徳3）年【廃城】1590（天正18）年頃【築城主】逆井常宗【主な城主】逆井氏、北条氏【現在の天守】なし【主な遺構】塀・土塁【指定文化財】県史跡【所在地】茨城県坂東市逆井【アクセス】つくばエクスプレス「守谷」駅よりバス約50分・徒歩約35分

東京

江《え》戸《ど》城《じょう》

日本100名城 No.21

日本最大を誇る徳川将軍の居城

最初の江戸城は、1457（長禄元）年、扇谷《おうぎがやつ》上杉氏の家臣であった太田資長《すけなが》（道《どう》灌《かん》）によって築かれた。北条氏が滅び、徳川家康が江戸に入府した時には、土塁に草が生えて石垣もまったくない小規模な城だったという。豊臣秀吉の死後に征夷大将軍となった家康は、天下普請で江戸城の大改修に着手。惣構えの完成は1636（寛永13）年、東西約5キロ、南北約3・9キロに及ぶ日本最大の城「江戸城」が落成したのは、1710（宝永7）年のことだった。しかし、1607（慶長12）年に建てられた5層6重の天守は1657（明暦3）年の大火で焼失し、再建されることはなかった。

【別名】千代田城【城郭構造】輪郭式平城【築城】1457（長禄元）年【廃城】――【築城主】太田道灌【主な城主】太田氏、扇谷上杉氏・徳川氏【現在の天守】なし【主な遺構】櫓・門・石垣・堀【指定文化財】国特別史跡、重要文化財【所在地】東京都千代田区千代田1-1【アクセス】JR「東京」駅より徒歩約5分

埼玉

忍《おし》城《じょう》

続日本100名城 No.118

北条・上杉を蹴散らした〝忍の浮城〟

忍藩の藩庁が置かれた忍城は、戦国時代に地元の豪族であった成田氏が、扇谷上杉氏に属す忍《おし》一族を滅ぼして築城した。

広大な湿地帯に点在する陸地を生かして築かれた城は水城の利点を持ち、難攻不落の名城として知られた。1553（天文22）年には北条氏康《うじやす》の大軍に囲まれながら落城せず、1574（天正2）年には城を包囲した上杉謙信の軍勢を撤退させる。さらに1590（天正18）年、豊臣秀吉による小田原攻めでは、総大将・石田三成が仕掛けた水攻めに耐え抜き、「この城は水に浮くのか！」と秀吉を怒らせたという逸話が残される。この後、小田原城が先に落城したことで、忍城は開城した。

【別名】浮城・亀城【城郭構造】平城【築城】15世紀後半【廃城】1871（明治4）年【築城主】成田氏【主な城主】成田氏、安部氏、松平氏【現在の天守】なし【主な遺構】土塁・堀【指定文化財】県史跡【所在地】埼玉県行田市本丸17-23【アクセス】秩父鉄道「行田市」駅より徒歩約15分

埼玉

川越城《かわごえじょう》

日本100名城 No.19

徳川譜代が守った重要地点

扇谷上杉氏の家臣であった太田資清《すけきよ》（道真《どうしん》）・資長（道潅）父子が築城した。

1524（大永4）年から後北条氏が4度にわたって攻め込み、落城させた「河越夜戦《かわごえやせん》」の舞台になった川越城は、その後、後北条氏が勢力を拡大する拠点となる。

豊臣秀吉による小田原攻めでは、前田利家が攻めて落城させ、徳川家康は江戸入府後、重臣・酒井重忠《しげただ》を初代川越藩主として入城させている。以降も、この地を重要視する幕府により、川越城主は譜代大名が目まぐるしく交代。松平信綱《のぶつな》の時代になって、近世城郭として完成した。1848（嘉永元）年に建てられた本丸御殿の大広間と玄関が現存している。

【別名】河越城、初雁城、霧隠城【城郭構造】平城【築城】1457（長禄元）年【廃城】1870（明治3）年頃【築城主】太田道真・道灌【主な城主】太田氏、北条氏、松平氏【現在の天守】なし【主な遺構】本丸御殿【指定文化財】県史跡【所在地】埼玉県川越市郭町2-13-1【アクセス】西武新宿線「本川越」駅より徒歩約25分

群馬

高崎城《たかさきじょう》

井伊直政が築城した巨城

高崎城が築城された場所には、鎌倉幕府の重臣であった和田一族が居城とした和田城があった。豊臣秀吉の小田原攻めの際、前田利家や上杉景勝に攻め落とされ、廃城となっていた城である。1597（慶長2）年、江戸に入府した家康は、〝徳川四天王〟の一人である井伊直政をこの地に派遣し、大規模な築城を指令。翌年完成した高崎城は関ヶ原の戦いの際、徳川秀忠率いる3万5000の大軍が逗留できるほどの規模だった。井伊氏の後は、徳川譜代の大名が幾度となく交代して城主を務め、1619（元和5）年には安藤重信《しげのぶ》が入城。3代、77年間を費やした大改修により、惣構えの城下町も整備された。

【別名】和田城【城郭構造】梯郭式平城【築城】1598（慶長3）年【廃城】1871（明治4）年【築城主】井伊直政【主な城主】井伊氏、安藤氏【現在の天守】なし【主な遺構】土塁・堀【指定文化財】県重要文化財・市史跡【所在地】群馬県高崎市高松町城址公園【アクセス】JR高崎線「高崎」駅より徒歩約15分

山梨

武田氏館《たけだしやかた》

日本100名城 No.24

甲斐武田氏3代の居館

石和《いさわ》から甲府へ移った武田信虎が、1519（永正16）年に築いた居館。「躑躅ヶ崎館《つつじがさきやかた》」とも呼ばれる。この館を政治、軍事の拠点とした武田氏は、信虎・信玄・勝頼の3代で甲斐を統一した。

館が築かれた場所は、西を相川、東を藤川が流れ、三方を山に囲まれた天然の要害。勝頼が新府城《しんぷじょう》へ移転したことで廃城となったが、1582（天正10）年に武田氏が滅亡した後も、甲斐国統治の拠点として再利用された。徳川家康は城域を拡張し、天守も造営。その規模は、東西約200㍍、南北約190㍍と推定されている。1919（大正8）年には、信玄を祭神とする武田神社が創建された。

【別名】躑躅ヶ崎館【城郭構造】平城【築城】1519（永正16）年【廃城】1581（天正9）年【築城主】武田信虎【主な城主】武田氏【現在の天守】なし【主な遺構】土塁・堀【指定文化財】国史跡【所在地】山梨県甲府市古府中町2611【アクセス】JR中央本線「甲府」駅よりバス約8分

新潟

新発田城《しばたじょう》

日本100名城 No.31

菖蒲城《あやめ》と呼ばれた美しい城

上杉景勝が会津へ移封となった後、新発田藩主として入封した溝口秀勝が、中世の武将・新発田氏の居館跡に築城した。新発田氏は景勝に攻撃されて滅亡しており、居館も破却されていた。

東、北、西が湿地帯という立地にある新発田城の普請には時間がかかり、完成したのは半世紀ほどを経た、3代藩主・宣直《のぶなお》の時代だった。城の一帯に菖蒲が咲いていたことから、「菖蒲城」と呼ばれて親しまれた。南側は湿地でなかったので、縄張りは南北に延びることとなり、その瓢簞《ひょうたん》のような地形から「狐の尾引城《おびきしろ》」とも呼ばれたという。明治まで溝口氏代々の居城であった。

【別名】菖蒲城、浮舟城、狐の尾引城【城郭構造】梯郭式輪郭式複合平城【築城】1598（慶長3）年【廃城】1873（明治6）年【築城主】溝口秀勝【主な城主】溝口氏【現在の天守】なし【主な遺構】石垣・堀・土塁・門・櫓【指定文化財】重要文化財【所在地】新潟県新発田市大手町【アクセス】JR羽越本線「新発田」駅よりバス約5分・徒歩約5分

新潟

高田城《たかだじょう》

続日本100名城 No.132

石垣と天守を持たない天下普請の城

越後高田藩に入封し、福島城に入った徳川家康の6男・松平忠輝《ただてる》が、水害に遭いやすいという理由から内陸部に築城した。天下普請で建てられた城は、わずか4ヶ月で完成。75万石の大名の居城であるのに、石垣と天守閣を設けなかったので、忠輝と兄・秀忠との不仲説が論じられる要因となった。

築城2年後に忠輝が改易となった後は、酒井氏、松平忠昌《ただまさ》に続き、松平光長《みつなが》が越前北の庄から入封して城主となった。光長は天守の代用として三層櫓を建てるも、お家騒動によって1681（天和元）年に改易となり、その後は徳川譜代の大名が入城したが、江戸中期以降は懲罰で転封される流刑地のような城となった。

【別名】鮫ヶ城、関城、高陽城【城郭構造】平城【築城】1614（慶長19）年【廃城】1873（明治6）年【築城主】松平忠輝【主な城主】松平氏、稲葉氏【現在の天守】なし【主な遺構】土塁・堀【指定文化財】県史跡【所在地】新潟県上越市本城【アクセス】えちごトキめき鉄道「高田」駅より徒歩約30分

富山

高岡城《たかおかじょう》

日本100名城 No.33

高山右近の縄張りが今も残る名城

前田利家の長男で、加賀藩2代藩主となった利長は、1605（慶長10）年から富山城に隠居していた。1609（慶長14）年、富山城が火災で全焼したために、富山城を凌ぐ堅固さで高岡城を築城し、居を移した。

高岡城の縄張りは、キリシタン大名であり、築城名人としても知られた高山右近とされ、沼のない方角は二重の水堀で囲んだ本丸、二の丸、三の丸、明丸《あけまる》、鍛冶丸《かじまる》という5つの曲輪（郭）を持つ。1614（慶長19）年に利長が死去し、翌年の一国一城令によって廃城となった。

現在も、当時の水濠と曲輪、打込み接ぎの乱積《らんづ》みによる石垣といった遺構がほぼすべて残る貴重な城跡となっている。

【別名】なし【城郭構造】梯郭式平城【築城】1609（慶長14）年【廃城】1615（元和元）年【築城主】前田利長【主な城主】前田氏【現在の天守】なし【主な遺構】曲輪・石垣・土塁・堀【指定文化財】国史跡【所在地】富山県高岡市古城【アクセス】JR北陸本線「高岡」駅より徒歩約15分

石川

小松城《こまつじょう》

一国一城令の例外となった水城

1576(天正4)年に加賀一向一揆衆の拠点として若林長門《ながと》が築いた。織田信長の命で一揆鎮圧に向かった柴田勝家によって落城し、村上頼勝《よりかつ》、次いで丹羽《にわ》長重《ながしげ》が城主となった。

関ヶ原の戦い後は、加賀藩主・前田氏の所領となり、1615(元和元)年の一国一城令で一度は廃城となったが、1639(寛永16)年に、幕府から一国一城令の例外と認められ、加賀藩3代藩主・前田利常《としつね》の隠居地として大規模な改修が行われた。完成した小松城は、低湿地に何重もの水堀をめぐらせ、8個の島が浮かぶような構造から、「浮城」と呼ばれた。面積は金沢城の倍近かったといわれる。廃藩後に廃城となった。

【別名】浮城【城郭構造】平城、水城【築城】1576(天正4)年【廃城】1872(明治5)年【築城主】若林長門【主な城主】村上氏、丹羽氏、前田氏【現在の天守】なし【主な遺構】櫓台・石垣・井戸【指定文化財】市史跡【所在地】石川県小松市丸の内町【アクセス】JR北陸本線「小松」駅より徒歩約20分

福井

福井城《ふくいじょう》

続日本100名城 No.137

家康が縄張りをした越前松平氏の城

柴田勝家が築城した北の庄城を起源とする。織田信長の安土城を凌ぐ9層の天守を擁したという北の庄城は豊臣（羽柴）秀吉に攻められ、1583（天正11）年に焼失した。

関ヶ原の戦い後、徳川家康の次男である結城秀康が68万石で北の庄に入り、北の庄城の跡に新たな城を築いた。家康の天下普請で、6年を費やして完成した城は、5重の水堀が本丸を囲み、4層5階の天守がそびえる壮麗な城で、隣国の前田氏を牽制するものだったともいわれる。本丸と二の丸の縄張りは、家康によるものとの説もある。

3代藩主の松平忠昌《ただまさ》は、「北」は「敗北」に繋がるとして「北の庄」を「福居」と改め、後にそれが「福井」となった。

【別名】北の庄城、北庄城、庄城【城郭構造】平城【築城】1601(慶長6)年【廃城】1871(明治4)年【築城主】結城秀康【主な城主】越前松平氏【現在の天守】なし【主な遺構】石垣・堀【指定文化財】なし【所在地】福井県福井市大手【アクセス】JR北陸本線「福井」駅より徒歩約10分

愛知

清洲城《きよすじょう》

織田信長が勢力を固めた初期の居城

室町幕府の管領・斯波義重《しばよししげ》が、尾張国の守護所であった下津城《おりづじょう》の別郭として築城したという。戦乱によって下津城が焼失すると、守護所が清洲城に移り、1555（弘治元）年に織田信長が入城した後は尾張の中心として機能した。信長はここから桶狭《おけはざ》間《ま》の戦いに出陣し、徳川家康との清洲同盟を結んだ。

信長の死後は、豊臣秀次から福島正則へと城主が代わり、関ヶ原の戦いでは東軍の前線拠点となった。徳川家康の9男である義直が入城してからは、「清洲《きよす》越《ご》し」と呼ばれる名古屋への還府により、城下町はまるごと名古屋へ移転され、天守なども解体されて名古屋城の建材となった。

【別名】清須城【城郭構造】平城【築城】1405(応永12)年【廃城】1610(慶長15)年【築城主】斯波義重【主な城主】斯波氏、織田氏、徳川氏【現在の天守】模擬天守。3層4階【主な遺構】土塁【指定文化財】なし【所在地】愛知県清須市朝日【アクセス】JR東海道本線「清洲」駅より徒歩約15分

愛知

田原城《たはらじょう》

周囲を海に囲まれた堅固な平城

戦国時代に三河・尾張で勢力を拡大した戸田宗光《むねみつ》が築城した。松平氏から今川氏の配下へと鞍替えした戸田氏は、松平氏が今川氏へ送る人質である竹千代《たけちよ》（後の徳川家康）の護送を担当した。ここで戸田氏は寝返り、竹千代を今川氏と敵対する織田信長に渡したため、今川氏に攻撃されて田原城は落城した。

その後、今川氏から独立した家康が田原城を奪い、本多広孝《ひろたか》を城主とする。家康の関東移封後は、池田輝政《てるまさ》配下の伊木氏が城主となり、大規模な改修を実施。土塁の館から天守を持たない堅固な近世城郭となった。

江戸時代には、城主が戸田氏から三宅氏へと代わり、田原藩の藩庁が置かれた。

【別名】今宮城、巴江城【城郭構造】梯郭式平城【築城】1480（文明12）年【廃城】1872（明治4）年【築城主】戸田宗光【主な城主】戸田氏、伊木氏、三宅氏【現在の天守】なし【主な遺構】石垣・土塁・塀【指定文化財】なし【所在地】愛知県田原市田原町【アクセス】豊鉄渥美線「三河田原」駅より徒歩約10分

愛知

吉田城《よしだじょう》

続日本100名城 No.151

戦国期に争奪戦が繰り広げられた堅城

今川義元の父・氏親に仕えた牧野古白《こはく》が築いた今橋城を起源とする。1564（永禄7）年には徳川家康が攻略し、城代として重臣・酒井忠次《ただつぐ》が入城。三河に侵攻した甲斐武田軍をこの城で撃退している。

1590（天正18）年、家康の関東移封によって池田輝政《てるまさ》が入城し、11年をかけて城の拡張と城下町の整備を実施。姫路城へ移った輝政に代わり、1601（慶長6）年に松平家清が三河吉田藩の初代藩主となる。吉田城が近世城郭となったのは、1612（慶長17）年に入封した松平忠利の時代であった。豊川を背にした本丸を中心に、二の丸、三の丸を配した半輪郭式の後堅固の城である。

【別名】今橋城・豊橋城【城郭構造】平城【築城】1505（永正2）年【廃城】1871（明治4）年【築城主】牧野古白【主な城主】今川氏、酒井氏、池田氏、松平氏【現在の天守】なし【主な遺構】石垣・土塁・堀【指定文化財】市史跡【所在地】愛知県豊橋市今橋町3【アクセス】豊鉄市内線「市役所前」駅より徒歩約5分

愛知

刈谷城《かりやじょう》

海城として築城された水野氏の居城

徳川家康の生母、於大《おだい》の方の父・水野忠政が築城した。当時は、衣ケ浦《ころもがうら》という入江の北端東岸に面した海城で、船着場なども備えていたといわれる。

忠政の死後、今川氏から織田氏の配下となった信元《のぶもと》（於大の兄）は、武田氏との内通を疑われ、織田信長の命で徳川家康に殺される。その後、水野忠重《ただしげ》（於大と信元の弟）が城主となり、子の勝成《かつなり》の代に改修が行われ、近世城郭として整備された。勝成の子である忠清《ただきよ》の後は、6家の譜代大名が城主となり、土井氏9代の居城となって明治維新を迎えた。なお、1950（昭和25）年に「刈屋城」から「刈谷城」に表記が変更されている。

【別名】亀城【城郭構造】平城・海城【築城】1533（天文2）年【廃城】1871（明治4）年【築城主】水野忠政【主な城主】水野氏、土井氏【現在の天守】なし【主な遺構】土塁・堀【指定文化財】なし【所在地】愛知県刈谷市城町【アクセス】名鉄三河線「刈谷市」駅より徒歩約15分

岐阜

大垣城《おおがきじょう》

続日本100名城 No.144

関ヶ原の戦いにおける西軍の拠点

美濃国守護・土岐一族の宮川安定が築いたとされる。1544（天文13）年には織田信長の父・信秀が攻略した。創建当初は本丸と二の丸だけの城だったが、1563（永禄6）年に当時の城主・氏家直元が松の丸を造営し、櫓や総囲で堅固な城とした。1583（天正11）年には池田恒興、続いて子の輝政、豊臣秀吉の甥である秀次が城主となり、1596（慶長元）年には秀吉の家臣・伊藤盛景が3層の天守を建造。1600（慶長5）年の関ヶ原の戦いでは、石田三成率いる西軍の拠点となったことで知られる。江戸時代に入ると、譜代大名が城主を務め、1635（寛永12）年に入城した戸田氏が11代続き、明治維新を迎えた。

【別名】巨鹿城【城郭構造】連郭輪郭複合式平城【築城】1535（天文4）年【廃城】1871（明治4）年【築城主】宮川安定【主な城主】織田氏、竹腰氏、氏家氏、池田氏、戸田氏【現在の天守】復元天守。複合式層塔型　3重4階【主な遺構】石垣・城門【指定文化財】市史跡【所在地】岐阜県大垣市郭町2-52【アクセス】JR東海道本線「大垣」駅より徒歩約7分

岐阜

加納城《かのうじょう》

家康が娘婿に贈った壮大な城

室町時代の武将・斎藤利永が美濃の拠点として築き、天文年間に廃城となった城を起源とする。時代が下った1600（慶長5）年、関ヶ原の戦いを制した徳川家康が帰国する際、西国に備える城を中仙道の要衝であるこの地に築かせた。普請奉行を重臣・本多忠勝が務め、東北・北陸の諸大名が動員されたという。城郭は本丸を中心に、東北に二の丸、北に三の丸、南に南曲輪（郭）、三の丸の西に厩曲輪が配され、城門、楼閣、居館などが建てられた。二の丸には3層5階に改造した岐阜城の天守を、北東隅の櫓として移築。家康はこの壮大な城に、娘婿である奥平信昌を10万石で入城させたのである。その後、奥平氏は3代で断絶している。

【別名】なし【城郭構造】平城【築城】1445（文安2）年【廃城】1871（明治4）年【築城主】斎藤利永【主な城主】奥平氏、戸田氏、安藤氏、永井氏【現在の天守】なし【主な遺構】石垣・門・塀【指定文化財】国史跡【所在地】岐阜県岐阜市加納丸之内【アクセス】JR東海道本線・高山本線「岐阜」駅より徒歩約10分

三重

神戸城《かんべじょう》

養子となった信長の息子の城

伊勢で勢力を伸ばした神戸具盛《とももり》が築城した。具盛は1567（永禄10）年、伊勢侵攻を進める織田信長の軍勢を撤退させたが、翌年、再度攻めてきた信長の3男・信孝を養子とすることで講和する。信孝は1580（天正8）年、神戸城を拡張して5重の天守を造営。信長に倣って城下町を整備し、楽市楽座の制をしいて発展に努めた。しかし、本能寺の変の後に豊臣（羽柴）秀吉と対立して自刃。1595（文禄4）年に天守は解体され、桑名城に移された。

その後、1732（享保17）年に藩主となった本多忠統《ただむね》が、二の丸二重櫓、大手隅櫓などを築き、7代・忠貫《ただつら》の時に明治維新を迎えた。

【別名】本多城【城郭構造】輪郭式平城【築城】天文年間（1532〜1555）【廃城】1871（明治4）年【築城主】神戸具盛【主な城主】神戸氏、石川氏、本多氏【現在の天守】なし【主な遺構】石垣【指定文化財】県史跡【所在地】三重県鈴鹿市神戸5-10【アクセス】近鉄鈴鹿線「鈴鹿市」駅より徒歩約10分

三重

桑《く》名《わな》城《じょう》

徳川四天王・本多忠勝の巨城

1513（永正10）年、織田信長、豊臣秀吉に仕えたという関東の武将・伊藤実房が、桑名に設けた城館が起源だという。1591（天正19）年には、秀吉に仕えた一柳右近（可遊《かゆう》）が桑名を領し、伊勢神戸城から天守を移築。そして1601（慶長6）年、徳川家康の重臣・本多忠勝が桑名藩初代藩主として入城し、10年以上に及ぶ大工事に着手したのである。

東西約108メートル、南北約58メートルの本丸には、東北角に4重6階の天守がそびえ、北西と東南、西南に三十櫓が配されていた。櫓の数は全部で51基、多門櫓は46基に及んだ。普請には、盟友・井伊直政が家臣とともに応援に駆け付けたと伝えられている。

【別名】扇城、旭城【城郭構造】梯郭式平城【築城】1595（文禄4）年【廃城】1873（明治6）年【築城主】一柳右近【主な城主】本多氏、松平氏【現在の天守】なし【主な遺構】石垣・堀【指定文化財】県史跡【所在地】三重県桑名市吉之丸5-1【アクセス】JR関西本線・近鉄名古屋線「桑名」駅より徒歩約5分

三重

津《つ》城《じょう》

続日本100名城 No.152

女剣士が活躍した伝説の城

織田信長の弟・信包《のぶかね》が、1571（元亀2）～1580（天正8）年頃までに築城した。城は本丸、二の丸、三の丸からなり、5層の天守と小天守を擁したという。1594（文禄3）年、信包は秀吉の怒りを買って改易され、翌年に富田知信《とものぶ》が城主となり、子の信高がそれを継いだ。しかし、関ケ原の戦いで東軍に属したために西軍約3万に城を囲まれてしまう。この時、落城寸前の城内に一人の若武者が現われ、敵を次々に倒していった。なんとそれは、信高の妻だったという伝説が語り継がれている。

1608（慶長13）年には藤堂高虎が入城し、大規模な拡張工事に着手。明治に至るまで津城を代々の居城とした。

【別名】安濃津城【城郭構造】輪郭式平城【築城】1571（元亀2）年頃【廃城】1871（明治4）年【築城主】織田信包【主な城主】織田氏、富田氏、藤堂氏【現在の天守】なし【主な遺構】石垣・堀【指定文化財】県史跡【所在地】三重県津市丸之内【アクセス】近鉄名古屋線「津新町」駅より徒歩約10分

滋賀

長《なが》浜《はま》城《じょう》

秀吉が築いた最初の城

1573（天正元）年、浅井氏を攻め滅ぼした織田信長は、戦功を立てた羽柴（豊臣）秀吉に小谷城と湖北12万石を与えた。小谷城に入った秀吉は、翌年春頃から琵琶湖に面した「今浜」に築城を始める。時代にそぐわない山城より、水陸交通の要衝であるこの地を選んだのである。築城にあたって秀吉は、信長の「長」の字を拝領し、「今浜」を「長浜」と改名。小谷城下の町屋や寺院を長浜に移動させた。

本能寺の変の後、柴田勝家に譲り渡した長浜城を奪還した秀吉は、山内一豊を長浜城の城主とした。続いて入城した内藤氏が移封となった1615（元和元）年、長浜城は廃城となっている。

【別名】今浜城【城郭構造】平城【築城】1573（天正元）年【廃城】1615（慶長20）年【築城主】豊臣（羽柴）秀吉【主な城主】羽柴氏、柴田氏、山内氏、内藤氏【現在の天守】模擬天守。独立式望楼型　3重5階【主な遺構】塀・石垣【指定文化財】市史跡【所在地】滋賀県長浜市公園町10-10【アクセス】JR北陸本線「長浜」駅より徒歩約5分

滋賀

水口城《みなくちじょう》

青く澄んだ水を湛《たた》えた将軍の宿館

3代将軍・徳川家光が、上洛する際の宿館（将軍家御茶屋）として築かれた。中村一氏が築き、関ヶ原の戦い後に廃城となった「水口岡山城」の石垣が転用されている。築城は幕府直営で行われ、小堀政一（遠州）が作事奉行を務めた。城は本丸と二ノ丸からなり、東西75間、南北79間の本丸の東側には突出した出丸があり、凸字となっていた。周囲の石垣は水堀に囲まれ、水を湛えたその様子から「碧水城」と呼ばれた。1634（寛永11）年の家光宿泊後は、城代が管理する城番となり、1682（天和2）年には、加藤嘉明の孫・明友《あきとも》が2万石で封じられたことで成立し、水口藩の藩庁となった。1991（平成3）年には、角櫓を模した「水口城資料館」が開館している。

【別名】碧水城【城郭構造】梯郭式平城【築城】1633（寛永10）年【廃城】1873（明治6）年【築城主】徳川家光【主な城主】加藤氏【現在の天守】なし【主な遺構】石垣・堀【指定文化財】県史跡【所在地】滋賀県甲賀市水口町本丸【アクセス】近江鉄道本線「水口城南」駅より徒歩約5分

京都

聚楽第《じゅらくてい》

秀吉が破却した豪華絢爛な公邸

関白となった豊臣秀吉が、自らの権威を誇示するために築城した城郭様式の政庁であり公邸。周囲の全長1000間（1800メートル）に及ぶ堀の内側に、本丸、南二の丸、北の丸、西の丸が築かれ、本丸の天守は5層とされる。瓦には金箔が貼られていた。ルイス・フロイスはこの城について「壮大かつ華麗」「木造建築としてはこれ以上を望めない」と賞賛している。1588（天正16）年には後陽成《ごようぜい》天皇、正親町《おおぎまち》上皇の行幸も実現させ、秀吉の威光は絶頂を極めた。しかし、1591（天正19）年、甥・秀次に関白の地位と聚楽第を譲った秀吉は、そのわずか4年後に秀次に切腹を命じ、聚楽第を完膚なきまでに破却してしまったのである。

【別名】聚楽城、聚楽亭、聚楽屋敷、内野御構【城郭構造】平城【築城】1586（天正14）年【廃城】1595（文禄4）年【築城主】豊臣秀吉【主な城主】豊臣氏【現在の天守】なし【主な遺構】門（移築）【指定文化財】なし【所在地】京都府京都市上京区中立売通浄福寺東【アクセス】京福電鉄北野線「北野白梅町」駅より徒歩約20分

京都

田辺城《たなべじょう》

籠城戦に耐え抜いた細川氏の堅城

織田信長の命で丹後を制圧した細川藤孝・忠興《ただおき》父子が、宮津城とほぼ同時に築城に着手。完成した城は鶴が舞う姿に見えたので「舞鶴《ぶがく》城」と呼ばれ、それが地名「舞鶴」の由来になったという。天守台・本丸が二の丸、三の丸に挟まれ、城郭の東西は川、南は沼地、北に舞鶴湾という自然の要害であった。本能寺の変の際、剃髪して「幽斎《ゆうさい》」を号した藤孝は、関ヶ原の戦いでは東軍に属し、わずか500の兵で田辺城に籠城。1万5000余の西軍を52日間にわたって釘付けにするという武勲を立てた。その後は京極氏、続いて牧野氏が田辺城主となり、明治維新を迎えた。現在、本丸跡と二の丸の庭園は舞鶴公園になっている。

【別名】舞鶴城【城郭構造】輪郭式平城【築城】1580（天正8）年【廃城】1873（明治6）年【築城主】細川藤孝【主な城主】細川氏、京極氏、牧野氏【現在の天守】なし【主な遺構】櫓・門・堀【指定文化財】市史跡【所在地】京都府舞鶴市字南田辺15-22【アクセス】JR舞鶴線・山陰線「西舞鶴」駅より徒歩約10分

京都

二《に》条城《じょうじょう》

日本100名城 No.53

徳川幕府の誕生と終焉の地

将軍上洛時の宿泊所として造営された。1603（慶長8）年にほぼ完成し、征夷大将軍に就任したばかりの徳川家康が拝賀の礼を行った。2代将軍・秀忠はここで将軍宣下を受け、3代・家光は後水尾《ごみずのお》天皇を迎えるために大改修を実施。5重の天守を造営したが、1750（寛延3）年の雷火によって焼失した。その後、天守が再建されぬまま幕末を迎え、最後の将軍・慶喜《よしのぶ》はこの大広間で大政奉還を上表し、徳川幕府の終焉の舞台となった。

二の丸御殿大広間など6棟が国宝、二の丸御殿唐門など22棟が重要文化財に指定され、1994（平成6）年にはユネスコ世界遺産に登録されている。

【別名】京之城、京都新屋敷【城郭構造】輪郭式平城【築城】1602（慶長7）年【廃城】1873（明治6）年【築城主】徳川家康【主な城主】徳川家【現在の天守】なし【主な遺構】御殿・櫓・石垣【指定文化財】国宝、重要文化財、国史跡、特別名勝、世界遺産【所在地】京都府京都市中京区二条通西入二条城町541【アクセス】市営地下鉄東西線「二条城前」駅より徒歩約5分

京都

淀《よど》城《じょう》

江戸時代に築かれた〝新淀城〟

古くは室町幕府の管領・畠山政長の築城とされる。1589（天正17）年には豊臣秀吉がこの城を改修し、側室・茶々の産所とした。ここで鶴丸を産んだ茶々は「淀殿」と呼ばれたが、1594（文禄3）年、秀吉の伏見城造営にともなって淀城は廃城となる。そして1623（元和9）年、豊臣家を滅ぼした徳川秀忠が、大坂の役で功を立てた松平定綱に淀藩への転封を命じた。ここで新たに淀城が築かれ、以前の城は「淀古城」と呼ばれる。宇治川、桂川、巨椋池《おぐらいけ》に挟まれた「淀島」に築かれた城郭は30以上の櫓で構成され、天守は二条城のものを移したと伝わる。現在は淀城公園となり、本丸の石垣や内堀の一部が残されている。

【別名】新淀城【城郭構造】梯郭式平城【築城】1623（元和9）年【廃城】1871（明治4）年【築城主】松平定綱【主な城主】松平（久松）氏、石川氏、稲葉氏【現在の天守】なし【主な遺構】石垣・堀【指定文化財】なし【所在地】京都府京都市伏見区淀本町167【アクセス】京阪電鉄京阪本線「淀」駅より徒歩約4分

大阪

高槻城《たかつきじょう》

右近が築いた〝キリシタンの城〟

平安時代に近藤忠範《ただのり》という人物が、「久米路山」と呼ばれる丘の上に築いた「高月殿」に由来するという。室町時代は入江氏の居城となり、「高槻入江城」と呼ばれた。入江氏の没落後は、足利義昭に仕えていた和田惟政《これまさ》が城主となって城を改修したが、1571（元亀2）年の白井河原の戦いで戦死。代わって城主となったキリシタン大名・高山友照・右近父子が、城内に教会や神学校を建てて宣教師を招き、城下はキリシタンの町として賑わった。豊臣家が滅んだ1615（元和元）年には内藤信正が、2年後には土岐定義が城主となり、本丸と二の丸の拡張整備を実施。1649（慶安2）年に入城した永井氏が13代続き、明治維新を迎えた。

【別名】久米路山龍ヶ城、入江城【城郭構造】平城【築城】10世紀末【廃城】1874（明治7）年【築城主】近藤忠範【主な城主】入江氏、和田氏、高山右近、内藤氏、永井氏【現在の天守】なし【主な遺構】堀【指定文化財】府史跡【所在地】大阪府高槻市城内町【アクセス】阪急京都本線「高槻市」駅より徒歩約10分

大阪

岸和田城《きしわだじょう》

続日本100名城 No.161

「岸和田合戦」の舞台となった古城

建武年間（1334〜1336）、楠木正成《くすのきまさしげ》が一族の和田高家に城を築かせた。この地は当時「岸」と呼ばれており、「岸の和田」が地名の由来という。戦国時代には織田信長による紀州征伐の拠点となり、信長没後の1584（天正12）年には、根来《ねごろ》衆・雑賀《さいか》衆の軍勢約3万に城を包囲されるという「岸和田合戦」の舞台となった。時の城主・中村一氏は、約8000の兵で城を守り切っている。翌年、一氏に代わって城主となった小出《こいで》秀政が、5層天守を擁する近世城郭に改修した。この天守は1827（文政10）年の落雷で焼失したが、1954（昭和29）年、城跡に3層天守が再建されている。

【別名】千亀利城、佐嘉城、竜造寺城、亀甲城、栄城【城郭構造】輪郭式平城【築城】建武年間（1334〜1336）【廃城】1871（明治4）年【築城主】和田高家【主な城主】小出氏、岡部氏【現在の天守】復興天守。連結式望楼型　3重3階【主な遺構】石垣・堀【指定文化財】府史跡、国名勝【所在地】大阪府岸和田市岸城町9－1【アクセス】南海電鉄南海線「蛸地蔵」駅より徒歩約7分

兵庫

尼崎城《あまがさきじょう》

4層4階天守を擁した浮城

16世紀前半に細川高国が築いた城は「大物《だいもつ》城（尼崎古城）」と呼ばれる。尼崎城は、1617（元和3）年に江戸幕府が、譜代大名・戸田氏鉄《うじかね》に命じて築かせた城である。東に神崎川、西に庄下《しょうげ》川、南に大阪湾を望む城は、海上から浮かんでいるように見えたことから「浮城」とも呼ばれた。城内は4層4階の天守、3層の武具櫓、伏見櫓、塩噌櫓を配した本丸を、松の丸と南浜に分けた二の丸と、東西に2つある三の丸が囲む構造となっていた。1635（寛永12）年には、氏鉄に代わって青山幸成《よしなり》が城主となり、青山氏4代、次いで松平（桜井）氏7代で明治維新を迎えた。現在、尼崎城址公園には、外観復元天守が建てられている。

【別名】浮城、尼丘城、琴城、琴浦城【城郭構造】平城【築城】1617（元和3）年【廃城】1873（明治6）年【築城主】戸田氏鉄【主な城主】青山氏、松平（桜井）氏、【現在の天守】復興天守。複合式層塔型　4重4階【主な遺構】なし【指定文化財】なし【所在地】兵庫県尼崎市北城内27【アクセス】阪神電鉄本線「尼崎」駅より徒歩約5分

広島

広島城《ひろしまじょう》

日本100名城 No.73

原爆投下で倒壊した国宝天守

大阪城の立地を見た毛利輝元が、太田川河口の三角州（デルタ地帯）に築いた。軟弱な地盤での築城は困難を極め、5層天守を構えた本丸と、「太鼓丸」と呼ばれた二の丸を中心とする広島城の落成は着工の10年後となった。しかし、翌年の関ヶ原の戦いの西軍総大将となり、「敗軍の将」となった輝元は周防《すおう》・長門へ転封となり、福島正則が城主として入城。正則も無断で城を修築したとして1619（元和5）年に改易され、以降、明治維新まで浅野氏が城主を継承した。

なお、輝元が築いた壮麗な天守は、1931（昭和6）年に国宝に指定されながら、1945（昭和20）年の原爆投下によって倒壊してしまった。

【別名】鯉城、当麻城、在間城、石黒城【城郭構造】輪郭式平城【築城】1589（天正17）年【廃城】1871（明治4）年【築城主】毛利輝元【主な城主】毛利氏、福島氏、浅野氏【現在の天守】復興天守。複合連結式望楼型　5重5階【主な遺構】石垣・堀【指定文化財】国史跡【所在地】広島県広島市中区基町21－1【アクセス】広島電鉄市内線「紙屋町東」駅または「紙屋町西」駅より徒歩約15分

広島

三原城《みはらじょう》

続日本100名城 No.172

河口に出現した日本一の天守台

〝三本の矢〟で知られる毛利元就の3男・小早川隆景《こばやかわたかかげ》が、陸海交通の要衝である三原湾岸に築城した。小早川氏の居城は、標高約197メートルの山頂に築かれた山城「新高山《にいたかやま》城」だったため、毛利水軍の中核を担う小早川水軍を率いる隆景は、軍港の機能も有する第二の本拠を必要としたのだ。城は三原湾に注ぐ沼田川の河口に浮かぶ大島と小島を埋め立てて繋ぎ、各郭は海底から積み上げた石垣の上に築かれた。その規模は東西約900メートル、南北約700メートルに及び、広島城の天守が6つ入るという天守台の広さは日本一だった。現在のJR三原駅は、本丸跡に建設されている。なお、三原城の石垣は「真似るべきではない」といわれた古代の石積形式「アブリ積み」で積まれている。

【別名】玉壺城、浮城【城郭構造】梯郭式平城【築城】1567（永禄10）年【廃城】不明【築城主】小早川隆景【主な城主】小早川氏、福島氏、浅野氏【現在の天守】なし【主な遺構】石垣・堀【指定文化財】国史跡【所在地】広島県三原市館町1【アクセス】JR山陽本線「三原」駅直結

福岡

柳川城《やながわじょう》

水利を生かした難攻不落の堅城

蒲《かま》池《ち》治久が文亀年間（1501〜1504）に築城したとの説もあるが、周囲に水路を縦横に張りめぐらせた難攻不落の堅城を築いたのは鑑盛《あきもり》である。鑑盛の子・鎮《しげ》漣《なみ》の時代には、竜造寺隆信が2万の兵で包囲するも陥落せず、「柳川三年肥後三月、肥前筑前朝飯前」と謳われた。この後、隆信は和議を偽って鎮漣を謀殺し、柳川城を支城とした。豊臣秀吉の九州平定後は、立花宗茂が城主として入城。関ヶ原の戦いでは西軍に属したため、鍋島直茂に攻められるも落城せず、黒田如水らの説得でようやく開城した。代わって城主となった田中吉政が、5層の天守を擁する壮大な城郭を築いたが、1872（明治5）年の火災で焼失してしまった。

【別名】柳河城、舞鶴城【城郭構造】平城【築城】永禄年間（1558〜1570）【廃城】1872（明治5）年【築城主】蒲池鑑盛【主な城主】蒲池氏、田中氏、立花氏【現在の天守】なし【主な遺構】石垣・堀【指定文化財】国史跡【所在地】福岡県柳川市本城町130【アクセス】西鉄天神大牟田線「柳川」駅よりバス約10分

福岡

小倉城《こくらじょう》

続日本100名城 No.181

幕末に焼き払われた唐造天守

本州と九州を隔てる関門海峡に面した小倉では、古来、豪族たちの争奪戦が繰り広げられてきた。1587（天正15）年には豊臣秀吉の家臣・毛利勝信（森吉成《よしなり》）が小倉城主となったが、関ヶ原の戦いによって改易。1602（慶長7）年、関ヶ原で功を立てた細川忠興が入城し、破風のない「唐造《からづくり》」の4層6階の天守を擁する壮大な近世城郭とした。忠興は城下も整備し、現在の小倉市街の原型を築いている。1632（寛永9）年には、熊本に移った細川氏に代わって小笠原氏が入国。幕末の第二次長州征伐では長州軍による猛攻を受け、藩首脳は城を焼き払って田川郡香春《かわら》へ撤退。この地で明治維新を迎えた。

【別名】勝山城、指月城、勝野城、湧金城、鯉ノ城【城郭構造】連郭式平城【築城】1602（慶長7）年【廃城】1866（慶応2）年【築城主】細川忠興【主な城主】細川氏、小笠原氏【現在の天守】復興天守。連結式望楼型　4重5階【主な遺構】石垣・堀【指定文化財】なし【所在地】福岡県北九州市小倉北区城内1-2【アクセス】JR鹿児島本線「西小倉」駅より徒歩約10分

佐賀

佐賀城《さがじょう》

日本100名城 No.89

"鍋島城"となった龍造寺城

龍造寺氏の居城・村中城を起源とする。１５８４(天正12)年、主君・龍造寺隆信の戦死によって実権を握った重臣の鍋島直茂は、隆信の孫と子が急死した１６０７(慶長12)年、嫡子・勝茂に龍造寺家の家督を相続させる形で佐賀藩の藩祖となる。その翌年から１６１１(慶長16)年にかけ、村中城の総普請を実施。本丸に5層天守、二の丸、三の丸、西の丸を配した佐賀城を完成させた。幅80メートルという内堀の周辺には侍屋敷、その外縁に城下町が広がり、その外側に外曲輪と外堀が設けられていた。

維新後の１８７４(明治7)年、佐賀の乱によって城の大半が焼失。「鯱《しゃち》の門及び続櫓《つづきやぐら》」が重要文化財に指定されている。

【別名】佐嘉城、竜造寺城、亀甲城、栄城【城郭構造】輪郭梯郭複合式平城【築城】1608(慶長13)年【廃城】1871(明治4)年【築城主】鍋島直茂【主な城主】鍋島氏【現在の天守】なし【主な遺構】城門・石垣・堀【指定文化財】重要文化財、県史跡【所在地】佐賀県佐賀市城内2-18-1【アクセス】JR長崎本線「佐賀」駅よりバス約10分

長崎

金石城《かねいしじょう》

「心字池」を持つ対馬の城館

１５２８(享禄元)年、鎌倉時代から対馬を支配した宗氏15代当主・将盛の居館「池の屋形」が、一族の盛治に急襲された(宗盛治の乱)。乱は間もなく鎮圧されたものの、池の屋形を失った将盛は金石に館を移す。この居館が次第に拡張・整備され、22代当主・義真《よしざね》は１６６９(寛文9)年、大手門櫓と多門櫓を構えて「金石城」と称した。しかし、その後も天守は造られることなく、その構造は城郭よりも居館に近いとされる。１９９５(平成7)年からの発掘調査で確認された「心字池」(「心」の字をかたどった池)を持つ庭園もそれを示しているようだ。１６７８(延宝6)年、義真は居城を桟原《さじきばら》城へ移したが、金石城は破却されず、両城併用で明治維新を迎えた。

【別名】厳原城、府城、府中城、金石館(屋形)【城郭構造】平城【築城】1528(享禄元)年【廃城】不明【築城主】宗将盛【主な城主】宗氏【現在の天守】なし【主な遺構】石垣・庭園【指定文化財】国史跡、国名勝【所在地】長崎県対馬市厳原町今屋敷670-1【アクセス】フェリーなど「厳原港」駅より車で5分

長崎

島原城《しまばらじょう》

日本100名城 No.91

島原の乱を誘発した"過分な城郭"

１６１６(元和2)年、島原藩4万石の藩主となった松倉重政が、従来の居城・日《ひ》野江《のえ》城と支城・原城を取り壊して新造した。外郭は東西約３６０メートル、南北約１２００メートルの長方形で、その周囲を約３９００メートルの矢狭間のある塀で囲み、要所に大小16の櫓を設置。内郭は、破風のない唐造《からづくり》5層の天守を構える本丸と二の丸を廊下橋で繋ぎ、その北側に藩主居住区である三の丸を配する連郭式で、廊下橋を落とせば本丸が孤立する仕組みであった。しかし、この城は石高4万の大名には過分であり、苦役を強いられた領民からの恨みを買う。それが１６３７(寛永14)年の「島原の乱」の一因となり、乱の後、松倉氏は改易された。

【別名】森岳城、高来城【城郭構造】連郭式平城【築城】1618(元和4)年【廃城】1874(明治7)年【築城主】松倉重政【主な城主】松倉氏、松平(深溝)氏【現在の天守】復興天守。独立式層塔型　5重5階【主な遺構】櫓・石垣・堀【指定文化財】市史跡【所在地】長崎県島原市城内1-1183-1【アクセス】島原鉄道「島原」駅より徒歩約9分

大分

大分府内城《おおいたふないじょう》

秀吉縁《ゆかり》の武将が築いた近世城郭

日本100名城 No.94

荷揚城から府内城へ

豊臣秀吉の家臣であり、石田三成の妹婿でもある福原直高が築城を始め、秀吉の参謀・竹中重治（半兵衛）の従弟・重利が完成させた近世城郭。1597（慶長2）年、別府湾に注ぐ大分川の河畔「荷落《におろし》」と呼ばれる地に着目し、築城を開始した直高は、本丸、二の丸、三の丸がほぼ完成した1599（慶長4）年、「荷落」を改め、「荷揚《にあげ》城」と名付けた新城に入城する。しかし、秀吉の死に伴って転封され、先代藩主・早川長敏《ながとし》が復帰したものの、翌年の関ヶ原の戦いで西軍に属したことで改易される。そして1601（慶長6）年、重利が府内藩2万石の藩主となったのである。

入部した重利は、家康の許可を得て荷揚城の増改築に着手し、翌年には4層天守と櫓、城門、丸堀、武家屋敷、城北西の砦「山里丸」を完成させる。この普請には〝築城の名手〟として知られる熊本城主・加藤清正の協力を仰ぐなど、各地の専門家が招集され、その最新技術が導入されたという。さらに重利は、城下町を南北9町、東西10町の碁盤の目状に区画し、1608（慶長13）年には商船の船着き場「京泊《きょうどまり》」を設けるなどして惣構えを整備し、以後「府内城」と称した。白い城が水上に浮かぶ姿から、「白雉《はくち》城」とも呼ばれる。

【別名】大分城、豊後府内城、荷揚城、雉城、白雉城【城郭構造】梯郭式平城【築城】1597（慶長2）年【廃城】1872（明治5）年【築城主】福原直高【主な城主】竹中氏、日根野氏【現在の天守】なし【主な遺構】天守台・櫓・石垣・堀【指定文化財】県史跡【所在地】大分県大分市荷揚町4【アクセス】JR日豊本線「大分」駅より徒歩約14分

熊本

八代城《やつしろじょう》

細川忠興が生涯を閉じた熊本城の支城

続日本100名城 No.190

許可された一国二城

熊本藩主・加藤忠広（清正の子）が、重臣・加藤正方《まさかた》に命じて築かせた熊本城の支城。1589（天正17）年、豊臣秀吉に肥後南半国を与えられた小西行長は、宇土城を築いて本拠にするとともに、球磨川《くまがわ》河口に麦島城を築城し、小西水軍の拠点とした。1600（慶長5）年、関ヶ原の戦いで西軍に属した行長は斬首され、その所領は肥後北半国を支配していた清正の手に渡る。こうして麦島城は熊本城の支城となり、1615（元和元）年の一国一城令以降も、熊本藩の二城体制は特別に許された。その理由は、幕府が異国船来航の防波堤として、麦島城を重視していたからだと考えられている。

1619（元和5）年、熊本を襲った大地震により、麦島城は倒壊してしまう。そこで新たに建設されたのが八代城である。5層6階の天守と2層3階の小天守を構えた本丸は、三階櫓、月見櫓、舞台脇櫓、三十間櫓などで構成され、その南東に二の丸、南西に三の丸、北西に北の丸、北に出丸が配されていた。1632（寛永9）年、謀反の嫌疑によって忠広は所領を没収され、細川忠利が熊本城に入城。すでに家督を譲っていた忠利の父・三斎（忠興）が八代城へ入り、北の丸で生涯を閉じている。

【別名】白石城、不夜城、白鷺城、松江城【城郭構造】輪郭式平城【築城】1622（元和8）年【廃城】1870（明治3）年【築城主】加藤正方【主な城主】加藤氏、細川氏、松井氏【現在の天守】なし【主な遺構】本丸跡・石垣・堀【指定文化財】国史跡、国名勝【所在地】熊本県八代市松江城町7-34【アクセス】JR鹿児島本線「八代」駅よりバスで約15分

第四章 水城海城《みずじろ・うみじろ》

11城の歩き方

11/200

海、川、湖など、天然の水資源をうまく利用して築かれた城です。このうち特に、海の近くに建てられた城は「海城」と呼ばれました。周りを水に囲まれた天然の要害であり、外堀や内堀に海や川などの水を引き込んだり、水路を利用した物資を船から直接城内に運び込めるという長所がありますが、軟弱な地盤を克服する築城の難しさや、水害の危険性が高いなどの短所もあります。
主な水城に、今治城（写真）、高島城、高松城があります。

島根

松江城《まつえじょう》

国宝に指定された山陰唯一の現存天守

日本100名城 No.64

【別名】千鳥城【城郭構造】輪郭連郭複合式平山城、水城【築城】1611（慶長16）年【廃城】1871（明治4）年【築城主】堀尾吉晴【主な城主】堀尾氏、京極氏、松平氏【現在の天守】現存天守。複合式望楼型　4層5階地下1階【主な遺構】天守・石垣・堀【指定文化財】国宝、国史跡【所在地】島根県松江市殿町1－5【アクセス】一畑電車北松江線「松江しんじ湖温泉」駅より徒歩約20分

築城のエキスパートが集結

現存12天守の一つであり、4層5階地下1階の雄大な天守は、松本城、彦根城、姫路城、犬山城と並んで5基しかない国宝に指定されている。また、宍道湖《しんじこ》の湖畔に築城された水城でもあり、高島城（諏訪湖）、膳所城（琵琶湖）とともに「日本三大湖城」に数えられている。

豊臣秀吉の旧臣・堀尾吉晴は、東軍として参戦した関ケ原の戦いで功を立て、出雲・隠岐24万石を与えられて月山富田城《がっさんとだ》に入った。しかし、典型的な山城の富田城は近代戦には不利であり、城下町を形成するのも難しいことなどから、新城の建設を計画。宍道湖と中海を結ぶ太田川の河口、標高29メートルの亀田山に築城することを決断した。「堀尾普請」と呼ばれるほど土木工事に長けていた吉晴は、『太閤記』『信長記』の著者として知られる儒学者・軍学者で、吉晴に仕えていた小瀬甫庵《おぜほあん》に縄張りを任せ、土木職人の稲葉覚之丞に参画を要請。石垣の石積みのために達人集団「穴太衆《あのうしゅう》」を呼び寄

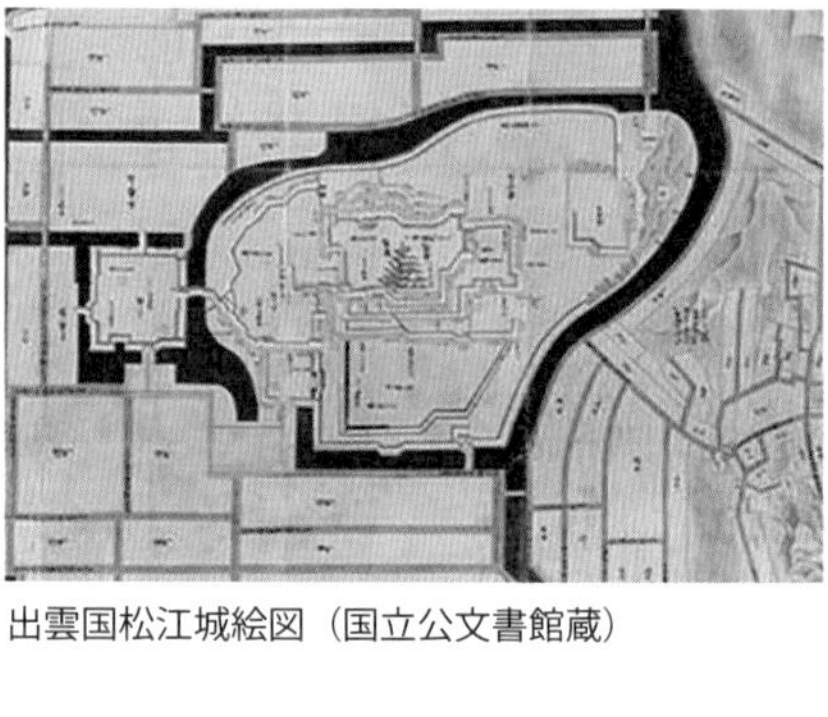

出雲国松江城絵図（国立公文書館蔵）

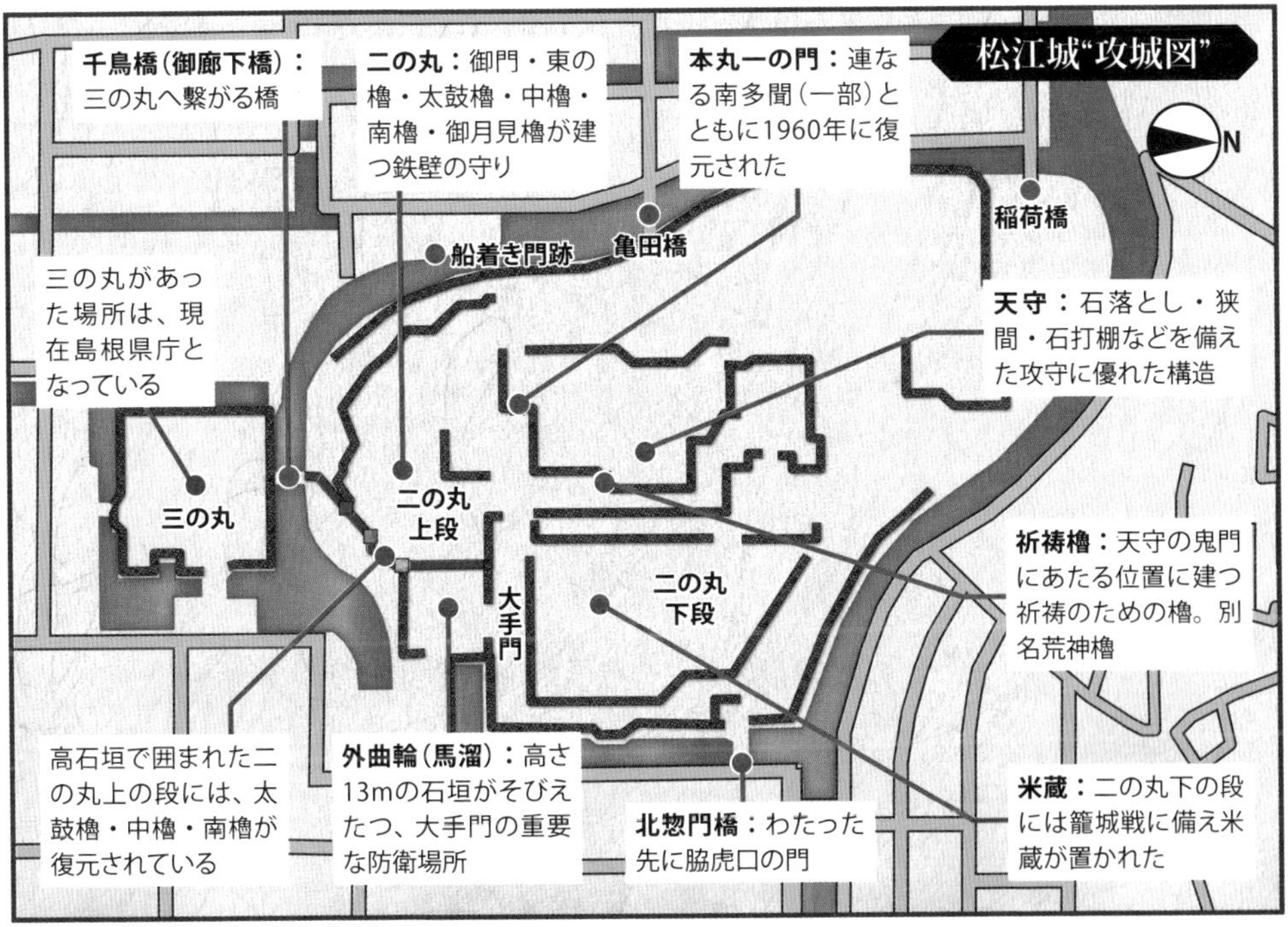
松江城“攻城図”
N
千鳥橋（御廊下橋）：三の丸へ繋がる橋
二の丸：御門・東の櫓・太鼓櫓・中櫓・南櫓・御月見櫓が建つ鉄壁の守り
本丸一の門：連なる南多聞（一部）とともに1960年に復元された
稲荷橋
亀田橋
船着き門跡
三の丸があった場所は、現在島根県庁となっている
天守：石落とし・狭間・石打棚などを備えた攻守に優れた構造
三の丸
二の丸上段
大手門
二の丸下段
祈祷櫓：天守の鬼門にあたる位置に建つ祈祷のための櫓。別名荒神櫓
高石垣で囲まれた二の丸上の段には、太鼓櫓・中櫓・南櫓が復元されている
外曲輪（馬溜）：高さ13mの石垣がそびえたつ、大手門の重要な防衛場所
北惣門橋：わたった先に脇虎口の門
米蔵：二の丸下の段には籠城戦に備え米蔵が置かれた

せるなど、築城にかかわる各分野の第一人者を起用した。自身は現場近くに仮殿を建て、工事全体の総指揮にあたっている。

縄張りは、亀田山の最高部に天守と6つの櫓を有する本丸を配し、その南の一段低い場所に御書院、御広間、長局《ながつぼね》など5つの櫓がある二の丸、二の丸下の段には米蔵が置かれ、最南部の平地に御殿がある三の丸という構成になっていた。

実戦を想定した国宝天守

2015（平成27）年に国宝となった天守は、現存12天守のうち、広さで第2位、高さで第3位、木彫り銅板張りの鯱は木造最大の高さ2・08メートルを誇る。天守の入口には防御を強化するための付櫓があり、2段の枡形広場が敵の容易な侵入を阻み、石落とし、鉄砲狭間も備える。石落としは天守2階の4隅にも設置され、狭間は天守全体で94を数える。さらに、籠城戦に備え、地階には貯蔵庫と井戸が設置されていた。天守内の井戸は珍しく、名古屋城、浜松城にもあったが、現存するのは松江城だけである。

この4層5階の雄大な天守が落成した1611（慶長16）年に吉晴は没し、1633（寛永10）年に孫の忠晴も病死して堀尾氏は改易となる。代わって城主となった京極氏も1637（寛永14）年に廃絶し、翌年に松平直政が入封。以降、松平氏が歴代城主を務め、明治維新を迎えた。

▲木造で復元された南櫓（左）と中櫓

香川

高松城《たかまつじょう》

三方の堀に海水を引き入れた海城

日本100名城 No.77

【別名】玉藻城【城郭構造】輪郭式平城、海城【築城】1588（天正16）年【廃城】1869（明治2）年【築城主】生駒親正【主な城主】生駒氏、松平氏【現在の天守】なし【主な遺構】櫓・石垣・堀【指定文化財】重要文化財、国史跡、国名勝【所在地】香川県高松市玉藻町2-1【アクセス】ことでん琴平線「高松築港」駅より徒歩2分

父子が分かれた関ヶ原

城壁の北面が瀬戸内海に面し、海水を引き入れた三重の堀で他の三方を囲んだ高松城は、同じく瀬戸内海に面した今治城、周防灘に臨む中津城と並んで、「日本三大水城」に数えられる海城である。

織田信長、後に豊臣秀吉に仕え、山崎の戦い、賤ヶ岳の戦い、小田原征伐などに参陣して武功を立てた生駒親正《いこまちかまさ》は、1587（天正15）年に讃岐《さぬき》一国を与えられ、引田《ひけた》城、次いで聖通寺《しょうつうじ》城に入った。しかし、両城ともに「乱世の要害にて治平の居城にあらず」とし、瀬戸内海に臨む「野原（笑原《のはら》）」を築城地に定め、翌年に着工したと伝えられている。縄張りは、細川忠興《ただおき》とも黒田孝高（如水）とも、親正本人ともいわれるが、定かではない。

関ヶ原の戦いでは、親正が西軍に付いたものの、子の一正が東軍に属して武功を立てたために所領は安堵された。しかし、1640（寛永17）年に起こった藩内の対立「生駒騒動」によって生駒氏は所領を没収さ

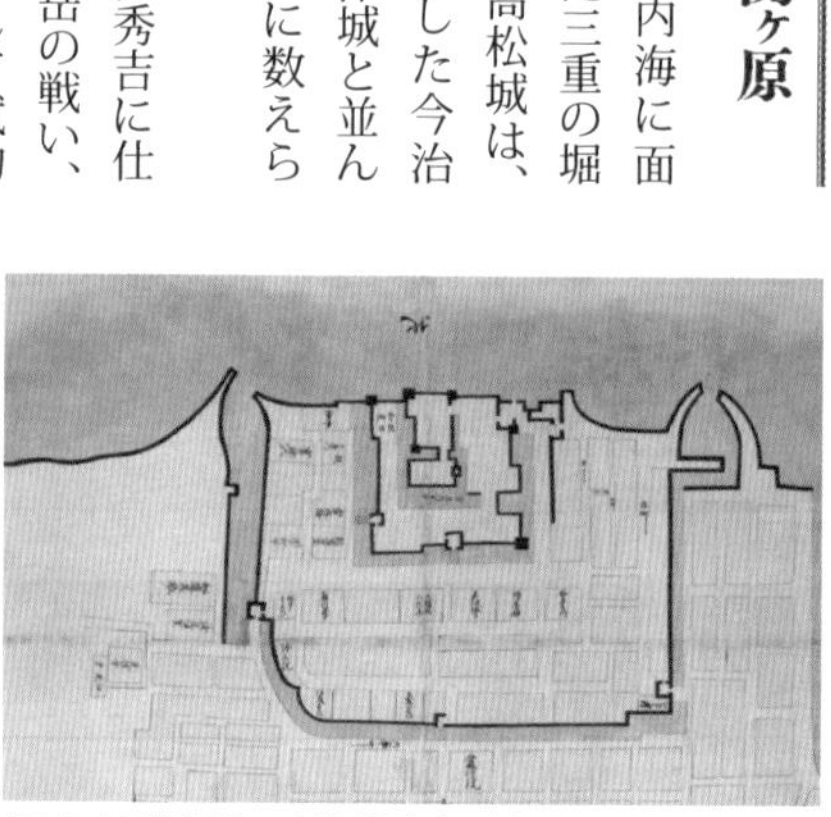

〔日本古城絵図〕 南海道之部（1）289 讃州高松城図（国立国会図書館蔵）

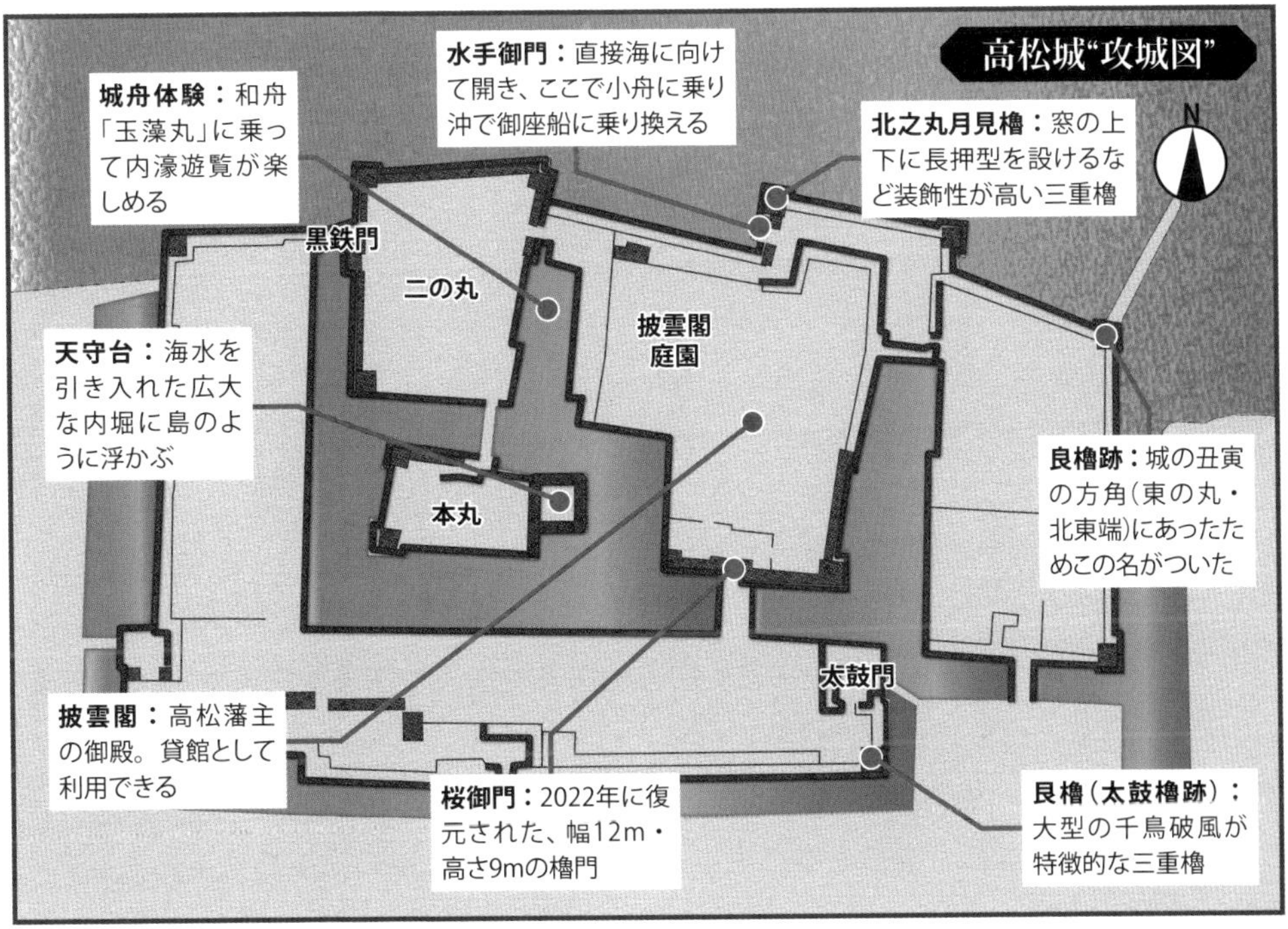

高松城"攻城図"
N
水手御門：直接海に向けて開き、ここで小舟に乗り沖で御座船に乗り換える
城舟体験：和舟「玉藻丸」に乗って内濠遊覧が楽しめる
北之丸月見櫓：窓の上下に長押型を設けるなど装飾性が高い三重櫓
黒鉄門
二の丸
披雲閣庭園
天守台：海水を引き入れた広大な内堀に島のように浮かぶ
本丸
艮櫓跡：城の丑寅の方角（東の丸・北東端）にあったためこの名がついた
太鼓門
披雲閣：高松藩主の御殿。貸館として利用できる
桜御門：2022年に復元された、幅12m・高さ9mの櫓門
艮櫓（太鼓櫓跡）：大型の千鳥破風が特徴的な三重櫓

れ、松平頼重《よりしげ》が城主として入国。1644（寛永21）年より高松城の改修に着手し、1700（元禄13）年に工事を終えた。天守がそびえる「本丸」を中心に、鞘橋《さやばし》で本丸と繋がる「二の丸」、藩主御殿が建てられた「三の丸」、水手《みずのて》御門、渡櫓《わたりやぐら》などがある「北の丸」、米蔵が建ち並ぶ「東の丸」、対面所などを設置した「桜の馬場」が、時計回りに配される輪郭式の平城を完成させたのである。

重要文化財と国の名勝

瀬戸内の船頭歌で「讃州さぬきの高松さまは城が見えます波の上」と謡われた高松城の天守は、3重4階地下1階、4階が3階よりも大きい唐造《からづくり》で、基礎の石垣から屋根上の鯱までの高さは約43メートルに達した。天守は老朽化によって1884（明治17）年に解体され、天守台は2005〜2013（平成17〜25）年にかけて解体修理が実施されている。

1676（延宝4）年に建てられた海からの玄関口「北之丸水手御門」、船の到着を確認するための「北之丸月見（着見《つきみ》）櫓」、壁から軒下までを白漆喰で塗り固めた総塗籠《そうぬりごめ》の平櫓「北之丸渡櫓」、翌年に完成した3重3階の隅櫓「旧東之丸 艮《うしとら》櫓」（右上写真）は現存しており、重要文化財に指定されている。

なお、国の名勝に指定されている披雲閣庭園（三の丸）は、大正時代に12代当主・松平頼壽《よりなが》が披雲閣を建設した際に、東京の庭師・大胡勘蔵に依頼して作庭したものである。

北の丸の最北端に位置し、瀬戸内海を監視していた月見櫓

愛媛

今治城《いまばりじょう》

「今張の浦」に現れた巨大な海城

日本100名城 No.79

【別名】吹上（吹揚）城、美須賀城【城郭構造】輪郭式平城、海城【築城】1602（慶長7）年【廃城】1873（明治6）年【築城主】藤堂高虎【主な城主】藤堂氏、松平（久松）氏【現在の天守】模擬天守。望楼型　5重6階【主な遺構】石垣・堀【指定文化財】県史跡【所在地】愛媛県今治市通町3-1-3【アクセス】JR予讃線「今治」駅より徒歩約20分

高虎の最高傑作

郡山城、宇和島城、大阪城、江戸城、二条城などの築城・普請を手掛け、〝築城の名手〟と呼ばれた藤堂高虎の最高傑作とも称される日本屈指の海城。

浅井長政、豊臣秀長、秀吉、秀頼、徳川家康……と主君を変えながら出世を重ねた高虎は、関ヶ原の戦いでは東軍に属し、その軍功で今治12万石を所領に加えた。1602（慶長7）年、その高虎が「今張《いまばり》の浦」と呼ばれた小さな漁村に築城を始めたのが、後に近世城郭のモデルとなった名城「今治城」である。築城に際して高虎は「今張」を「今治」と改めた。「治」には、「おさめる」「ととのえる」「政庁のある所」といった意味がある。

〔日本古城絵図〕　南海道之部（2）296 伊予国今治城図（国立国会図書館蔵）

城郭は一辺約893メートルのほぼ正方形で、その中央に配した本丸、二の丸、三の丸は、海水を引き入れた幅約54メートルの内堀で囲まれていた。本丸の規模は東西約77メートル×南北約76メートルで、四隅に月見櫓、南隅櫓、西隅櫓、北隅櫓が配置され、二の丸との境に本丸御門を備える。東西約126メートル×南北

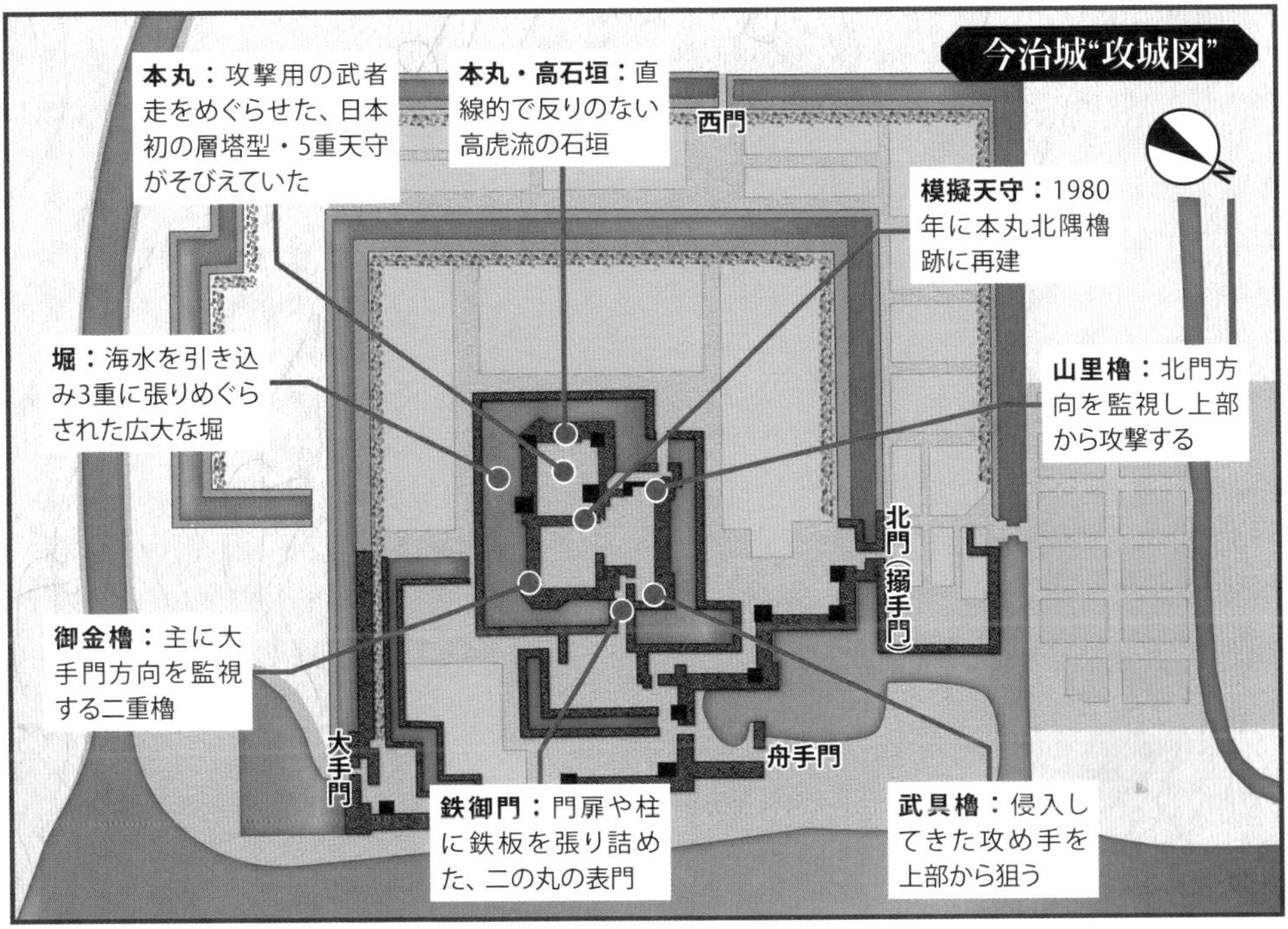

約113メートルの二の丸には、御金《おかね》櫓と藩主の居館が築かれ、三の丸には大手口の表門に鉄御門、馬出（搦手）口には山里櫓と山里門が置かれた。

海に浮かんでいるように見える本丸は、高さ約14メートル、二の丸は高さ約9メートルの石垣の上に築かれている。高虎は軟弱な地盤の上に高い石垣を築くために、石垣下部の水際に「犬走り」と呼ばれる幅4～5メートルの平地部分を設けている。

革新的な層塔型天守を採用

内堀に架かる土橋を渡り、かつてそこにあった高麗門を抜けると、方形の広場（枡形）に出る。正面は石垣なので、敵は直角に右折して鉄御門に向かう。この時、枡形を取り囲んだ多聞櫓からの集中攻撃で敵を殲滅する。高虎が考案した二重構えの門と多聞櫓による「枡形虎口」は、以降の主要城郭に採用されていった。

また、高虎が今治城本丸に築いた五重天守は、日本初となる革新的な層塔型天守だった。入母屋造の建物に望楼部を載せた形の「望楼型」と比較して、同じ形の建物を規則的に小さくして1階から積み上げていく「層塔型」は工期も工費も圧縮できるため、今治城以降、全国に広がっていったのだ。なお、今治城の天守は、1608（慶長13）年に伊賀・伊勢に転封となった高虎が解体し、家康に献上。2年後の天下普請の際、丹波亀山城に移築したと考えられている。

高麗門を抜けた場所にある枡形。右側が鉄御門

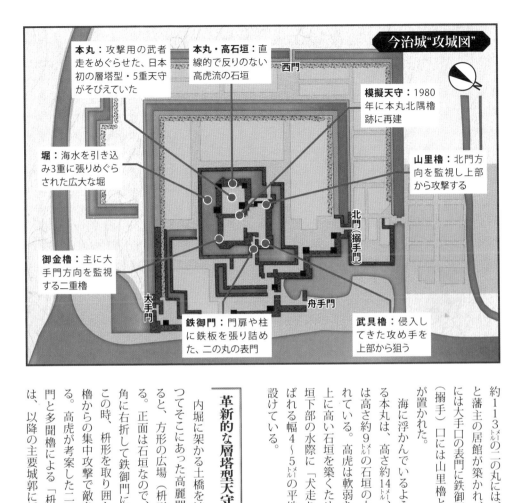

滋賀

膳所《ぜぜ》城《じょう》

湖水に浮かぶ天下普請第1号

琵琶湖の浮き城

「瀬田の唐橋《からはし》唐金《からかね》擬宝珠《ぎぼし》水に映るは膳所の城……」と里唄に謡われる膳所城は、松江城、高島城と並ぶ「日本三大湖城」であり、「琵琶湖の浮き城」と呼ばれる水城である。

1600（慶長5）年の関ヶ原の戦いを制した徳川家康は、東軍に属する大津城が、西軍1万5000に包囲され、善戦しながらも落城したことを受け、大津城の立て直しを家臣・本多正信に相談した。この時に正信は、防御に難のある大津を復旧するのではなく、水陸交通の要衝である膳所崎《ぜぜがさき》に新城を築くべきだと進言。これに納得した家康が築城を決意したと伝えられる。

1601（慶長6）年に開始された築城は、幕府が諸大名に号令して行わせる土木工事「天下普請」の第1号であった。縄張りは、〝築城の名手〟藤堂高虎が担当。現場には、廃城となった大津城から、木材、石材など大量の建築資材が運び込まれた。城郭は、琵琶湖の湖上に突き出した本丸と二の丸が橋で繋がれ、本丸には3層の天守が建っていた。三の丸と外堀が造られたのは、1662（寛文2）年のことだった。落成した膳所城には大津城主であった戸田氏が入城。以降、譜代大名が城主を務め、本多氏13代で明治維新を迎えた。

【別名】石鹿城、望湖城【城郭構造】梯郭式平城、水城【築城】1601（慶長6）年【廃城】1870（明治3）年【築城主】徳川家康【主な城主】戸田氏、本多氏【現在の天守】なし【主な遺構】石垣・城門【指定文化財】重要文化財【所在地】滋賀県大津市本丸町【アクセス】京阪電鉄石山坂本線「膳所本町」駅より徒歩約6分

大分

中津《なかつ》城《じょう》

官兵衛と忠興が完成させた海城

続日本100名城 No.191

平定しながらの築城

1587（天正15）年、九州平定を成し遂げた豊臣秀吉が、軍功のあった黒田孝高（官兵衛）に豊前12万石を与えた。その翌年、孝高が中津川河口で築城を始めたのが、今治城、高松城と並んで「日本三大水城」に数えられる中津城である。とはいえ、当時は黒田氏に従わない豪族が多かったため、孝高・長政父子は敵対勢力を攻め滅ぼし、領内を平定しながらの築城を進める。黒田氏による検地に反対した犬丸清俊の犬丸城を破壊し、その材木を転用して櫓を築いたため、中津城は「小犬丸城」とも呼ばれたという。

関ヶ原の戦いの働きによって長政が筑前52万石に転封となると、如水と号していた孝高は隠居生活に入る。中津城の建設は、代わって入封した細川忠興に引き継がれた。1621（元和7）年、扇形の縄張りに拡張され、本丸、三の丸と8門、22の櫓を備えた中津城が完成。北は周防灘、西は中津川に面し、東は二重、南は三重の堀で守られ、外堀には「おかこい山」と呼ばれる土塁をめぐらせていた。

1632（寛永9）年には細川氏に代わって小笠原氏が入封。1717（享保2）年に城主となった奥平氏が明治維新を迎えた。

【別名】中津川城、扇城、小犬丸城、丸山城【城郭構造】梯郭式平城、海城【築城】1588（天正16）年【廃城】1871（明治4）年【築城主】黒田孝高【主な城主】黒田氏、細川氏、小笠原氏、奥平氏【現在の天守】模擬天守。独立式望楼型　5重5階【主な遺構】石垣・堀【指定文化財】県史跡【所在地】大分県中津市二ノ丁本丸【アクセス】ＪＲ日豊本線「中津」駅より徒歩約15分

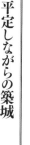

長野

高島城《たかしまじょう》

続日本100名城 No.130

3層の天守を擁した浮城

1590(天正18)年、豊臣秀吉による小田原征伐で功を立てた日根野高吉《たかよし》が、2万7000石で諏訪に入封。それまでこの地を支配していた諏訪氏の本拠であった茶臼岳の山城を廃し、諏訪湖畔で新城の造営に着手する。

築城地と決めた場所には漁村があったが、高吉はそれをまるごと移動させ、1598(慶長3)年までに新しい本拠を築き上げた。城は、本丸、二の丸、三の丸、衣《え》渡《と》曲輪(郭)からなり、本丸には3層の天守と藩主の館、二の丸には藩校や貯米蔵、三の丸には家老屋敷などが建てられていた。

湖に突き出たように造られた城は、その姿から「浮城」と呼ばれた。

【別名】浮城、島崎城、諏訪高島城【城郭構造】梯郭式平城、水城【築城】1592(文禄元)年【廃城】1875(明治8)年【築城主】日根野高吉【主な城主】日根野氏、諏訪氏【現在の天守】なし【主な遺構】石垣・堀【指定文化財】なし【所在地】長野県諏訪市高島1-20-1【アクセス】JR中央線「諏訪」駅より徒歩約10分

福井

小浜城《おばまじょう》

落成までに40余年かかった海城

1600(慶長5)年、小浜に入部した京極高次が、若狭湾青戸の海を望む漁村に築城した。北を北川、南を南川、西側が小浜湾に面した三角州に建てられたため、軟弱な地盤を埋め立てるために大量の石材が捨て石となった。また、南川の付け替えや海浜の整地に多大な労力が必要とされ、工事は高次の子・忠高の代になっても終了せず、1634(寛永11)年に忠高は出雲・隠岐に転封となる。代わって入部した酒井忠勝は、すぐさま石垣を築くなどして立て直しを図り、高次による着工から40年が過ぎた1642(寛永19)、小浜城はようやく落成した。

忠勝以降、酒井氏が14代にわたって城主を務め、明治維新を迎えている。

【別名】雲浜城【城郭構造】輪郭式平城、海城【築城】1601(慶長6)年【廃城】1871(明治4)年【築城主】京極高次【主な城主】京極氏、酒井氏【現在の天守】なし【主な遺構】石垣【指定文化財】県史跡【所在地】福井県小浜市城内1-7-55【アクセス】JR小浜線「小浜」駅より徒歩約17分

兵庫

赤穂城《あこうじょう》

日本100名城 No.60

瀬戸内海に面した海岸平城

1645(正保2)年に赤穂に入封した浅野長直が、1661(寛文元)年に完成させた平城。三方は山に囲まれているが、南から西にかけて海に面しており、満潮時は城壁に波打つほどの立地であったため、海岸平城に分類される。また、本丸を二の丸が取り囲むように配されている輪郭式に見えながら、二の丸と三の丸は梯郭式の関係のため、変形輪郭式と呼ばれる。

赤穂城を築城した長直の子・長友は、1675(延宝3)年に33歳で死去。9歳で家督を継いだのが、「忠臣蔵」で知られる浅野内匠頭《たくみのかみ》こと長矩《ながのり》である。浅野家に代わって永井氏、次いで赤穂に入った森家の時代に明治維新を迎えた。

【別名】加里屋城、刈屋城、仮屋城、大鷹城【城郭構造】変形輪郭式海岸平城【築城】1661(寛文元)年【廃城】1873(明治6)年【築城主】浅野長直【主な城主】浅野氏、永井氏、森氏【現在の天守】なし【主な遺構】石垣・堀【指定文化財】国史跡、国名勝【所在地】兵庫県赤穂市上仮屋1424-1【アクセス】JR赤穂線「播州赤穂」駅より徒歩約15分

長崎

玖島城《くしまじょう》

倭城の経験が生かされた要害

"日本初のキリシタン大名"と称される大村純忠《すみただ》の子・喜前《よしあき》が築城した平山城。三方を海に囲まれた海城でもあった。

豊臣秀吉による文禄・慶長の役（朝鮮出兵）に出陣した喜前は、「倭城」と呼ばれた小型の城を築いて籠城し、何倍もの兵力で襲いかかる敵を蹴散らした経験を持っていた。喜前はその経験を生かし、天然の要害である玖島に「敵から守りやすく、敵が攻めにくい」本拠を築いたのである。

美しい石垣に守られた玖島城は、本丸、二の丸、三の丸からなり、6つの櫓を構えながら天守は築かなかった。藩主の船を収める「お船蔵」は海城の大きな特徴である。喜前を初代とする大村藩は12代続いて明治維新を迎えている。

【別名】大村城【城郭構造】連郭式平城、海城【築城】１５９９（慶長4）年【廃城】１８７１（明治4）年【築城主】大村喜前【主な城主】大村氏【現在の天守】なし【主な遺構】石垣【指定文化財】県史跡【所在地】長崎県大村市玖島1丁目【アクセス】JR大村線「大村」駅より徒歩約10分

長崎

福江城《ふくえじょう》

続日本100名城 No.187

9年で解体された五島藩の居城

長崎県の五島列島の大半を領有した福江藩（五島藩《ごとう》）が、幕府の許可を得て幕末に築いた海城。"日本で一番新しい城"であり、"最後に築かれた城"でもある。

平家盛を祖とする名門・五島氏が藩主を務める五島藩では、１６１４（慶長19）年の火災で居城が全焼したにもかかわらず、幕府に築城を許されなかった。それから２３０年以上経った１８４９（嘉永２）年、外国船の出没に危機感を募らせた幕府が築城を許可し、１８６３（文久３）年、五島藩にとって念願の居城がようやく完成を迎えたのだった。総工費2万両、延べ５万人を動員した大工事だったが、廃藩置県によってわずか９年後に解体されている。

【別名】石田城【城郭構造】海城【築城】１８６３（文久3）年【廃城】１８７２（明治5）年【築城主】五島盛徳【主な城主】五島氏【現在の天守】なし【主な遺構】石垣・堀【指定文化財】県史跡、名勝【所在地】長崎県五島市池田町１-２【アクセス】フェリーなど「福江」港より徒歩約10分

大分

臼杵城《うすきじょう》

続日本100名城 No.193

「国崩し」で守られたキリシタン城

キリシタン大名として知られる大友（義《よし》鎮《しげ》）宗麟が、臼杵湾に浮かぶ天然の要害・丹生島《にうじま》に築城した海城。ポルトガル人宣教師ルイス・フロイスによれば、城下には教会や礼拝堂が建てられていたという。宗麟は四方を海に囲まれたこの城を本拠とし、明やポルトガルとの交易を行い、鉄砲や火薬などを手に入れていた。城に設置されたポルトガル製の大砲は「国崩し」と呼ばれ、他の戦国武将たちを恐れさせたという。

しかし、１５８７（天正15）年に宗麟は死去。嫡子・義統《よしむね》も朝鮮出兵時の敵前逃亡で改易処分となった。関ケ原の戦いの後、稲葉氏が入封し、15代続いて明治維新を迎えた。

【別名】丹生島城、巨亀城、金亀城、亀城【城郭構造】連郭式平山城、海城【築城】１５６２（永禄5）年【廃城】１８７３（明治6）年【築城主】大友宗麟【主な城主】大友氏、福原氏、太田氏、稲葉氏【現在の天守】なし【主な遺構】石塁・櫓・鐘楼【指定文化財】県史跡【所在地】大分県臼杵市大字臼杵91【アクセス】JR日豊本線「臼杵」駅より徒歩約6分

索引

あ

会津若松城……46
赤木城……98
明石城……74
秋月城……106
赤穂城……155
足利氏館……133
安土城……68
尼崎城……143

い

伊賀上野城……62
石垣山城……28
出石城……100
一乗谷城……22
犬山城……83
今治城……152
岩国城……37
岩槻城……91
岩村城……33

う

羽衣石城……36
上田城……116
臼杵城……156
宇土城……108
宇和島城……104

え

越前大野城……94
江戸城……134

お

大分府内城……146
大垣城……139
大阪城……130
大洲城……104
大森城……37
岡崎城……56
岡城……38
岡山城……78
大給城……32
小倉山城……97
忍城……134
小谷城……18
小田原城……82
小浜城……155
飫肥城……109

か

掛川城……52
笠間城……28
春日山城……25
月山富田城……36
金沢城……50
金山城(群馬)……29
金石城……145
加納城……139
上山城……88
亀山城(三重)……97
亀山城(京都)……99
唐沢山城……28
唐津城……106
刈谷城……138
川越城……135
観音寺城……25
神戸城……139

き

岸和田城……143
杵築城……108
鬼ノ城……35
岐阜城……14
清洲城……137

く

玖島城……156
郡上八幡城……32
久保田城……87
熊本城……86
久留米城……106
桑名城……140

こ

興国寺城……94
高知城……84

甲府城……92
郡山城（広島）……35
小倉城……144
小牧山城……96
小松城……137
小諸城……92
五稜郭……128

さ

佐伯城……38
逆井城……134
佐賀城……145
佐倉城……89
篠山城……101
佐土原城……38
鮫ヶ尾城……30

し

鹿野城……102
新発田城……136
島原城……145
首里城……110
聚楽第……141
白河小峰城……88
白石城……88
新宮城……100
新庄城……132
新府城……91

す

末森城……31
洲本城……34
駿府城……122

せ

膳所城……154
仙台城……44

そ

園部城……99

た

大聖寺城……93
高岡城……136
高崎城……135
高島城……155
多賀城……27
高田城……136
高槻城……142
高天神城……32
高遠城……92
高取城……34
高鍋城……109
高松城……150
高山城……96
滝山城……90
武田氏館……135
竹田城……26
田辺城……141
田原城……138
田丸城……97
多聞山城……99

ち

千早城……34

つ

津城……140
土浦城……133
津山城……101
鶴丸城……110
鶴ヶ岡城……131
津和野城……37

と

徳島城……103
鳥取城……35
鳥越城……31

な

苗木城……33
中城城……26
長篠城……124
中津城……154
長浜城……140
名胡桃城……29
名護屋城……85
名古屋城……129
七尾城……24
浪岡城……131

に

西尾城……96
二条城……142
二本松城……89

ぬ
沼城……101
沼津城……95
ね
根城……131
の
延岡城……109
は
萩城……103
八王子城……24
鉢形城……90
浜田城……103
浜松城……95
原城……107
ひ
彦根城……64
日出城……107
備中松山城（岡山）……23
人吉城……108
姫路城……76
平戸城……107
弘前城……40
広島城……143
ふ
福井城……137
福江城……156
福岡城……105
福知山城……98
福山城……102
伏見城……98
二俣城……94
ま
増山城……30
松江城……148
松倉城……30
松阪城……60
松代城……120
松前城……87
松本城……112
松山城（愛媛）……105
松山城（山形）……132
丸岡城……93
丸亀城……104
み
水戸城……89
水口城……141
美濃金山城（岐阜）……33
箕輪城……91
三原城……144
む
村上城……93
も
本佐倉城……90
盛岡城……87
や
八代城……146
柳川城……144
山形城……133
大和郡山城（奈良）……100
山中城……31
ゆ
湯築城……105
よ
要害山城……29
横須賀城……95
横手城……27
吉田城……138
淀城……142
米子城……102
米沢城……132
わ
和歌山城……72

YUKIMURA
（ユキムラ）

2017年に戦国時代に特化したYouTubeチャンネル『YUKIMURA CHANNEL』を開設。合戦に至る状況や戦法を紹介している。総再生回数は5700万回超、登録者数は19万人を超える（2023年5月現在）。

参考書籍……「国史大辞典」吉川弘文館、「日本歴史地名大系」平凡社、「日本城郭事典」秋田書店、「日本の城」山川出版社、「日本 100 名城」日本城郭協会監修、「続日本 100 名城」日本城郭協会監修、「一度は訪ねたい日本の城」西ケ谷恭弘編著（朝日新聞出版）、「図説 日本 100 名城の歩き方」小和田哲男・千田嘉博（河出書房新社）、「新編 日本の城」中井均（山川出版社）、「日本の城 完全名鑑 増補改訂版」（廣済堂出版）、「決定版 図説・日本名城集」（学研）、「完全保存版 日本の城 105」大野信長・有沢重雄・加藤亜紀（西東社）、「完全保存版　日本の城　1055」大野信長・有沢重雄・加唐亜紀（西東社）、「大判ビジュアル　日本の城・城合戦」小和田泰経（西東社）等。

編　集　協　力　　田邊忠彦 佐藤美昭 山本亜作子 田中元樹 髙梨聖昭
本文デザイン・本文DTP　　D-SPEX

日本人なら絶対行きたい
日本の名城200

2023年6月8日　第1刷発行

著　者　　YUKIMURA

発行人　　蓮見清一
発行所　　株式会社 宝島社
〒102-8388
東京都千代田区一番町25番地
編集：03-3239-0928
営業：03-3234-4621
https://tkj.jp

印刷・製本　　サンケイ総合印刷株式会社

ISBN 978-4-299-04332-0